Diogenes Taschenbuch 24790

de
te
be

AF197585

Ferien zu Hause

Entspannende Geschichten

Ausgewählt von
Adrian Asllani

Diogenes

Originalausgabe
Alle Rechte an dieser Ausgabe vorbehalten
Copyright © 2025
Diogenes Verlag AG Zürich
info@diogenes.ch · www.diogenes.ch
In Fragen zur Produktsicherheit (GPSR):
truepages UG (haftungsbeschränkt)
Westermühlstraße 29, 80469 München
info@truepages.de
120/25/36/1
ISBN 978 3 257 24790 9

Inhalt

JUDITH KUCKART
Die Blumengießerin

Den Bambus hinter der Balkontür dürfen Sie nicht vergessen, Adrienne, sagte die Frau, die in der Knesebeck 11 wohnte.

Um das Telefon kümmern Sie sich einfach nicht, und schließen Sie alle Fenster, Adrienne, wenn Sie gehen. Mozart und Beethoven bekommen alle zwei Tage ein Stückchen Apfel.

Mozart und Beethoven?

Auf der Küchenfensterbank stand ein Vogelkäfig. Einer hockte, einer hüpfte, zwei Kanarienvögel. Ein Stück brauner Apfel lag im verdreckten Sand.

Den *Spiegel* am Montag, sagte die Frau, den können Sie aus dem Briefkasten gleich mit nach Hause nehmen, den lesen wir sowieso nicht.

Wir? wollte ich fragen, aber in dem Moment ging das Telefon, und sie schob mich in den Flur. Ich sah mich im Garderobenspiegel an, während ich wartete. Die Frau kam zurück und strich mit drei Fingern über ihren Seitenscheitel.

Bis morgen, sagte sie. Aber morgen würde sie schon verreist sein. Als ich am nächsten Tag kam, stand der Klavierdeckel offen.

Wenn ich die Häuser betrat, in denen ich fremde Blumen und fremde Tiere betreute, traf die Kühle des Hausflurs zusammen mit einem Gefühl, für das ich nur einen Satz hatte, und der war geklaut: Hinter allem liegt etwas anderes. Ich wurde den Satz nicht los. Denn manchmal lachte jemand hinter einer verschlossenen Tür, wenn ich die Treppe hinaufstieg. Manchmal zog in der Wohnung über mir jemand die Schuhe aus, während ich die Post zum Stapel Post auf die Garderobe legte. Ich stellte dann die Gießkanne in die Küchenspüle, ließ schon mal das Wasser laufen und streifte durch die Wohnung. Ich las nicht in den Zeitschriften und Büchern, die herumlagen. Ich las aus den Stapeln aussortierter Kindersocken unter dem Schreibtisch, aus Nasentropfen, Katzenfotos, Stilkämmen und Enthaarungscremes, las die handgeschriebenen Schilder: Nicht in mein Zimmer gucken, gilt für Mama!, ich las aus den Augen der Kuscheltiere, daß ihre Zeit vorbei war, und aus den Gesichtern ausgetretener Schuhe, wie schwer das Leben war. Ich benutzte das fremde Klopapier, das fremde weiße Handtuch, die fremde teure Handsalbe und das Parfüm, starrte auf die verschlossenen Schränke im Bad und ging zurück in die Küche. Mittag. Hitze. Im Herzen der Hitze, die Stille. In der Küchenspüle lief längst die Gießkanne über. Das Wasser war nicht klar. Es hatte die Farbe von Kalk.

In dem Sommer war ich nicht fortgefahren. Die Jobs als Blumengießerin hatte ich über Mundpropaganda bekommen. Ich galt als zuverlässig und diskret, hatte keinen Freund und machte alle Wege mit dem Rad.

Ich war in der Stadt geblieben. Sommer an sich kann

auch ein schöner Ort sein. Die Stadt war eine Verheißung und leer. Sie roch wie früher, nach Keller und Kompost und nach Gummi, Staub und Benzin, und an den Fenstern waren die Jalousien über Tag heruntergelassen. Die Stadt roch, als könnte ich, wie früher zu Hause, auf ihren Bordsteinen sitzen, das Gesicht auf ein Knie legen und die Hitze über mir zittern lassen.

In dem Sommer war ich in der Stadt geblieben. Denn in der Stadt fällt Alleinsein nicht so auf, nicht bei der Hitze.

Die Knesebeck 11 hatte zwei Balkone, beide möbliert mit Korbsesseln. Jeden Tag saß ich mal in dem einen, mal in dem anderen Nest aus Stein und Stroh hoch über der Straße, bevor ich die Blumen goß. Oft las ich in Reiseprospekten, die ich mir mitgebracht hatte, und legte die Beine hoch. Die Sessel knarrten, wenn ich die Seiten umschlug. Am Ende jeder Bewegung stieg mir der neue Deoduft in die Nase, den ich fünfmal als Werbegeschenk in den Briefkästen meiner fünf Pflegewohnungen gefunden hatte. Die Proben hatte ich alle eingesteckt. Sie würden bis Weihnachten reichen. Wenn ich mich für ein Hotel entschieden hatte, in das ich nie reisen würde, ließ ich die Prospekte auf dem Balkon liegen und holte die Gießkanne aus der Küche. Kurz darauf mußte ich das erste und manchmal einzige Mal am Tag sprechen. Denn ich hatte regelmäßigen Kontakt mit dem Besitzer des Cafés unter den zwei Balkonen. Die Blumen, von mir unter Wasser gesetzt, pinkelten aus ihren Kästen und Töpfen auf seine Gäste. Und so kam es, daß der Cafébesitzer meistens der erste war, mit dem ich am Tag sprach, was anstrengend war. Denn mit ihm mußte man immer gleich schreien.

Aber nachts war ich noch nie in der Wohnung gewesen. Noch nie, dachte ich, als ich an jenem Montag früh gegen vier Uhr die Etagentür zur Knesebeck 11 mit dem Fuß auftrat. Es war Mitte August. Wie still die Wohnung im Dunkeln lag. Diese Stille mußte Gott sich ausgedacht haben, als er noch sehr jung war. Sicher waren alle Fenster geschlossen, ja sicher, ich hatte es selbst erledigt. Ich öffnete den Mund und dehnte den Unterkiefer bis zum Anschlag. Den Wattenebel in den Ohren hatte ich aus der Disco mitgebracht.

23 Grad im Schatten der Nacht waren es gewesen, als ich zehn Minuten zuvor am Türsteher der Disco vorbei auf die Straße getreten war. Es war spät geworden, hatte ich irgendwann auf der Uhr meiner Nachbarin gesehen, die einen langen Rock trug mit einem Elefanten drauf, der seinen Rüssel von ihren Knien aufwärts Richtung Scham hob. Ein Dutzend Frauen in hochsommerlichem Babyweiß hatte vorsichtig für schwarze Männer mit schweren runden Oberarmen getanzt. Sie tanzten mit Handtasche, die Riemen zwischen den Brüsten, die Arme angewinkelt, die Hände wie schlappe Pfötchen vor dem Leib. Blütenlos. Ein anderes Wort fiel mir nicht ein. Nur eine trank keine Weißweinschorle und ging nicht ständig aufs Klo. Sie sah jung aus, weil sie so dünn war. Eine Lateinamerikanerin wohl, hohe Holzsandaletten, straffe Zöpfchen, im Sambaschritt, am Rand einer Bierlache. Sie tanzte und lächelte, hob den Kopf, senkte die Lider, lächelte nach innen, sparsam und trocken. Eine andere Frau sah das Lächeln und tanzte anders danach, aber da hatte die in den Holzsandaletten bereits dem einzigen weißen Mann im Raum einen

Blick zugeworfen, und er kam im Seitwärtsschritt aus dem Schatten einer Musikbox hervor. In der Linken hielt er seine Bierflasche fest am Hals. Ich glaube, in dem Moment schlug ich auf meinem Barhocker die Beine übereinander und griff in die linke Hosentasche. Auf der Tanzfläche waren er und sie sich mit den Hüften früher begegnet als mit dem Blick. Er hielt noch immer die Bierflasche fest. Seine helle Leinenhose hing ein wenig am Hintern, war aber bestimmt teuer gewesen. Er trug braune Schuhe ohne Socken. Sie schob ihren Hintern in den Schoß des Mannes mit der Leinenhose. Es paßte, und ich dachte an Kuba und Bali, wo ich noch nie gewesen war. Sie machte plötzlich eine halbe Drehung und der Mann dazu ein Gesicht wie einer, der fällt. Sie griff, ohne die Lider zu heben, in seine Hosentasche und flüsterte dabei in sein Ohr. Er lächelte verlegen. Er zog einen Schlüssel aus der Hosentasche und küßte ihren Hals. Sie schob den Hintern zurück und gegen ihn, der eine Kuhle mit dem Körper machte, für sie. Ich hatte noch immer die Hand in meiner linken Hosentasche. Als ich sie herauszog, hatte ich auch einen Schlüssel in der Hand. Aber nicht meinen. Den hatte ich vergessen. Statt dessen stand Knesebeck 11 auf dem rosa Anhänger. Die Wohnung lag gleich um die Ecke und mein zweiter Schlüssel war bei der Hauswartsfrau deponiert. Aber die schlief.

Die beiden gingen von der Tanzfläche. Er stellte, ohne mich anzuschauen, seine Bierflasche auf meinem Tisch ab und schob die Frau zur Tür. Ich saß noch auf dem Hocker, mitten in der lauten Musik, und schaute weg. Ich schaue immer weg, wenn ich merke, ich werde sowieso nicht gesehen.

Wenn ich sonst mittags oder am frühen Nachmittag aufschloß, lagen die Zimmer zum Hof im Schatten, und in denen zur Straße staute sich die Mittagshitze. Eine Hitze, die man sieht. Die Frau, die hier wohnte, war mit Tochter, Hund und zwei Katzen auf dem Land. Die Frau mit dem Seitenscheitel, die vergessen hatte, den Klavierdeckel zu schließen.

Gleich neben der ersten Tür knipste ich die Stehlampe auf einem Blumenhocker an. Es roch nach Schlafzimmer bis in den Flur hinein. Ich trat mit der Ferse die Tür ins Schloß, versperrte von innen und zog den Schlüssel ab. Ich hätte ihn besser stecken lassen.

Dann schaute ich mich um. Die Wohnung hatte die Farben der Leere und des Regens.

Im Flur stand ein Paar Gummistiefel, das ich vor einigen Tagen dort gelassen hatte, als es plötzlich warm geworden war und ich in den neuen Riemchensandaletten nach Hause radeln wollte. Sandaletten, von denen ich nicht einmal das rote Preisschild unter den Sohlen abgezogen hatte. »Preissturz«, stand darauf. Vielleicht war ich deswegen auf dem Nachhauseweg vom Rad gefallen. Kurz nur, und nicht schlimm. Hauptsache war, es hatte keiner gesehen. Ich ging an den Gummistiefeln vorbei, den Flur entlang, der mir im Dunkeln länger vorkam als im Hellen. Aus der Küche hörte ich das Ticken einer Uhr, aus dem Bad das Tocken der Therme, die nicht abgestellt worden war.

Der Flur war nicht ganz zwölf Schritte lang. Ich ging an den Türen vorbei, die ich alle geschlossen hatte, als ich am Samstagnachmittag da gewesen war. Linker Hand lagen die

Zimmer zur Straße, rechter Hand die zum Hof. Am Ende des Flurs stießen zwei Zimmer in einem flachen Winkel aneinander. Ein Gästezimmer zum Hof und ein Kinderzimmer für die frühreife Tochter, die wie ihre Mutter einen Seitenscheitel trug. Einen auffälligeren Seitenscheitel als bei anderen Menschen. Ich weiß auch nicht, warum. Im Gästezimmer roch es nach alten Zeitungen. Auf dem hellen Teppich, dem die Wolle hoch stand wie ungemähtes Gras, lag ein Kleiderbügel aus Draht. Ich hob ihn auf. Ein schmales Metallbett mit weißer Tagesdecke, ein Servierwagen, darauf eine Sprühflasche Glasreiniger mit Pistolengriff, neben die ich den Kleiderbügel legte. Vor der schmalen Verbindungstür zum Nachbarzimmer stand ein Rollschrank, der sich von oben nach unten öffnen ließ. In seinem Schloß steckte kein Schlüssel.

Jenseits des Fensters schälte sich der Tag aus der Nacht. Ich setzte mich auf das Bett und streifte mit den Füßen die Sandaletten ab. Dann legte ich den Finger an den Mund.

Da war ein seltsames Geräusch. Ich sah den Rollschrank an und dachte durch die halb geöffnete Tür des Gästezimmers in den langen Flur hinein.

Und wenn ich noch einmal aufstehen und anklopfen würde, da drüben beim Schrank?

Was würde dann geschehen?

Würde mir nicht ein leises gemeines Lachen auf der anderen Seite der Jalousie antworten, das ich geweckt hatte? Hinter allem lag etwas anderes.

In dem Moment beschloß ich, nie zu heiraten. Ich weiß nicht, warum.

Ich zog den Reißverschluß der Jeans herunter und schaute dabei auf die Front des Rollschranks. Eine Jalousie. Um zu sehen, zieht man sie herunter, um nichts zu sehen, zieht man sie hoch.

Ich legte mich auf das Bett und zog die Hose im Liegen herunter, danach die verrutschte Unterhose hoch und streckte die Beine aus. Den Kopf rollte ich zur Wand. Ich legte das Gesicht in meine Haare. Sie rochen nach der Stadt. Draußen wurde das Licht wach, fuhr ein erstes Auto vom Hof, dann noch eins, und die kleineren Fenster vom Neubau im Hinterhof wurden gelb, Küche und Bad. Ein häßlicher fünfstöckiger Bau aus den sechziger Jahren. Dort standen leere Flaschen statt Blumen am Fenster. Dort brauchten sie keine Blumengießerin. Daß ich nicht recht weiß, was ich fühle, was ich denke, was ich bin, dachte ich, während mir die Augen zufielen. Und daß ich aber auch keinen habe, der mir das sagt.

Und auch keinen suche.

Wieder glaubte ich das seltsame Geräusch zu hören, schlief aber bereits ein. Es blieb, das feine Geräusch. So eins, das versucht, keines zu sein.

Und, was hat er gesagt?

Er hat mich gefragt, ob ich …

Hat er sein Rad dabei geschoben, ein rosa Damenrad?

Entschuldigung, warum fragst du?

Wieso, ist das indiskret, und übrigens, hast du die gesehen?

Welche?

Die da.

Ach die auf dem Bett!

Beim Aufwachen lag ich mit dem Gesicht unter dem Kopfkissen.

Ich schob die Nase vor, und mein erster Blick fiel auf den Rollschrank. Von da kam das Geräusch, dieses Geräusch, das zu raffiniert war, um von einem Tier zu sein. Es war, als atmete hinter der Jalousie etwas genauso wie ich. Mal lauter, mal leise.

Ich habe doch gesagt, du sollst nicht lachen.

Entschuldigung, ich kann nicht anders.

Aber wir sind hier nicht allein.

Egal, wenn ich nur daran denke, muß ich lachen.

Leiser, du hast sie schon geweckt.

Mir doch egal. Also, er sagte …

Na sag schon?

Er sagte, der Besitzer des Cafés hier unten im Haus habe eine Initiative gestartet: Kunst und Kuchen. Der Besitzer und er wollten für das kommende Jahr einen alternativen Weihnachtskalender herausgeben unter dem Motto: Schöne Frauen aus Vororten.

Mensch, das hat er bei mir genau so gesagt.

Ja, ja, kann sein, aber bei mir ist das doch etwas anders.

Du meinst, du bist schöner.

Kann sein, jetzt, wo du es sagst, fällt es mir auf. Denn er meinte tatsächlich: Sie sind schön, meine Schöne! Und sein Daumen stieß immer wieder nervös gegen die Radklingel dabei.

… und sein Daumen stieß immer wieder nervös gegen die Radklingel dabei? Wie aufregend! Und dann?

Dann hat er mir seine Visitenkarte dagelassen.

Mir auch …

Ich habe ein paar Tage später angerufen.

Ich auch.

Nur so?

Nur so.

Während ich aufstand, nahm ich den Kleiderbügel, der auf dem Serviertisch lag, in die Hand. Den Haken aus festem Draht stieß ich in das Schlüsselloch des Rollschranks. Während ich drehte und drückte und zog, veränderte sich der Raum. Sogar die Luft schien plötzlich verbogen. Überrascht, wie leicht das Schloß dem Bügelhaken nachgab, sah ich die Jalousie herunterrasseln und blieb einen Moment stehen. Zwei Arme hingen an meinem Körper herab, zogen mich nach unten, ich brach zusammen, nein, knickte nur ein, nichts Großes, nichts, wobei der ganze Körper aussetzt. Es war ein kleines hilfloses Zu-Boden-Sinken, als hätte ich vergessen, wie man aufrecht steht.

Ich kroch zum Bett zurück.

Das Geräusch blieb in meinem Rücken. Ein unterdrücktes Gequatsche von Frauenstimmen.

Also ich habe mich für diesen Weihnachtskalender nicht geschminkt.

Also ich auch nicht.

Ich hatte dicke Augen.

Ich auch, und seid ihr auch an dem See gewesen?

Ja. Gleich nach der Überschwemmung. Eine Überschwemmung war das, hat er gesagt und dabei beide Arme gehoben. Er hat an der Blende gedreht, die Kamera hochkant gedreht, ist fünf oder sechs Schritte zurückgegangen und hat sich an die Nase gegriffen. Dann hat er blind den Linsendeckel in die Manteltasche gesteckt.

Hat er geredet?

Wenig.

Und du?

Und ich sah in dem Moment ein Mädchen in Gummi-stiefeln am Rand des Wassers entlangspazieren, mit nackten Beinen in Gummistiefeln, stell dir vor, als sei dem Weg, den sie immer ging, nichts geschehen. Er sah ihr hinterher, und ich dachte, die ist als nächste dran.

Ja, so war es bei mir auch. Nur die mit den Gummistie-feln war an dem Tag nicht da.

Aber später, wetten?

Meinst du?

Ja, schau doch mal.

Der Rollschrank stand offen.

Mehrere Stapel von DIN-A4-Briefumschlägen, Farbe Pack-papier. Sie fühlten sich rauh an und rochen süßlich. Als ich sie berührte, verging dem Geräusch das Kichern, dann ver-ging das Geräusch. Jahreszahlen, Ortsangaben und Frauen-namen standen da, wo sonst die Adresse steht. Isabelle, Pa-ris 1972, Anna-Clara, Albanien 1973, Nora, Recklinghausen 1975, Karin, Recklinghausen 1975/78, Viola, Berlin 1980, Angela, Leipzig 1980, Annalisa, Mailand 1989 …

Ich wischte mit beiden Händen über meine bloßen Beine und öffnete den ersten Umschlag noch nicht. Ich las die Namen. Manche tauchten doppelt auf. Anne, zum Beispiel, oder Brigitte. Aber das lag wohl am Jahrgang. Eine Tüte war nicht beschriftet. In die schaute ich zuerst.

Mensch, Mädels, ihr hättet euch aber auch mehr anzie-hen können, dachte ich. Es waren Fotos. Fotos von Frauen.

Die meisten in Farbe und technisch von keiner besonderen Qualität. Auch wenn die Frauen schön waren, hatten die Bilder etwas Schäbiges. Als zeigten sie, was nur dem Moment abgerungen war. Ein Moment, von dem die Frauen vielleicht später nichts mehr würden wissen wollen. Die meisten Fotos waren aus den siebziger und achtziger Jahren, die Frauen nackt, oder fast nackt. Sie räkelten sich auf Patchwork-Decken, die sie vielleicht selbst gehäkelt hatten, gingen in die Rückbeuge, die Knie gespreizt, den Mund halb geöffnet, sie trugen Zaumzeug aus dem Erotikshop, Strapse, Tangas, durchsichtige Brustheber, alles aus billigem Nebel gemacht, sie öffneten kleine Lederjacken mit nichts darunter, liefen nackt am Meer entlang, gaben vor einem offenen Kamin einem Hund eine dicke Plastikmohrrübe, während eine Brust aus dem T-Shirt und das Haar ins Gesicht fiel, oder das Haar fiel auf einen Männerbauch, und sie hatten sich fotografieren lassen, eine Torsolänge vom Fotografen und seinem Apparat und seiner Hand am Auslöser entfernt, während sie ihm mit Hand und Mund Lust machten, mit vollem Mund noch zu lachen schienen oder zu weinen. Das kam auf die jeweilige Größe des jeweiligen Frauenmundes an. Auf einem Foto saß eine Frau auf einem Rad. Sie war von hinten aufgenommen, ein Fuß am Boden, einer auf dem Pedal. Der kurze Rock hochgerutscht, an dessen Saum die blanke Haut vom Hintern, den sie herausstreckte. Sie drehte sich um und streckte auch ihr Lächeln heraus und sagte etwas dabei. Entschuldigung, sagte sie? Ich sah zwischen den beiden Hälften ihres Hinterns den Sattel. Es war ein rosa Damenrad. Ich zog die Hand zurück, und sofort begann das Flüstern neu.

Und, ist dir was an ihm aufgefallen?

Ja. Im ersten Moment dachte ich, er hätte einen Bart. Aber er hatte keinen. Es war nur so ein Schimmer, so ein Eindruck. Etwas, woran man sich aber nicht gewöhnen kann.

Vielleicht, daß er sein Gesicht nicht zeigen wollte.

Wem nicht? Dir?

Nein.

Wem dann nicht?

Jetzt lach aber nicht.

Wem!

Gott.

Vor dem Fenster schrien Vögel. Der Morgen schlich sich grau in den Hinterhof. Wie gut, dachte ich in dem Moment wieder, wie gut, daß mich keiner sieht.

Da stand in der Tür ein Mann, den ich noch nicht kannte.

Der Sommer war vorbei. Die Hitze blieb. Ich blieb mit der Hitze. Ich hatte nicht gewußt, daß zu den beiden weiblichen Wesen mit Seitenscheiteln ein Mann gehörte. Bevor dieser Mann mich das erste Mal küßte, hatte er nach meiner Brust gegriffen. Zwischen ihm und mir gab es nichts Persönliches, außer der Temperatur, die nicht sinken wollte. Ich fütterte weiter Mozart und Beethoven, gab ihnen frischen Sand, aber keine Apfelschnitze, goß weiter die Blumen, und danach schliefen wir jedesmal miteinander. In dem Moment, als er in der Tür gestanden hatte, hatte ich das Gefühl gehabt, plötzlich unter einem freien Himmel und in einer Dunkelheit mit jemandem zu stehen. Etwas war möglich geworden, in dieser unmöglichen Situation.

Sein Rollschrank war offen. Es war seiner. Das wußte ich sofort, und so fing alles an. Wir waren beide einsam. Das verband uns, egal wie oder wer der andere sein mochte.

Guten Abend, habe ich deshalb gesagt, während ich noch vor dem Rollschrank kniete, und bin dann aufgestanden. Dabei habe ich auf den verbogenen Bügel getreten.

Guten Abend, sagte auch er, bleiben Sie doch.

Ich blieb.

Hatte ich bisher gedacht, ich sei ein einsamer Mensch, so wußte ich nun, ich hatte noch nie einen einsamen Menschen gekannt, bis ich ihn traf. Er war mißtrauisch, er war schüchtern, manchmal ängstlich, unauffällig, vielleicht auch kläglich. Er war zwei Jahre jünger als mein Vater und ein zerbrechlicher Mann. Unter seiner Zerbrechlichkeit litten, glaube ich, die anderen mehr als er selbst. Er war überraschend zärtlich und redete kaum. Manchmal schrieb er, was ihm vom Tag übrig bleiben sollte, in kleine schwarze Hefte mit rotem Rücken. Er nahm sich sehr wichtig, aber merkte es nicht. Er hatte keinen Vater und war nur mit seiner Mutter aufgewachsen. Soviel wußte ich. Sie war mit ihm allein gewesen, aus ihrem Alleinsein war seine Einsamkeit gewachsen. Die Einsamkeit mußte so etwas wie eine ältere Schwester für ihn geworden sein, eine Schwester mit großen kalten Brüsten. Eine Schwester, die er liebte. Keine andere Frau sollte dazwischenkommen.

Er war Ausstellungsmacher, freiberuflich. Er war ohne Frau und Tochter frühzeitig aus dem Urlaub zurückgekommen. Er fuhr ein rosa Damenrad.

In der ersten Nacht, die schon ein Montagmorgen war, hatten wir noch im Gästebett gelegen. Wenn ich ihn berührte, lag meine Hand auf. Aber nicht auf ihm. Trotzdem. Er hatte versichert, er wolle nur bei mir liegen, nicht mit mir schlafen. Wir lagen wach, manchmal überfiel uns ein fahler kurzer Schlaf. Anfangs taumelte ich von einer Empfindung zur nächsten, vielleicht, weil ich schon länger nicht mehr neben einem Mann gelegen hatte und aus der Übung war. Einmal schlief ich ein und dachte, die Fläche, auf der wir liegen, ist kein Bett, sondern eine Falltür, jenseits davon geht es weiter, vier Stockwerke tief, dann Boden, dann Wärme, Hitze, Glut, Rot, Abgrund, tot. Weil ich selber ungeschickt war, fiel mir seine metallische Art, Liebe zu machen, nicht gleich auf. Später schon. Auch als es länger mit uns ging, kamen wir einander nicht näher. Immer ließ er mich allein kommen. Immer paßte er auf. Er sagte leise: Schrei doch! Schrei doch!, und ließ mich dann leer zurück. Die Iris seiner Augen war ohne schwarzen Rand. Vielleicht konnte ich mir deswegen die Farbe seiner Augen nicht merken. Trotzdem. Er war ein leidenschaftlicher Mensch.

Es war 5.26 Uhr, las ich eines Morgens, zwei oder drei Wochen nach unserer ersten Begegnung, auf dem Wecker, dessen Bewegungsmelder ihn immer aufleuchten ließ, wenn ich mich ihm mit der Hand näherte. Wir lagen nicht mehr auf dem Gästebett, sondern in dem großen. Das Schlafzimmer war japanisch eingerichtet. Weiße Schiebetüren, niedriges Bett, über dem Bett ein ebenfalls japanisches Bild, ohne Schatten. Der Morgen, der grau ins Zimmer zog, zeigte das Alter in seinem Gesicht. Daß er mich in der Hand hatte, indem er nicht sprach, darüber redeten wir nicht. Daß er mich mit dem Rollschrank in der Hand hatte und nicht ich ihn, obwohl ich deswegen etwas über ihn wußte, auch darüber redeten wir nicht. Er tat so, als hätte es den ersten Moment unserer Begegnung gar nicht gegeben. Wie legte er sich unser Kennenlernen zurecht?

Es war 5.30 Uhr, las ich, als ich die Hand noch einmal Richtung Wecker bewegte. Ich starrte auf das Zifferblatt, dann schaute ich unter das Bett.

Dort lag ein Fotoapparat.

Am Morgen dann fand er auf dem Balkon die Reiseprospekte, die unter den Korbsessel gerutscht und feucht geworden waren, und er fragte: Willst du in diesem Jahr noch weg? Ich erzählte ihm, wie ich zu den Prospekten gekommen war.

Das Angebot hatte ich aus einem Reisebüro an der Frankfurter Allee mitgenommen, die Straße, die nach Polen führt, wenn man lange genug geradeaus läuft, sagte ich. Busreisen nach Marienbad und Karlsbad hatten mich damals besonders interessiert, sagte ich. Individuelle Anreise oder mit Bus, hatte damals die Dame hinter dem Schreibtisch gesagt, und Einzelzimmer mit Aufschlag. Sie trug trotz der Hitze eine beige langärmelige Bluse und zeigte auf Zimmer mit bunter Bettwäsche, gemusterten Teppichböden, Fernseher und Kletterpflanzen in den Ecken, überall. Sie zeigte auf Fotos von Schwimmbädern, wo nackte blonde Frauen spitz ihren Fuß ins Wasser hielten. Das lange Haar hat die Brüste verdeckt, sagte ich.

Willst du dahin, fragte er.

Einzelzimmer, sagte ich, ich habe nur nach Einzelzimmern gefragt. In Druckbuchstaben, die sich anmutig und nach links aneinanderlehnten, hat die Dame mit der Bluse ihren unaussprechlichen Namen neben den Telefonstempel geschrieben, sagte ich und merkte, die vielen Sätze, die ich machte, drückten sich um einen Satz herum: Was hast du in der Nacht mit dem Fotoapparat gemacht?

Aber ich zuckte nur mit den Schultern und ging die Blumen auf dem Balkon gießen. Er stand neben mir, schaute über die Brüstung und winkte. Ich schaute ebenfalls hinunter und zog den Kopf gleich wieder zurück. Unten winkte der Cafébesitzer und schrie nicht. Ich war längst vorsichtiger geworden.

Er hatte zu Anfang gesagt, ich solle ruhig weiter kommen, um die Blumen zu gießen. Er müsse in den kommenden Wochen immer mal wieder weg.

Wie lang seine Frau noch fortbleiben würde, hatte ich da gefragt, und er hatte gesagt, wie lang ist lange. Am Ende seines Satzes war kein Fragezeichen gewesen.

Mit der Gießkanne in der Linken stand ich hinter ihm. Er strich dem Rosmarin über den Kopf. Ich schaukelte mit der Gießkanne, und ein Rest Wasser schwappte hin und her. So standen wir eine Weile, hörten auf das Wasser, bis er fragte:

Willst du einen Ausflug machen?

Will ich, sagte ich. Morgen, Freitag?

In der Nacht sagte er zu mir, du findest mir meine Seele wieder, und ich sah zur Tür.

Der See. Ich kannte ihn schon, aber nur aus einem Buch von Fontane. Er lag knapp zwei Stunden von der Stadt entfernt. Als wir ankamen, schaute der Abend bereits tief ins Wasser hinein. Denn der Sommer hatte schon einen braunen Rand. Am Ufer hatten die Kinder ihre Badetücher umgeschlagen und froren an den dünnen Beinen. Wir nahmen ein Boot. Er ruderte, und ich zog mich aus. Ich schwamm auf die Mitte zu, wo die Stille wohnt. Das Wasser war an dieser Stelle veilchenfarben. Das wollte ich ihm unbedingt sagen. Ich schwamm zurück zum Boot und wollte wieder hinein. Ich konnte mich nicht hochziehen. Er lachte. Ich sah, wie weit seine Zähne auseinanderstanden. Zwei Hände, mein gekrümmter Fuß auf der Bootskante, es ging nicht. Im Wasser trat ich ins Leere. Da ließ er die Ruder sinken, beugte sich hinunter zu mir, küßte mich. Ich fror. Dann griff er mir unter die Achseln, und ich sah das Bild, das wir abgaben, von außen. Ein großer, weißer, unbeholfener Fisch, ohne Schuppen und mit gespaltenem Schwanz, wird von einem zerbrechlichen Mann in einen schwankenden Kahn gezogen. Holunder und Birke und ein paar bärtige Tannen schauten vom Ufer aus zu. Und gleich unter der Wasseroberfläche die Stichlinge. Ich dachte, ich weiß nicht, was aus mir wird, wenn ich zu lange in seiner Nähe bleibe. Ich hockte auf den Bootsplanken, ein Handtuch hatten wir vergessen. Ich zog meine Kleider über die nasse Haut.

Laß die Unterwäsche aus, sagte er.

Ja, sagte ich, wie Schafe »mähhh« sagen.

Noch nie hatte ich mich unter meinen Händen und meinen eigenen vertrauten Bewegungen so nackt angefühlt. Auf der Holzplanke blieb der Abdruck meines nassen Hinterns. Ein breiter Hintern aus Hückeswagen, dachte ich. Hückeswagen, wo ich geboren bin.

Als wir das Boot zurückgaben, waren wir die letzten

Gäste am Steg. Die Papierkörbe längs der Uferabsperrung warfen lange Schatten, und in einem zusammengeklappten Eiscafé lagen auf den Holztischen die Holzstühle, die Metallbeine an den Bauch angezogen und feucht, mit den braunen Blättern bestreut, die ein erster Herbstwind über sie verteilt haben mußte. Neben dem Eiscafé waren die Boote des Ruderclubs zum Streichen aufgebockt, es roch nach frischer Farbe, und das wettergraue Holz vom Steg splitterte unter meinen Füßen.

Paß auf, sagte er, und ich dachte, er meinte meine nackten Füße. Ich legte die Hand auf seinen Arm, suchte mein Gleichgewicht und zog die Sandalen an. Sie waren staubig.

Paß auf, sagte er noch mal, ich weiß ein Haus in der Nähe. Hinter dem Haus ist ein Park. Ich würde gern mit dir dahin gehen, denn das Licht ist so schön.

Er zog seinen Fotoapparat aus der Tasche.

Das Haus war weiß, rauh verputzt, das Dach spiegelte sich im Abend violett, die Fenster schiefergrau. Es war ein neueres Haus, aus den Siebzigern. Von einem Fensterbrett sprang eine rote Katze, und hinter dem Fenster zur Küche hing ein schmutziger Aufnehmer, starr vor Trockenheit, über einer Trittleiter. Es war diese Wochenendstimmung, die einen einholt, wenn man als letzter nach der Arbeit von einem großen, dann leeren Parkplatz fährt. Ein Kind wirft seinen Ball immer wieder gegen die Hauswand und bleibt allein zurück. Irgendwo mäht jemand Rasen, nimmt dann den Besen und schickt das leise, fast zärtliche Geräusch von Borsten auf Stein herüber, während man selber längst zerstreut weggefahren ist.

Da wohnt ja noch jemand, sagte ich. Irgendwo spielte ein Radio.

Hier wohnt keiner mehr, sagte er.

Bist du sicher.

Ja.

Der Regen hatte die weißen Außenwände verfärbt. Obwohl die Fenster geschlossen waren, glaubte ich, die ungelüfteten Zimmer zu riechen, den Bohnerwachs auf den Holzfußböden und in Bad und Flur und Küche das strenge Einheitsputzmittel der ehemaligen DDR.

Ich schloß die Augen. Hinter den Lidern der See war glatt, gefroren. Ich öffnete die Augen. Er hielt mir eine weiße Plastiktüte ohne Aufschrift hin.

Da.

Was soll ich damit.

Anziehen, sagte er.

Die Tüte war sehr leicht. Ich zog ein weißes Korsett, das zwischen den festgekurbelten Nähten durchsichtig war, und ein Paar halterlose weiße Strümpfe mit weißem Satinsaum heraus.

Alles in Weiß, murmelte ich. Ich trage eigentlich nie Weiß.

Anziehen, für mich. Er lächelte. Wieder sah ich die Zähne, die sehr weit auseinanderstanden.

Ich habe Schwierigkeiten, nein zu sagen. So bin ich in die dümmsten Situationen gekommen. Und so zog ich das Zeug hinter einer Hecke an, zog die Nähte unter den Brüsten zurecht und den schmalen Zwickel aus dem Hintern, band die Haare hoch, um wenigstens ein ernstes Gesicht freizulegen, und faltete sorgfältig meine Kleider auf der Plastiktüte im Gras zusammen. So sorgfältig, daß ich wissen würde, wohin ich gehörte, wenn dies hier vorbei wäre. Noch immer spielte das Radio, Hotel California, und jemand, der im Stimmbruch war, sang mit.

Zieh die Sandalen aus, sagte er, als ich hinter der Hecke hervorkam. Die passen nicht zu den Strümpfen.

Ich zog sie aus.

Setz dich da hin. Er zeigte auf eine Bank unter einer Birke.

Nein, nicht die Beine übereinanderschlagen, sagte er. Das paßt nicht.

Er schraubte den Verschluß vor der Linse ab und steckte ihn blind in die Jackettasche. Dann ging er fünf oder sechs Schritte rückwärts.

Schade, sagte er, die Druckstreifen von deiner Unterhose und dem BH sieht man noch.

Er drückte ab.

Wo hast du denn dieses Zaumzeug her?

Aus einem Katalog, sagte er. Ich habe es aus einem Katalog bestellt.

Ein Vogel flog auf. Erst spät sah ich, es war eine Ente, die sich auf die Regenrinne des Dachs setzte. Ein Erpel mit glänzender grüner Brust, wirklich, ein Erpel. Die Farbe meiner Haut verbündete sich mit der Farbe des Abends. Er wechselte den Film dreimal. Jemand mit einem Dieselauto fuhr vorn am Haus vorbei, wo auf beiden Straßenseiten die Kastanien ihre Früchte in die Gosse warfen. Aus dem Radio kamen dann der Verkehrsbericht und die Warnung, daß irgendwo eine Kuh auf der Fahrbahn stehe. Ich stellte mir vor, wie die Kuh stand. Stur und fest mit dumpfen schwarzen Augen, und er sagte, was machst du denn für ein Gesicht.

Da lächelte ich. Ich lächelte, während ich mich über mich ärgerte. Ich lächelte, bis mein Gesicht das einer anderen war. Als wir aufhörten, war es noch nicht dunkel, aber mein Gesicht war leer. Ich sah zum Haus hinüber.

Was ist?

Da war ich schon mal, sagte ich, da in dem Haus.

Schweigen.

Ich weiß, warum es leersteht.

Schweigen.

Später sagte er dann doch: Was du alles weißt.

Sie war gerade erst mit ihm in das Haus gezogen, sagte ich, und jetzt wohnt er allein hier, unten im Keller. Manchmal des Nachts steht er am Fenster, wo Gras und Brennnesseln hereinschauen, und ruft um Hilfe, so wie er in der Nacht um Hilfe gerufen hat, als er seine Frau ermordete.

Ich sah ihn an. Ein kleines Gesicht, dichtes, welliges, graumeliertes Haar, eine helle Hose, ein dunkles Jackett. Seine Hemdbrust leuchtete in der anbrechenden Dunkelheit unverschämt weiß.

In der Nacht nahm er mich nicht mit zu sich, sondern fuhr zu meiner Wohnung. Das war noch nie geschehen.

Warum? fragte ich, und so ein Haß, mit dem man seine Mutter haßt, wenn man dreizehn ist, stieg in mir hoch.

Was macht deine Frau, fragte ich, während ich noch einmal zum Abschied meinen Kopf durch die geöffnete Beifahrertür schob.

Gute Nacht, sagte er, bis morgen.

Bis morgen, sagte ich und hielt dabei die Hand vor den Mund.

Meine Wohnung liegt parterre. Als er gefahren war, setzte ich mich auf die Fensterbank und sah hinaus. Wie lange war es her, daß ich an meinen einsamen Sonntagen im Sommer, an denen ich keine Blumen gegossen hatte, hier beide Fensterflügel geöffnet und ein grünes, mittlerweile dünnes Badehandtuch auf die Fensterbank gelegt hatte, das schon in Griechenland und Frankreich und sonstwo mit mir gewesen war? Wie lange war das her, daß ich mich mit einem Buch auf die Fensterbank gesetzt hatte, um dann noch einmal herunter zu rutschen, das Radio leise anzustellen, eine Flasche Wasser aus dem Kühlschrank zu holen und gleich auch noch ein Eis dazu, dann zum Fenster zurückzugehen und das verrutschte Badehandtuch wieder zu richten, das Handtuch der vergangenen Sommer, das mit seinem Saum weit über die Heizung hing. Wie lange war es her, daß ich den Rücken gegen die Scheibe lehnte, das Eis aß und vergaß, es zu schmecken. Wie lange war das her, daß ich so ruhig in meinem Alleinsein eingerichtet gewesen war? Die Sonne wanderte von den Füßen aufwärts zum Rocksaum, über die Leisten steiler hinauf zur Taille, die Sonne wanderte über die Buchseiten hinweg, bis die ganze Geschichte im Schatten lag, und der Nachmittag über der Straße auch. Nur ein kleiner Junge fuhr dann immer mit seinem Tretroller auf und ab und tat so, als wolle er die parkenden Autos rammen. Und weil über Radio, an jenem Sonntag damals, Mädchen mit kleinen Stimmen einen kleinen Freund in ihrer Nähe gesucht hatten, einen, der Löckchen oder ein schnelles Auto, Erfahrung oder Humor haben sollte, war es dann alles so gekommen. Es war diese Sehnsucht in dem Kichern zwischen Lied und Lied gewesen, die mich auf die Idee gebracht hatte, auch einmal wieder tanzen zu gehen.

Oder war nur die Sache mit dem Schlüssel schuld gewesen?

Ich rutschte von der Fensterbank, schloß das Fenster, denn es war Nacht und kühl geworden. Ich ging zum ersten Mal seit Wochen wieder in mein eigenes Bett, legte den Kopf auf das Kissen und dachte, das bin ich, dieser Geruch. Das bin noch immer ich.

Und seine Frau? Was macht die jetzt?

Sie macht einen Tanzworkshop und ein Seminar in Astrophysik in Italien, meine Frau. Er sah das Marmeladenglas an, nicht mich.

Er antwortete, ohne daß ich gefragt hatte. Also log er?

In Italien?

Er zögerte einen Moment, dann nickte er.

In Italien.

Und eure Tochter?

Sie ist ihre Tochter. Ich habe keine Kinder.

Wann kommt sie wieder?

Er sah weiter das Marmeladenglas an, und seine Frau kam auch in der nächsten Woche nicht.

Warum kommt sie nicht, fragte ich.

Ich fand eine detaillierte Telefonabrechnung auf dem Küchentisch. Es tauchte kein einziges Mal die Landesvorwahl Italien auf. Dabei war ich oft genug weg, so daß er ungestört hätte telefonieren können. Fast nie rief jemand an, wenn ich da war. Auch seine Frau nicht. Tagsüber fuhr ich meine vier Pflegewohnungen ab und war weiterhin selten in der eigenen. Eigentlich nur, um ein paar wärmere Sachen zu holen, denn das Wetter wurde unbeständiger.

Was ist mit den Fotos, fragte ich an einem Sonntag, an dem wir auf dem Teppich vor dem Fernseher lagen. Es war Nachmittag, es lief ein tschechischer Märchenfilm.

Was ist mit den drei Filmen, die du von mir verknipst hast?

Alle nichts geworden, sagte er.

Alle drei?

Ja, alle drei nicht.

Er rollte auf die Seite und legte mir eine Hand auf das Gesicht. Ich schwieg.

Seine Frau kam auch in der folgenden Woche nicht, und er mußte für einige Tage weg.

Du kannst deine Sachen ruhig in ihren Kleiderschrank hängen, sagte er, dann liegt hier nicht soviel herum.

Also kommt deine Frau gar nicht mehr?

Schweigen.

Als er gefahren war, schob ich die weiße dünne Tür des japanischen Kleiderschranks beiseite. Ein Geruch nach Fell und Parfum schlug mir entgegen. Seidenblusen, enge Röcke in gedeckten Farben, mehrere Kostüme, zwei Pelzjacken. Der Geruch von einem edlen Tier.

Auf dem Boden des Schranks lag der verbogene Kleiderbügel. Ich hob ihn auf. In dem Zimmer herrschte noch immer die sommerliche Langeweile, aber sie war älter geworden. Eine wirklich langweilige Langeweile jetzt. Bald würde richtig Herbst sein, die Zeit würde kommen, wo man den Abend erlebt, während man noch am Tag arbeitet. Was würde dann sein? Dann würde ich mich fragen, warum ich so blöd war, mit diesem Mann ein Verhältnis anzufangen, und würde den ganzen Winter lang Zeit haben, darüber nachzudenken.

Vielleicht lag alles nur an Hückeswagen, dachte ich, dort bin ich oft so traurig gewesen. So familientraurig. Alles lag vielleicht an Hückeswagen und nicht an mir.

Nicht an ihm.

Und meine Fotos?

Ich ging in den Flur, dann rüber in die Küche, rückte das Brotschneidebrett zurecht, ging ins Bad und cremte meine Hände ein, den Kleiderbügel unter den Arm geklemmt.

Das hat er extra gemacht, dachte ich. Den Bügel hat er extra für mich liegen lassen. So ist er. Er hält sich an seiner eigenen Geheimnistuerei fest. Was wunderte es mich? Wo der erste Blick mit einem Schrecken einhergeht, da ist doch nichts Gutes zu erwarten. Ich ging hinüber ins Wohnzimmer. Die Balkontür stand offen. Was nun, mein Fräulein, sagte ich mir und stand lange an der Tür, die Nase im Spalt. Der Regen rauschte. Den Blumen da draußen tat er gut und mit mir hier drinnen ging es langsam, langsam zu Ende.

Ich dachte: Er riecht auch anders als andere Männer. Nie nach Schweiß, eher nach alter Zeitung. Morgens beim Frühstück sieht er aus, als ob er zwischen Brot und Butter sich selbst sucht, und abends kommt er heim mit heruntergefallenem Gesicht. Er liebt die Frauen, sagt er. Er hatte schon drei. Was mit ihnen war, wollte ich einmal wissen, während ich eine Pizza für ihn in den Ofen schob und seine

Schuhe und sein Hosensaum sich im Sichtfenster des Backofens spiegelten.

Er stand hinter mir und sagte nichts.

Selbst wenn wir nur Pizza essen, ist da diese Angespanntheit, diese Kapsel, in der dann doch kein richtiges Gefühl ist, dachte ich. Sein Bart fängt an grau zu werden. Er rasiert ihn sorgfältig fort, jeden Morgen, naß, und mir gefällt das. Mir gefällt, daß er mir eigentlich nicht richtig gefällt und ich ihn trotzdem gern anschaue. Wir passen ganz gut zusammen. Zwei, die gern hinschauen und nicht unbedingt mögen, was sie sehen.

Die Farbe an der Balkontür war brüchig, und ich knibbelte daran herum. Wie an einer verkrusteten Wunde. Der Regen wurde heftiger, und das Schweigen, das von seinem Rauschen ausging, verbreitete sich als Crescendo von Zimmer zu Zimmer. Dem Dauerton irrte ich hinterher und landete an der Tür zum zweiten Balkon. Eine Frau gegenüber trat ans Fenster, lachte kurz auf und ging dann zurück ins Dunkle des Zimmers. Ein Zimmer, schmal wie ein Handtuch vielleicht, und innen sangen bestimmt auch zwei Vögel. In dem Augenblick trat aus der Haustür ein Mann Ende Fünfzig. Er zerrte ein Rad aus dem Hausflur und ungnädiger noch die Stufen hinunter zur Straße. Auf dem Gepäckträger klemmte eine Plastiktüte. Ich glaubte die Form einer Kamera zu erkennen. Eine junge Frau kam ihm entgegen. Er nahm ihr etwas aus dem Haar, als sie kurz voreinander standen. Eine Fluse, ein Blatt? Er stand vor ihr und hielt dabei den Kopf schräg. Ein alter Kater, der maunzte. Die junge Frau aber spannte energisch einen weißen Schirm auf. Sie trödelten nebeneinander die Straße hinunter.

Ich ging weg vom Fenster, den Bügel in der Hand. Hinter allem lag etwas anderes.

Und meine Fotos?

Ich stieß die Tür zum Gästezimmer auf.

Kaum hatte ich mich wie damals auf das schmale Gästebett gelegt, schlief ich auch schon ein. Als ich erwachte, war es dunkel. Ich hörte den Regen und knipste ein Licht an. Die Sprühflasche mit dem Pistolengriff war fort, aber der Kleiderbügel lag vor dem Bett.

Fünf Fächer. Alle leer. Fast leer. Im dritten Fach gab es auf dem hellen Holz einen Fleck. Im vierten Fach lag eine alte Lederhose, im fünften ein Stapel Kataloge, die alle mit demselben Spruch warben: Es gibt sie noch, die schönen Dinge.

Sie sind alle weg, dachte ich.

Es war zum Verrücktwerden. Ich sah sie doch noch vor mir, wie sie hier archiviert gewesen waren. Mindestens hundert nackte Frauen, oder nicht ganz nackte, die aber eine sofortige Bereitschaft signalisiert hatten, sich nackt zu machen, um jemandem ein Bild zu sein. Und wie sie dabei ausgesehen hatten? War ich am Schluß auch dabeigewesen?

War ich?

Ja, und da habe ich mir ins Gesicht gefaßt, ob es noch da ist. Ob ich noch da bin. Ich dachte, das kann doch nicht wahr sein. Das ist ja, als hätte es mich in den letzten Wochen seit dieser ersten Nacht in dieser Wohnung gar nicht gegeben. Als wäre die Zeit seit dieser Nacht nicht vorhanden gewesen. Ich habe die Augen zugemacht und eine randlose schwarze Welt gesehen und in dieser Welt meine Augen, auf die der Regen fiel. Er fiel auf ein schwarzes Meer, auf einen Ozean, der die Unendlichkeit war. Die Unendlichkeit, die auf mich warten würde, wenn ich einmal tot sein würde. Ein unendlich feiner Regen. Der nicht mehr draußen war, wie der, der den ganzen Tag über gewesen war, sondern in mir drinnen. Niemand, der mich sah. Niemand, der mir half. Niemand, der von mir wußte, so wie die Fische im See nicht wissen, daß es regnet, wenn es regnet.

Und wieder war da ein Geräusch. Jemand legte mir die Hand auf die Schulter. Es war der Mann, den ich immer noch nicht kannte.

Ich zeigte auf den Rollschrank.

Die Umschläge? fragte ich.

Welche Umschläge? Er lehnte sich an den Türrahmen und sagte, ich weiß nicht, wovon du redest, und er machte ein Gesicht, das überhaupt nicht zu ihm paßte.

Und meine Fotos?

Er fuhr mit der Hand zum Kopf und harkte mit gespreizten Fingern seine Haare.

Bis später, sagte er und drehte sich zum Flur. Er ging. Das Gewicht seiner Hand auf meiner Schulter blieb.

Die Etagentür fiel ins Schloß. Doch hatte ich nicht das Gefühl, er hätte die Wohnung verlassen.

Ich bin ihm nach und gleichzeitig vor ihm weggelaufen, meine Gummistiefel aus dem Flur unter dem Arm. Der Tag begann. Die Vögel schrien. Ich fand mein Auto nicht, lief an einer Reihe parkender Wagen vorbei und bemerkte, daß sie alle keine Strafzettel hatten. Ein Schlüssel fiel mir aus der Hand. Mein Fahrradschlüssel. Ich bückte mich. Und erst in dieser gekrümmten Haltung, die Nase über den Knien und die Stiefel neben mir auf dem Asphalt, die ihre Schäfte, dafür daß sie aus Gummi waren, sehr zärtlich aneinander lehnten, ja erst in dieser Haltung fiel mir ein, ich war ja wie immer mit dem Rad da. Ich hatte doch seit einem Jahr kein Auto mehr. Ich dachte an Mozart und Beethoven. Ich ging ruhig zu meinem Rad, das an der Hauswand lehnte, die nicht mehr so warm war wie wenige Wochen zuvor. Die Stiefel klemmte ich auf den Gepäckträger. Ich fuhr noch einmal an dem Café unter den zwei Balkonen vorbei und sah so aus der Nähe gut, daß die Blumen in den grauen Betonkübeln dringend gegossen werden mußten.

An der nächsten Ecke schnitt mich ein Mädchen mit seinem Rad, drehte sich um und murmelte Entschuldigung. Sie trug einen kurzen Rock und hob, während sie lächelte, den Hintern vom Sattel. Ich lächelte zurück.

Reise um meinen Garten

Brief 1

Erinnern Sie sich an den Tag, mein Freund, an dem Sie zu dieser langen und schönen Reise aufbrachen, deren Vorbereitungen Sie schon seit so langer Zeit beschäftigten?

Ich kam am Morgen vorbei, um wie gewöhnlich ein paar Augenblicke mit Ihnen zu verbringen; ich wusste nicht, dass dies der Tag Ihrer Abreise war, und ich war überrascht von der ungewohnten Atmosphäre Ihres Hauses – alle schienen aufgeregt und beschäftigt, Ihre Dienstboten eilten treppauf und treppab. Eine elegante offene Reisekutsche stand fertig bespannt in Ihrem Hof. Als ich ankam, hatte der Postillon gerade einen seiner großen Stiefel in den Steigbügel eines der beiden Pferde gesetzt; einer Ihrer Leute, der als Kurier aufsaß, um die Wechselpferde zu bestellen, hatte Mühe, das stampfende Pferd im Zaum zu halten.

Als ich bei Ihnen anlangte, fand ich Sie zerstreut und sehr beschäftigt vor – es hatte den Anschein, als koste es Sie Mühe, auf meine Fragen zu antworten und ein paar Worte an mich zu richten; Sie schienen unruhig wie ein Vogel, der losfliegen will.

Sie sagten mir Lebewohl und drückten mir die Hand, dann stiegen Sie in den Wagen; Arthur, Ihr Kammerdiener, stieg hinten auf; Sie gaben ein Zeichen, und der Kurier ritt im Galopp los.

Zur gleichen Zeit verließ der Postillon den Hof und ließ seine Peitsche wie Fanfarengeschmetter knallen.

Die Nachbarn waren an den Fenstern, die Passanten blieben stehen, Sie winkten mir noch ein Lebewohl zu und befahlen dem Postillon: Fahren Sie!

Die Pferde fielen in Galopp und verschwanden rasch an der nächsten Straßenecke.

Ich für mein Teil blieb benommen, verblüfft, traurig, verstimmt zurück, ohne genau zu wissen, warum.

Die Nachbarn schlossen ihre Fenster, die Passanten gingen weiter; Ihr Portier machte das in den Angeln kreischende Hoftor zu, und ich stand immer noch wie angewurzelt auf der Straße und wusste weder, was ich machen, noch, was werden, noch, wohin ich gehen sollte; ich hatte das Gefühl, der einzige Weg auf der Welt sei der, den Sie eingeschlagen hatten, und Sie hätten ihn mit sich genommen.

Doch ich glaubte zu bemerken, dass man mich erstaunt betrachtete, und ich schlug aufs Geratewohl – mehr um wegzugehen, als um irgendwohin zu gehen – die Richtung ein, die der von Ihnen eingeschlagenen entgegengesetzt war.

Es dauerte nicht lange, bis ich mich fragte, wohin ich eigentlich ging, und diese Frage brachte mich einigermaßen in Verlegenheit: Spaziergänge schienen mir trübselig und die Gesellschaft von Menschen wenig einladend. Ich beschloss, nach Hause zu gehen.

Unterwegs begann ich ziemlich schlecht von Ihnen zu

denken: Ich hatte Ihren Gesichtsausdruck fast herablassend gefunden, Sie schienen geschmeichelt von der Aufmerksamkeit, die Ihr Aufbruch und vor allem Ihr Geleitzug erweckten; es war, als ließen Sie Ihr Haus und Ihren alten Freund hier zurück, wie man abgenutzte Dinge liegen lässt, die man nicht mehr braucht.

Nach und nach stiegen in meinem Herzen beinahe hasserfüllte Gefühle gegen Sie auf, aber glücklicherweise erstickte ich sie ganz schnell wieder, als ich entdeckte, dass es nichts anderes als Neid war.

Jedes Glück erregt ein wenig Hass: Man wünscht sich nichts mehr, als sich einreden zu können, dass diejenigen, die es genießen, uns irgendein großes Unrecht antun; das würde uns erlauben, jenem niedrigen und beschämenden Gefühl, dessen wahrer Name Neid ist, einen etwas feineren Namen zu geben und es einfach Ressentiment, berechtigten Stolz, verwundete Würde zu nennen.

Als ich die Gefahr erst einmal erkannt hatte, war sie rasch gebannt, und ich habe Sie auf der Stelle freigesprochen. Nicht ganz so leicht fiel es mir, mich vor meinem eigenen Tribunal freizusprechen.

Gewiss, der Teufel hätte keine Gewalt über uns, wenn er uns die Köder, die er uns hinhält, unter ihrem wahren Namen anbieten würde.

Nach Hause zurückgekehrt, war ich immer noch neidisch auf Ihr Glück, aber ich neidete es Ihnen nicht mehr, und Sie waren für mich wieder ein vortrefflicher und zuverlässiger Freund, so wie ich in Ihnen vernünftigerweise nicht mehr jene phantastischen Beziehungen suchte, die man einem armen Pylades aufbürdet, ohne jemals ernsthaft zu prüfen, ob man selbst für einen anderen das ist, was man erwartet, dass ein anderer es für einen selbst ist; mit einem Wort, jeder will einen Freund haben, aber man bemüht sich kaum darum, selbst ein solcher zu sein.

Allerdings gab ich nun, da Sie nicht mehr die Ursache für meine schlechte Laune waren, dem Schicksal die Schuld, und ich beklagte mich bitter über meine unglückliche Lage, die mir nicht erlaubte, wie Sie wegzufahren und andere Länder, andere Menschen und andere Klimata kennenzulernen, und mir kam meine Armut zu Bewusstsein, die ich bisher überhaupt nicht bemerkt hatte.

Was soll's!, sagte ich mir, ich werde also immer wie diese Ziege sein, die mitten in einem Feld an einen Pflock angebunden ist; sie hat schon das ganze Gras in dem Rund abgeweidet, das zu erreichen ihr der Strick erlaubt, und sie muss erneut den schon kurzen, samtähnlichen Klee abknabbern.

Als ich dies sagte, lehnte ich auf dem Sims eines tiefen Fensters, das in meinen Garten geht, und ich schaute mechanisch vor mich hin: Die Sonne ging unter, und zuerst wurden meine Augen und dann meine Seele von diesem prächtigen Schauspiel gefangengenommen.

Ganz oben am Himmel, auf der Seite des Sonnenuntergangs, waren drei Wolkenbänder.

Das höchste Band war aus einer Art Schaum in Form von grauen und rosa Flocken gebildet.

Das zweite waren Farbstreifen von einem schwärzlichen, leicht safrangelb schillernden Blau.

Das dritte bestand aus grauen Wolken, über denen ein hellgelber Dunst schwebte.

Darunter lag etwas wie ein großer See von einem lebhaften, reinen und flüssigen Blau.

Unter diesem See breitete sich eine graue Wolke mit einem blassen Feuersaum aus.

Unter dieser Wolke eine andere Wolke von einem etwas schwächeren Blau.

Darunter eine schmale Wolke von einem Grau, ähnlich dem der heißen Asche eines Vulkans.

Darunter ein neuer See von einem grünlichen, an gewisse Türkise erinnernden Blau, tief und flüssig wie die anderen.

Darunter dicke Wolken, deren oberer Teil weiß und mit einem blassen Glanz überzogen und deren unterer dunkelgrau und von einem hell strahlenden Feuersaum umgeben war.

Dort, in einem dichten orangefarbenen Dunst, ging die Sonne unter, von der man nur noch einen blutroten Punkt sah.

Als die Sonne dann ganz verschwunden war, nahm alles, was auf dem Gemälde gelb war, korrespondierende Rotfärbungen an; das blasse oder grünliche Blau verwandelte sich in ein volleres und dunkleres Azurblau.

Und alles schien wie ich diese ewige Pracht zu bewundern.

Der Wind hatte aufgehört, die Blätter der Bäume zu bewegen; die Vögel stritten sich nicht mehr um die Plätze unter dem dichten Blattwerk, in der Luft war kein Insektensummen mehr zu vernehmen; die Blumen, so kam es mir vor, hatten ihre reichen, wohlriechenden Kelche geschlossen: Nichts versuchte, die Sinne zu beschäftigen oder zu zerstreuen.

Da überlegte ich, dass Sie, einige zwanzig Meilen entfernt von hier in Ihrer Kutsche, mit Ihrem Kurier und Ihrem Postillon vor sich und Ihrem Diener hinter sich, kein prächtigeres Schauspiel sahen als das, was sich vor meinen Augen ausbreitete, und dass Sie es zweifellos mit weniger Andacht und Entzücken genießen würden.

Ich dachte an all die Reichtümer, die Gott uns Armen gegeben hat: auf der Erde mit ihren Teppichen aus Moos und Grün, mit ihren Bäumen, ihren Blumen, ihren Düften, am Himmel mit seinen so verschiedenen und so herrlichen Erscheinungen; ich dachte an all die ewige Pracht, die der Reiche nicht bei sich anhäufen kann und die das, was käuflich ist, so himmelhoch überragt.

Ich dachte an die hervorragende Empfindlichkeit meiner Organe, die mir erlaubt, diese edlen und reinen Freuden in ihrer ganzen Fülle zu genießen.

Ich rief mir noch einmal in Erinnerung, wie wenige Bedürfnisse und Wünsche ich habe: das größte, sicherste und unabhängigste aller Vermögen.

Und mit gefalteten Händen, die Augen dem Himmel zugewandt, der nach und nach dunkler wurde, das Herz voller Freude, Zufriedenheit und Dankbarkeit, bat ich Gott um Vergebung meiner Klagen und meiner Undankbarkeit, und ich dankte ihm für alle Reichtümer, mit denen er mich überhäuft hat.

Als ich am Abend einschlief, hatte ich großes Mitleid mit jenen *armen Reichen.*

Vale,

STEPHEN.

Brief 11

Als ich am Morgen an meinem Fenster stand, sah ich in einer Ecke ein Spinnennetz. Der Jäger, der dort seine Fäden ausgespannt hatte, war damit beschäftigt, die Schäden zu reparieren, die über Nacht durch irgendeine unvorhergesehen große Beute oder einen verzweifelten Widerstand verursacht worden waren. Als alles wiederhergestellt war, marschierte die Spinne, die zweimal größer und schwerer war als die dickste Fliege, über ihr Netz, ohne eine Masche zu zerreißen, um sich in einer dunklen Ecke zu verstecken und auf die Lauer zu legen. Ich beobachtete sie lange; zwei oder drei Fliegen verfingen sich verzweifelt flatternd in dem tückischen Garn und wehrten sich vergebens; der unerbittliche Nimrod machte sich über die Gefangenen her und saugte sie mitleidlos aus; danach flickte er ein oder zwei zerrissene Maschen und kehrte in seinen Hinterhalt zurück.

Aber da ist auf einmal eine andere kleinere Spinne, warum hat sie ihr Netz und ihre Fallstricke verlassen? Ach!, es ist ein Männchen, und ein verliebtes Männchen, es denkt nicht an die Jagd; es gleicht dem Sohn von Theseus.

Mein Bogen, meine Wurfspieße, mein Wagen,
alles ist mir lästig.*

Es kommt näher, es weicht zurück, es begehrt, es fürchtet sich. Es ist auf dem ersten Faden des Netzes derjenigen an-

---

* Der verliebte Hippolyte zu Aricie (Racine, *Phädra*, 11, 2).

gelangt, die es liebt; erschrocken über so viel Mut, zieht es sich zurück und flieht, aber nur, um alsbald wiederzukommen. Es macht einen Schritt, dann zwei und hält inne.

Sie haben schüchterne Liebende gesehen, Sie sind selbst einer gewesen, wenn Sie wirklich geliebt haben. Sie haben vor Angst gebebt unter dem reinen und unschuldigen Blick eines jungen Mädchens, Sie haben gespürt, wie Ihre Stimme in ihrer Nähe zitterte und wie gewisse Worte, die Sie sagen wollten und nicht zu sagen wagten, Ihnen die Kehle zuschnürten, sodass Sie fast erstickten. Aber niemals haben Sie einen so schüchternen Liebhaber gesehen wie diesen, und er hat gute Gründe dafür.

Die weibliche Spinne ist wesentlich größer als die männliche, das ist bei den Insekten fast immer so. Wenn in dem Augenblick, in dem das Männchen sich bewirbt, *ihr Herz* zu ihr gesprochen hat, gibt sie wie alle Lebewesen dem sanften Einfluss der Liebe nach, sie wird nachgiebig wie das Pantherweibchen, sie liefert sich dem sanften Gefühl zu lieben und geliebt zu werden und sich *bezwingen zu lassen* aus; sie ermutigt ihren schüchternen Liebhaber, und ihr Netz wird für diesen geliebten Liebhaber zur seidenen Treppe der Romanschreiber.

Aber wenn sie gefühllos ist, wenn *ihre Stunde* noch nicht gekommen ist, nähert sie sich dennoch langsam dem zitternden Hippolyte, der in ihren Zügen vergeblich zu erkennen sucht, ob er fürchten oder hoffen soll. Wenn sie dann wenige Schritte von dem Liebenden entfernt ist, wirft sie sich auf ihn, packt ihn – und frisst ihn.

Wahrhaftig, in diesem Moment hören die ältesten und lächerlichsten Metaphern, die die Liebenden erfunden haben, auf, Metaphern zu sein, und bekommen einen realen und erschreckenden Sinn.

Ein solcher Verliebter hat das Recht, sich über die *Grausamkeiten* seiner *schönen Feindin* zu beklagen.

Einen solchen Liebhaber wird man nicht der Übertreibung anklagen, wenn er in das Geständnis seiner Gefühle jene etwas abgenutzte Formel einfließen lässt: ›*Es geht um Leben oder Tod!*‹ oder jenen Satz: ›*Wenn Sie meine Liebe abweisen, wird es mein Todesurteil sein!*‹

Diesem jedoch erging es nicht so übel: Die Schöne näherte sich ihm, er erwartete sie einige Augenblicke sichtbar ängstlich; aber sei es, dass er in ihrem Gang irgendein beunruhigendes Zeichen erkannte, sei es, dass die Kokette es nicht verstand, ihre Gesichtszüge zu beherrschen, was ich wegen ihrer Größe nicht erkennen konnte, sei es, dass sie in ihrer Miene mehr Appetit als Liebe zeigte, oder auch, dass der Verliebte von keiner jener starken Flammen erfasst wurde, die alle Gefahren überwinden helfen, er ergriff jedenfalls die Flucht mit einer solchen Geschwindigkeit, dass ich ihn aus den Augen verlor, ebenso wie zweifellos seine *grausame Schöne,* denn sie zog sich ruhig zurück, um sich in ihrem Hinterhalt zu verstecken und auf andere Beute zu warten.

Ich hatte ähnliche Szenen schon miterlebt, denn ich habe einen großen Teil meines Leben allein und auf dem Land zugebracht, und ich habe in der Zeit immer die Gebräuche der Insekten studiert; aber dieses Mal hinterließ das kleine Drama, dessen Zuschauer ich gerade gewesen war, einen besonderen Eindruck und ließ mich an Sie denken.

Sicherlich, sagte ich mir, ist diese Liebe zum Reisen eine

eigenartige Unruhe des Geistes, und die Reisenden, die sich, und das mit hohen Kosten, in weite Fernen begeben, um *neue Dinge* zu sehen, ohne sich die Mühe gemacht zu haben, sich zu ihren Füßen oder über ihren Köpfen umzuschauen, wo sich so viele und außergewöhnliche Dinge zutragen, die ebenfalls so unbekannt sind, wie man es sich nur wünschen kann, sind seltsame Menschen.

Er ist nun aufgebrochen, fuhr ich in Gedanken an Sie fort; es kann gut sein, dass er um die Welt reist, ohne einer so seltsamen Liebe zu begegnen wie der, deren Zeuge ich soeben an meinem Fenster geworden bin.

Unter welchem Himmelsstrich sie wohnen, auf welche Art und Weise sie sich kleiden oder nicht kleiden, die Menschen leben von vier oder fünf Leidenschaften, die immer die gleichen sind und die sich im innersten Kern nicht und in der Art und Weise nur sehr wenig unterscheiden.

Nirgendwo wird ihm die Liebe ein so einzigartiges Drama bieten wie das, das sich soeben vor meinen Augen abgespielt hat.

In diesem smaragdenen, samtglänzenden Moospolster von der Größe einer Handfläche gibt es Liebe, Hass, Kämpfe, Entwicklungen, Wunder, die uns unbekannt sind und die wir nie betrachtet haben.

Mehr noch, die Natur scheint sich in den großen Dingen und vor allem in dem, was den Menschen betrifft, streng an fast unveränderliche Regeln gehalten zu haben, während sie sich bei den Blumen und den Insekten offenbar den merkwürdigsten und bezauberndsten Phantasien hingegeben hat.

Welch komische Manie, die bewirkt, dass die meisten

Menschen die Augen vor allem verschließen, was sie umgibt, und diese erst zu öffnen geruhen, wenn sie fünfhundert Meilen von ihrem Land entfernt sind.

Nun gut!, rief ich aus, auch ich werde eine Reise machen, und auch ich werde neue und ungewöhnliche Dinge sehen, und auch ich werde Berichte beizusteuern haben!

Machen Sie Ihre Reise um die Welt, ich werde die Reise um meinen Garten machen.

Ich werde Sie hier erwarten, mein Freund, Sie werden mich unter meinem Feigenbaum oder unter einem meiner Geißblattsträucher finden, und Sie werden eingestehen müssen, dass es eine große und entsetzliche Strafe für Reisende wie für untreue Liebhaber gibt: für Reisende die Rückkehr, für untreue Liebhaber der Triumph – denn sie bemerken dann, wie sehr sich alle Länder und alle Frauen gleichen.

Was werden Sie dort unten alles sehen, und mit welchem Stolz werden Sie in Ihrem ersten Brief, sollten Sie überhaupt daran denken, mir zu schreiben, berichten, dass Sie tätowierte und mit verschiedenen Farben bemalte Frauen mit Ringen in der Nase gesehen haben.

Und ich werde Ihnen sagen: Was denn!, mein guter Freund, warum fahren Sie so weit? Warum gehen Sie nicht zwei Ecken weiter? Nichts hätte Sie daran gehindert, Ihre Schwägerin anzuschauen, die sich, wie hundert andere Frauen, die Sie kennen und die jede in einer Person Maler, Original und Porträt ist, auf Stirn und Wangen weißes Puder und rote Schminke, in die Augenwinkel Schwarz, auf bestimmte Adern, um sie hervortreten zu lassen, Blau auflegen und sich Ringe an die Ohren hängen, wie Ihre wilden Frauen sie sich an der Nase anbringen. Warum ist es so viel komischer, den einen Knorpel zu durchstechen als den anderen, und lohnt es sich, dafür so weit zu reisen?

Ich weiß gut, dass Sie dort unten Gauner und Kurtisanen sehen werden, Dummköpfe, Heuchler, Hochmütige, Egoisten, Neider, Bettler; aber haben Sie denn nicht bemerkt, dass es davon auch hier einige gibt?

Oder ist es etwa so schwer in diesem Land hier, Hunger oder Durst, zu viel Hitze oder zu viel Kälte zu haben, dass Sie meinen, Sie müssten dazu in die Ferne reisen?

Gibt es eine in unserem Land unbekannte Krankheit wie die Pest, oder irgendein Fieber, oder irgendeinen Aussatz, die Sie unbedingt haben wollen?

Oder werden Sie von den Fliegen, die uns hier im Sommer plagen, so gequält, dass Sie zweitausend Meilen zurücklegen, um von Moskitos gestochen zu werden?

Immer der Ihre,

STEPHEN.

Brief III

Ich habe noch fast die ganze Nacht an Sie und Ihre Reisen gedacht, und am Ende habe ich Sie nicht mehr verstanden. Kennen Sie denn wirklich diese rings um Sie herum schimmernden und summenden Fliegen*, diese blühenden und

* »la mouche« = Fliege, Mücke, wird bisweilen als Sammelbegriff für alle möglichen anderen Hautflügler wie Bienen etc., die auch eigene Namen haben, verwendet; sofern es keine Spezifizierung gibt, wird hier »mouche« in solchen Fällen immer mit »Fliege« übersetzt.

die Luft mit Duft erfüllenden Blumen, diese singenden Vögel, diese zitternden Blätter, dieses murmelnde Wasser? Haben Sie diese Dinge, und jedes der Teile, aus denen sie zusammengesetzt sind, auch nur einmal angeschaut? Haben Sie sie von ihrer Geburt bis zu ihrem Tod verfolgt? Haben Sie ihre Lieben und ihre Hochzeiten gesehen, ehe Sie losgefahren sind, um in der Ferne Dinge anzuschauen, die Sie noch nicht gesehen haben? Ich habe diesen Morgen eine große Freude erlebt, an der ich Sie teilhaben lassen werde.

Ich habe vor drei Jahren einen kostspieligen Teppich gekauft, um ihn in mein Arbeitszimmer zu legen – so nenne ich einen recht gut eingerichteten Raum, in dem ich mich manchmal einschließe, um nichts zu tun und nicht gestört zu werden. Dieser Teppich zeigt dunkelgrünes Blattwerk, das mit großen roten Blumen übersät ist. Gestern fiel mein Blick auf meinen Teppich, und ich wurde gewahr, dass die Farben darauf sehr verblichen sind, dass aus dem Grün ein ziemlich hässlicher Grünton, das Rot auf bedauerliche Weise verblasst, die Wolle abgeschabt und die ganze Oberfläche von der Tür bis zum Fenster und vom Fenster bis zu meinem Sessel an der Kaminecke fadenscheinig geworden ist. Das ist nicht alles: Beim Verrücken eines riesigen und schweren Holztischs mit Schnitzereien riss ich einen Triangel in den Teppich. Das alles war für mich irgendwie erschreckend; ich habe den Riss flicken lassen, aber ich konnte weder dem Blattwerk noch den roten Rosen den Glanz zurückgeben. Diesen Morgen jedoch, als ich im Garten spazieren ging, bin ich vor dem Rasen stehen geblieben, der dort fast die Mitte ausfüllt.

Das lasse ich mir gefallen!, sagte ich zu mir, das ist ein

Teppich, wie ich ihn liebe: immer frisch, immer schön, immer wertvoll. In Wirklichkeit hat er mich zwanzig Pfund Grassamen gekostet, das Pfund zu fünf Sous, das heißt fünfzehn Francs, und er ist beinahe genauso alt wie der in meinem Arbeitszimmer, der mich hundert Écus* gekostet hat. Der für hundert Écus hat nichts als betrübliche Veränderungen erfahren: Er ist heute mit seiner ganzen verblichenen, abgeschabten, beschämenden, ausgebesserten Pracht ärmlich, und ärmlicher als der andere. Jener wird jedes Jahr schöner, grüner, dichter. Und mit welcher Herrlichkeit verändert und erneuert er sich! Im Frühling hat er eine blassgrüne Farbe und ist mit kleinen weißen Gänseblümchen und einigen Veilchen übersät. Kurz danach wird das Grün dunkler, und die Gänseblümchen werden von glänzenden Butterblumen verdrängt. Auf die Butterblumen folgt der rote und weiße Klee. Im Herbst nimmt mein Teppich eine etwas gelbliche Farbe an und anstelle von rotem und weißem Klee ist er übersät mit Herbstzeitlosen, die wie kleine violette Lilien aus der Erde hervorkommen. Im Winter ist er weiß von Schnee, der die Augen blendet. Im Frühling wie im Herbst vom gelegentlichen Darübergehen und Darauftanzen ein wenig zertreten und zerrissen, bessert er sich von selbst wieder so gut aus, dass man nicht einmal seine Wunden, ja nicht einmal deren Spuren wiederfindet, während mein anderer Teppich daliegt mit seinen ewigen roten Blumen, die jeden Tag unansehnlicher werden, und mit seinen schlecht geflickten Rissen.

Mein Gott! Wie reich ich doch bin!

* Ein Écu war eine Silbermünze im Wert von drei Francs.

Werden Sie mir schreiben, wie Sie es versprochen haben? Ich werde Ihnen von meiner Reise berichten; ich weiß noch keine Adresse, Ihre Briefe werden mir sagen, wohin und wann ich Ihnen schreiben kann. Aber was werden Sie dort unten sehen, was Sie nicht auch hier sehen könnten? Ich werde versuchen, mir an Ihrer statt irgendein fernes Land zu beschreiben. Lassen Sie sehen:

›Der Himmel ist grau wie eine schwere Bleikuppel, die Erde ist bedeckt mit einem Leichentuch aus Schnee; die Bäume setzen ihre schwarzen Skelette dem scharfen Wind aus; zu ihren Füßen entstehen und vegetieren Pilze; die Blumen sind tot; das vereiste Wasser steht still zwischen seinen graslosen Ufern. Diejenigen, die die Brunnen unbedingt *Spiegel* nennen wollen, oder die *Hirtinnen*, betrachten darin ihre *naiven Reize* und rücken ihren *einfachen Putz* zurecht, diejenigen, die in der Natur nichts anderes sehen als das, was sie vorher in den Büchern gelesen haben, sind gezwungen zu sagen, ihre poetischen Spiegel verwandelten sich in Quecksilber. Einige Fichten geben in ihrem trübseligen und dunklen Nadelwerk noch ein paar stummen und vor Kälte aufgeplusterten Vögeln Asyl, die sich hungrig um die letzten Früchte auf den entblätterten Bäumen streiten, die purpurnen Beeren des Weißdorns, die scharlachroten Beeren der Ebereschen, die orangefarbenen Beeren des stachligen Mispelbaums oder die schwarzen des Hartriegels oder die blauen des aromatischen Lorbeers.

In der Luft gibt es weder Vogelgesang noch Insektensummen, noch Blumenduft. Die Sonne bleibt jeden Tag nur wenige Stunden am Horizont; sie geht in einem matten und trüben Licht auf und unter.‹

Welches Land ist das? Wenn Sie es wären, mein guter Freund, der mir diese Zeilen schreiben würde, wären mit diesen tristen Gegenden Norwegen mit seinem Schnee und Eis gemeint. Für mich ist dieses Land mein Garten im Winter, es ist mein Garten in sechs Monaten – ich brauche nur zu warten.

Ich brauche auch nicht unter tausend Gefahren und, was schlimmer ist, unter tausend Unannehmlichkeiten in die reichen Länder zu reisen, in denen man die Sonne anbetet; ich werde ein paar Tage warten, und die Sonne wird mich den Schatten und die Kühle aufsuchen lassen. Es wird Augenblicke geben, wo die Blumen verschmachtend die Köpfe senken, wo man in den verdorrten Gräsern nur noch die monotonen Schreie der Heuschrecke hören wird, wo man draußen nur noch Eidechsen sehen wird.

Dann werden die Nächte frisch, sanft und wohlriechend sein, die blühenden Bäume voller Nachtigallen werden himmlische Düfte und Melodien ausatmen. In den Wiesen werden die Leuchtkäfer, die Glühwürmchen strahlen wie feurige Veilchen.

Sie werden mir das alles aus irgendeinem Land Amerikas schreiben, ich werde es Ihnen übermorgen aus meinem Garten schreiben. Die sich ablösenden Jahreszeiten sind die reisenden Klimata, die zu mir kommen. Ihre langen Reisen sind nichts als ermüdende Besuche, die Sie den Jahreszeiten abstatten, die von selbst zu Ihnen gekommen wären.

Aber es gibt noch ein anderes Land, ein bezauberndes Land, das man vergeblich auf den Wogen des Meeres oder in den Gebirgen suchen würde. In diesem Land atmen die Blumen nicht nur süße Düfte aus, sondern auch berauschende

Liebesgedanken. Jeder Baum, jede Pflanze erzählt dort in einer erhabeneren Sprache als die Poesie und auf sanftere Art als die Musik Dinge, von denen keine menschliche Ausdrucksweise auch nur eine Vorstellung geben könnte. Der Sand der Wege ist aus Gold und Edelsteinen, die Luft ist erfüllt von Gesängen, neben denen mir die der Nachtigallen und der Grasmücken, die ich heute höre, wie das Quaken von Fröschen in ihren schlammigen Sümpfen vorkommt. Der Mensch ist dort gut, großmütig, edel und hochherzig.

Alle Dinge sind die Umkehrung der Dinge, die wir jeden Tag sehen; alle Schätze der Erde, alle Würden zusammengenommen wären ein Gegenstand des Spotts, wenn man sie im Tausch gegen eine verblühte Blume oder einen alten, unter einer Geißblattlaube vergessenen Handschuh anbieten würde. Aber wieso erzähle ich Ihnen vom Geißblatt? Warum muss ich Ihnen Blumennamen nennen, die Sie als Blumen dieser reizenden Gegenden kennen? In diesem Land glaubt man weder an die Falschheit noch an die Treulosigkeit, noch an das Alter, noch an den Tod, noch an das Vergessen, das der Tod des Herzens ist. Der Mensch braucht dort weder Schlaf noch Nahrung; im Übrigen ist dort eine alte Holzbank tausendmal weicher als das Eiderdaunenkissen anderswo, der Schlaf ist dort ruhiger und reicher an reizenden Träumen.

Die herbe Schlehe der Hecken, die fade Frucht des Brombeerstrauchs haben dort eine so köstliche Süße, dass es lächerlich wäre, sie mit der Ananasfrucht anderer Gegenden zu vergleichen. Das Leben ist süßer, als Träume in anderen Ländern es zu sein wagen. Machen Sie sich auf, diese poetischen Länder zu suchen!

Im Hafen von Bern im Frühling

Vor vielen Jahren fragte ich in einem Tabakgeschäft in Bern nach kubanischen Zigaretten – Partagas. Das freundliche Mädchen, das mich bediente, war offensichtlich noch nicht lange hier, wohl erstes Lehrjahr, es schaute mich mit großen ungläubigen Augen an, und ich wiederholte meine Bitte. Sie schaute noch einmal, diesmal verträumt, vielleicht sah sie jetzt Palmen und Sonne und ein blaues Meer, und dann sagte sie: »Einen Augenblick bitte«, ging nach hinten und kam nach einiger Zeit zurück. »Nein«, sagte sie, »wir haben im Augenblick keine mehr.« – »Und Upmann?«, fragte ich. »Wir haben im Augenblick überhaupt keine kubanischen Zigaretten mehr.« Und ich fragte, ob sie wieder welche haben werden und wann. Und wieder ihr Blick und ihre wunderbare Antwort, die mich hier in Bern und hier von diesem schüchternen und verträumten Mädchen überraschte: »Wissen Sie, wir haben bereits September, jetzt kommt wohl kein Schiff mehr an – im Frühling vielleicht wieder.«

Und seither, oft im Frühling, jetzt zum Beispiel, und eigentlich nie im September, fällt es mir wieder ein: Jetzt kommen vielleicht die ersten Schiffe an mit Zigaretten für Bern in der Schweiz. Und ich sehe wieder das staunende Mädchen vor mir, und ich lächle.

Geographie ist bei allem Elend in der Welt, und bei dauernd zunehmendem Elend, etwas Romantisches geblieben, die weite Welt, die Palmen, die Sonne, das Meer, und schon ein kleiner Schritt über die Landesgrenze, sei das auch nur auf dem Atlas, und es beginnt danach zu riechen.

Warum frage ich die Frau, die mir zufällig sagt, daß sie mit ihrem Mann für zwei Wochen in die Karibik gehe, wohin sie denn genau gehe. Ich war noch nie dort und würde die Gegend auf der Weltkarte wohl finden, aber nicht auf Anhieb. Und sie sagt die Namen von zwei Inseln, die ich noch nie gehört habe, und ich nicke und sage: »Aha.« Die Namen klangen gut.

Und wo liegt eigentlich Togo? Irgendwo in Afrika, so wie Sumiswald im Bernischen liegt oder irgendwo in der Schweiz. Und wenn einer sagt, er komme von der Elfenbeinküste, kriegt er vom Schweizer die Antwort: »Ich war schon dreimal in Kenia.« Das liege ganz anderswo, sagt der erste. Und der zweite sagt: »Aber in Afrika.« So weit weg kann das ja nicht sein. Sollte aber ein Amerikaner die Schweiz und Schweden als dasselbe empfinden, dann werden wir empfindlich.

Ein paar Jahre nach meinem Zigarettenkaufversuch in Bern traf ich irgendwo in Amerika, Kentucky, in einer Bar einen alten Mann, einen Mexikaner, der schon lange hier lebte und dessen Englisch glücklicherweise immer noch so schlecht war wie meines, so daß wir uns recht gut verständigen konnten. Er fragte mich nach meiner Herkunft, und als ich Switzerland sagte, sah ich, wie sein Kopf verzweifelt in der Geographie wühlte, und dann fragte er: »Wie heißt eure Hauptstadt?« – »Bern«, sagte ich, und er begann übers ganze Gesicht zu strahlen, klopfte sich auf die Schenkel und sagte, ja, im Hafen von Bern, da sei er oft gewesen, er sei lange zur See gefahren, Handelsmarine.

Ich wollte schon meine gut schweizerische Schulmeisterei auspacken und ihn korrigierend belehren, als mir die Erinnerung an das Mädchen im Berner Tabakgeschäft zu Hilfe kam. Warum nicht? Warum soll er jetzt, wo er sich doch so freut, nicht im Hafen von Bern gewesen sein. Und ich entschied mich freundschaftlich dafür, daß es mir nichts ausmacht, wenn Bern für einmal am Meer liegt und einen Hafen hat.

»Dann kennst du sicher auch die kleine Spelunke, die schmutzige und laute, gleich links in der kleinen Gasse, die ›Anchor-Bar‹.« – »Die mit der vollbusigen, schwarzlockigen Kellnerin«, ruft er aus, und ich sage gelassen: »Die Jane.« Und er hat bereits eine kleine Träne im Auge und fragt, ob sie denn noch lebe, die Jane, und ich sage, ja, wohl schon, aber sie arbeite schon lange nicht mehr dort, wir werden älter mein Freund – Amigo sage ich –, und er sagt: »Wem sagst du das?«

Und wir erzählen uns durch die Geographie von Bern. Und ich sehe das alles: Die Kneipe, den Wirt und die Jane und den großen Fischmarkt unten am Hafen. Und ich kriege Heimweh, Heimweh nach meiner Hauptstadt Bern, nach der Anchor-Bar und nach Jane. Und auch er wischt sich mit dem Handrücken die Tränen aus den Augen. Und in Bern steht wohl eine ältere Frau in einem Tabakladen und wartet auf das Schiff, das kommen wird – im Frühling.

CHIMAMANDA NGOZI ADICHIE

Morgen ist weit weg

Es war der letzte Sommer, den du in Nigeria verbracht hast, der Sommer vor der Scheidung deiner Eltern, bevor deine Mutter schwor, dass du nie wieder den Fuß auf nigerianischen Boden setzen würdest, um die Familie deines Vaters zu besuchen, am allerwenigsten Großmama. Du erinnerst dich deutlich an die Hitze jenes Sommers, sogar jetzt noch, achtzehn Jahre später – an das feucht-warme Gefühl in Großmamas Garten, einem Garten mit so vielen Bäumen, dass die Telefonleitung sich in Blättern verhedderte und unterschiedliche Zweige einander berührten und manchmal Mangos auf Cashewnussbäumen auftauchten und Guaven auf Mangobäumen. Die dicke Matte verrottender Blätter war glitschig unter deinen bloßen Füßen. Nachmittags summten gelbbauchige Bienen um deinen Kopf und die Köpfe von Bruder Nonso und Cousin Dozie, und abends ließ Großmama nur deinen Bruder Nonso auf die Bäume klettern, um einen fruchtbeladenen Ast zu schütteln, obwohl du geschickter beim Klettern warst als er. Früchte regneten herab, Avocados und Cashewnüsse und Guaven, und du hast mit Cousin Dozie alte Eimer damit gefüllt.

Es war der Sommer, in dem Großmama Nonso beibrachte, wie man Kokosnüsse pflückt. Die Kokospalmen waren schwer zu erklettern, da sie keine Zweige hatten und sehr hoch waren, und Großmama gab Nonso einen langen Stock und zeigte ihm, wie er die gepolsterten Nüsse herunterstoßen sollte. Dir zeigte sie es nicht, weil Mädchen nie Kokosnüsse ernteten, sagte sie. Großmama zerschlug die Nüsse an einem Stein, vorsichtig, damit die wässrige Milch im unteren Teil blieb, wie in einer gezackten Tasse. Jeder bekam einen Schluck der windgekühlten Milch, sogar die anderen Kinder aus unserer Straße, die zum Spielen kamen, und Großmama beaufsichtigte das Trinkritual, um dafür zu sorgen, dass Nonso als Erster drankam.

Es war der Sommer, als du Großmama gefragt hast, warum Nonso den ersten Schluck bekam, obwohl Dozie dreizehn war, ein Jahr älter als Nonso, und Großmutter sagte, Nonso sei der einzige Sohn ihres Sohns, der einzige, der den Nnabuisi-Namen weitertragen würde, während Dozie nur ein *nwadiana* sei, der Sohn ihrer Tochter. Es war der Sommer, als du die abgestreifte Haut einer Schlange auf dem Rasen fandst, unverletzt und hauchdünn wie durchsichtige Strümpfe, und Großmama dir sagte, der Name der Schlange sei *echi eteka,* »Morgen ist weit weg«. Ein Biss, sagte sie, und in zehn Minuten sei es vorüber.

Es war *nicht* der Sommer, als du dich in deinen Cousin Dozie verliebtest, weil das schon ein paar Sommer früher passiert war, als er zehn war und du sieben und ihr euch beide in den engen Raum hinter Großmamas Garage hineingedrängelt habt, und er versucht hat, was er seine »Banane« nannte, in das zu stecken, was ihr beide deine »Tomate« nanntet, doch ihr wart beide nicht sicher, welches das richtige Loch war. Es war jedoch der Sommer, in dem du Läuse bekamst, und du und dein Cousin Dozie durch-pflügtet dein dickes Haar, um die winzigen schwarzen Insekten zu finden und sie auf deinen Fingernägeln zu zerquetschen und über das scharfe Geräusch zu lachen, mit dem ihre blutgefüllten Bäuche zerplatzten; der Sommer, als dein Hass auf deinen Bruder Nonso so groß wurde, dass er dir die Luft nahm, und die Liebe zu deinem Cousin Dozie sich aufblähte und dich ganz einhüllte.

Es war der Sommer, in dem du gesehen hast, wie ein Mangobaum sich während eines Gewitters in zwei fast perfekte Hälften spaltete, als der Blitz feurige Linien durch den Himmel schnitt.

Es war der Sommer, in dem Nonso starb.

Großmama sagte nicht Sommer dazu. Keiner tat das in Nigeria. Es war August, eingebettet zwischen Regenzeit und Harmattan-Zeit. Es konnte den ganzen Tag in Strömen gießen und der silberne Regen auf die Veranda platschen, wo du und Nonso und Dozie Moskitos verjagtet und gerösteten Mais aßt; oder die Sonne blendete und ihr schwammt im Wassertank, den Großmama in zwei Teile zersägt hatte, ein Behelfspool. Der Tag, an dem Nonso starb, war mild; am Morgen hatte es genieselt, nachmittags schien lau die Sonne, und am Abend starb Nonso. Großmama schrie ihn an – seinen schlaffen Körper – und sagte: *I laputago m*, er habe sie verraten, und fragte ihn, wer nun den Nnabuisi-Namen weitertragen, wer den Familienstammbaum schützen würde.

Die Nachbarn kamen herüber, als sie das hörten. Die Frau vom Haus gegenüber, deren Hund immer morgens in

Großmamas Mülltonne herumwühlte, entlockte deinen erstarrten Lippen die amerikanische Telefonnummer und rief deine Mutter an. Diese Nachbarin löste die verschränkten Hände von dir und Dozie, ließ euch hinsetzen und gab euch etwas Wasser. Die Nachbarin versuchte auch, euch bei sich zu behalten, damit ihr Großmama nicht hören konntet, als sie am Telefon mit deiner Mutter sprach, du bist ihr aber entwischt und näher zum Telefon gelaufen. Großmama und deine Mutter waren mehr mit Nonsos Leichnam beschäftigt als mit seinem Tod. Deine Mutter bestand darauf, dass Nonsos Leichnam sofort mit dem Flugzeug nach Amerika zurückgebracht wurde, und Großmama wiederholte die Worte deiner Mutter und schüttelte den Kopf. In ihren Augen lauerte der Wahnsinn.

Du hast gewusst, dass Großmama deine Mutter nie gemocht hatte. (Du hattest Großmama vor ein paar Sommern zu einer Freundin sagen hören: Diese schwarze Amerikanerin hat meinen Sohn gefesselt und in ihre Tasche gesteckt.) Aber als du Großmama am Telefon beobachtet hast, hast du begriffen, dass sie und deine Mutter verbunden waren. Du warst dir sicher, dass deine Mutter denselben roten Wahnsinn in den Augen hatte.

Als du mit deiner Mutter sprachst, schallte ihre Stimme auf eine Weise aus dem Apparat, wie es all die Jahre zuvor, als du und Nonso die Sommer bei Großmama verbracht hattet, nie geschehen war. Fehlt dir nichts?, fragte sie immer wieder. Fehlt dir nichts? Es klang furchtsam, als vermutete sie, dass dir tatsächlich nichts fehlte, trotz Nonsos Tod. Du hast mit der Telefonleitung gespielt und wenig gesagt. Sie sagte, sie würde deinen Vater benachrichtigen, obwohl er irgendwo im Wald bei einem Black Arts Festival war, wo es weder Telefon noch Radio gab. Zum Schluss ließ sie ein raues Schluchzen hören, ein Schluchzen wie das Bellen eines Hundes, bevor sie dir sagte, dass alles gut würde und sie alles einleitete, dass Nonsos Leichnam per Flugzeug zurückgebracht würde. Da musstest du an ihr Lachen denken, ein *Ho-ho-ho*-Lachen, das seinen Ursprung tief in ihrem Bauch hatte und beim Aufsteigen nicht weicher wurde und so gar nicht zu ihrem gertenschlanken Körper passte. Wenn sie zum Gute-Nacht-Sagen in Nonsos Zimmer ging, kam sie immer mit diesem Lachen heraus. Meist hast du die Handflächen auf deine Ohren gepresst, um das nicht zu hören, und hast die Hände noch auf den Ohren gehabt, wenn sie in dein Zimmer kam, um zu sagen: Gute Nacht, Schatz, schlaf gut. Dein Zimmer hat sie nie mit diesem Lachen verlassen.

Nach dem Telefongespräch lag deine Großmama ausgestreckt auf dem Rücken, mit stierem Blick, die Augäpfel hin und her rollend, als spiele sie ein einfältiges Spiel. Sie sagte, es sei verkehrt, Nonsos Leichnam nach Amerika zurückzubringen, dass sein Geist immer hier schweben werde. Er gehöre zu dieser harten Erde, die den Aufprall seines Körpers beim Sturz nicht abgefedert hatte. Er gehöre zu den Bäumen hier, von denen einer ihn abgestoßen hatte. Du hast dagesessen und sie beobachtet und zuerst hast du dir gewünscht, sie würde aufstehen und dich in die Arme schließen, dann hast du gewünscht, sie würde es nicht tun.

Das ist nun achtzehn Jahre her, und die Bäume in Großmamas Garten wirken unverändert; sie breiten noch immer ihre Zweige aus und umarmen einander, werfen noch immer Schatten über den Garten. Doch alles andere wirkt kleiner. Das Haus, der Garten hinten, der vom Rost kupfern gefärbte Wassertank. Selbst Großmamas Grab im Hinterhof sieht winzig klein aus, und du stellst dir vor, dass ihr Leichnam zusammengedrückt wurde, um in einen kleinen Sarg zu passen. Eine dünne Betondecke bedeckt das Gras; die Erde drum herum ist frisch umgegraben, und du stehst daneben und stellst dir das Grab in zehn Jahren vor, ungepflegt, verfilztes Unkraut bedeckt den Beton und erstickt das Grab.

Dozie beobachtet dich. Auf dem Flughafen hat er dich vorsichtig umarmt, hat dich begrüßt und gesagt, welche Überraschung es sei, dass du zurückgekommen bist. Und du hast ihm in dem belebten Warteraum voller schlurfender Füße lange ins Gesicht gestarrt, bis er wegsah; seine Augen waren braun und traurig wie die vom Pudel deines Freundes. Du aber hast diesen Blick nicht gebraucht, um zu wissen, dass das Geheimnis, wie Nonso gestorben ist, bei Dozie sicher war, bei Dozie immer sicher gewesen war. Während er dich zu Großmamas Haus fuhr, fragte er nach deiner Mutter, und du erzähltest ihm, dass deine Mutter jetzt in Kalifornien lebt; du erwähntest nicht, dass sie in einer Kommune von Leuten mit geschorenen Köpfen und gepiercter Brust wohnt oder dass du, wenn sie dich anruft, immer schon auflegst, während sie noch redet.

Du gehst zum Avocadobaum. Dozie beobachtet dich immer noch, und du schaust ihn an und versuchst, dich an die Liebe zu erinnern, die dich in diesem Sommer, als du zehn warst, so fesselte, dass du Dozies Hand fest umklammert hieltest an dem Nachmittag nach Nonsos Tod, als Dozies Mutter, deine Tante Mgbechibelije, ihn abholte. In den Falten auf seiner Stirn liegt ein sanfter Kummer und in der Art, wie er mit den zu beiden Seiten herabhängenden Armen dasteht, etwas Melancholisches. Du fragst dich plötzlich, ob auch er sich sehnte wie du. Du hast nie gewusst, was sich hinter seinem stillen Lächeln verbarg, hinter den Momenten, wenn er so ruhig dasaß, dass sich die Fruchtfliegen auf seinen Armen niederließen, hinter den Bildern, die er dir schenkte, und den Vögeln, die er in einem Pappkäfig hielt und sie verwöhnte, bis sie starben. Du fragst dich, was er dabei empfand, dass er der falsche Enkel war, der nicht den Nnabuisi-Namen weitertrug, falls er überhaupt etwas dabei empfand.

Du berührst den Stamm des Avocadobaums; im gleichen Moment fängt Dozie an zu reden und erschreckt dich, weil du denkst, er werde Nonsos Tod zur Sprache bringen, doch er sagt dir, dass er nie gedacht hat, dass du kommen und dich von Großmama verabschieden würdest, weil er wusste, wie sehr du sie gehasst hast. Dieses Wort – »hassen« – hängt in der Luft zwischen euch wie eine Anklage. Was du eigentlich sagen willst: Als er dich in New York angerufen hat (seit achtzehn Jahren hast du da zum ersten Mal seine Stimme wieder vernommen), um dir mitzuteilen, deine Großmutter sei gestorben – ich habe gedacht, dass würdest du wissen wollen, waren seine Worte –, hast du dich auf deinen Schreibtisch gestützt, weil dir die Beine weich wurden und ein ewig langes Schweigen zusammenbrach. Und du hast nicht an Großmama gedacht, sondern an Nonso und ihn, Dozie, und an den Avocadobaum und an den feuchtheißen Sommer im amoralischen Königreich deiner Kindheit und an all die Dinge, an die zu denken du dir nicht erlaubt hattest, die du papierblattflach zusammengedrückt und weggesteckt hattest.

Aber stattdessen sagst du nichts und presst die Handflächen fest auf den rauen Baumstamm. Der Schmerz beruhigt dich. Du erinnerst dich daran, wie du die Avocados gegessen hast; du mochtest deine mit Salz, und Nonso mochte seine ohne Salz, und Großmama schnalzte immer mit der Zunge und sagte, du wüsstest nicht, was gut sei, wenn du behauptetest, die ungesalzene Avocado errege dir Übelkeit.

Bei Nonsos Begräbnis in Virginia auf einem kalten Friedhof mit Grabsteinen, die obszön aufragten, war deine Mutter von Kopf bis Fuß in verblichenes Schwarz gekleidet, sogar mit Schleier, und ihre zimtfarbene Haut wurde dadurch zum Leuchten gebracht. Dein Vater stand abseits von euch beiden, er war in seinem üblichen Dashiki, und um seinen Hals schlangen sich milchfarbene Kaurischnecken. Er sah aus, als gehöre er nicht zur Familie, als wäre er einer von den Gästen, die laut schnieften und später deine Mutter mit gedämpfter Stimme fragten, wie genau Nonso gestorben, wie genau er von einem der Bäume gestürzt war, auf denen er seit seiner Kleinkinderzeit herumgeklettert war.

Deine Mutter sagte nichts zu ihnen, zu all den Leuten, die Fragen stellten. Sie sagte auch zu dir nichts über Nonso, nicht einmal als sie sein Zimmer ausräumte und seine Sachen zusammenpackte. Sie fragte dich nicht, ob du etwas behalten wolltest, und du warst erleichtert. Du wolltest keins seiner Bücher mit seiner Handschrift, von der deine

Mutter behauptete, sie sei sauberer als maschinegeschriebene Sätze. Du wolltest seine Fotos von Tauben im Park nicht, von denen dein Vater behauptete, sie seien für ein Kind äußerst vielversprechend. Du wolltest seine Gemälde nicht, die nur Kopien der Gemälde deines Vaters waren, nur in anderen Farben. Oder seine Kleider. Oder seine Briefmarkensammlung.

Deine Mutter brachte Nonso schließlich zur Sprache, drei Monate nach seinem Begräbnis, als sie dich von der Scheidung unterrichtete. Sie sagte, die Scheidung hätte nichts mit Nonso zu tun, dass sie und dein Vater sich schon lange entfremdet hätten. (Dein Vater war zu diesem Zeitpunkt in Sansibar; er war unmittelbar nach Nonsos Begräbnis abgereist.) Dann fragte deine Mutter: Wie ist Nonso gestorben?

Du wunderst dich immer noch, wie jene Worte aus deinem Mund gesprudelt sind. Du erkennst noch immer nicht das kläräugige Kind wieder, das du gewesen bist. Mag sein, dass es wegen der Art und Weise geschah, wie sie sagte, die Scheidung habe nichts mit Nonso zu tun – als könne nur Nonso ein Grund dafür sein, als kämst du gar nicht in Betracht. Oder vielleicht hast du einfach das brennende Verlangen gespürt, das du auch jetzt noch manchmal spürst, das Bedürfnis, Falten glattzustreichen, Dinge zu bereinigen, die dir zu holprig erscheinen. Du hast deiner Mutter erzählt, mit angemessen zögernder Stimme, dass Großmama Nonso aufgefordert habe, auf den höchsten Ast des Avocadobaumes zu klettern, um ihr zu zeigen, wie männlich er sei. Dann habe sie ihn erschreckt – es war ein Scherz, hast du deiner Mutter versichert –, indem sie ihm sagte, auf dem Ast ganz in seiner Nähe sei eine Schlange, die *echi eteka*. Sie forderte ihn auf, sich nicht zu bewegen. Natürlich bewegte er sich und glitt vom Ast herunter, und als er landete, klang das, als würden viele Früchte gleichzeitig herabfallen. Ein dumpfer, tödlicher Aufprall. Großmama stand da und starrte auf ihn hinunter und fing dann an zu schreien, dass er der einzige Sohn sei und wie er den Familienstammbaum mit seinem Tod verraten habe, dass die Ahnen böse sein würden. Er hat noch geatmet, hast du deiner Mutter erzählt. Er habe nach seinem Sturz noch geatmet, aber Großmama habe einfach dagestanden und seinen verletzten Körper angeschrien, bis er gestorben sei.

Deine Mutter fing an, schrill zu kreischen. Und du hast dich gefragt, ob Leute auf diese verrückte Art kreischen, wenn sie sich gerade entschlossen haben, die Wahrheit zu ignorieren. Sie wusste sehr gut, dass Nonso mit dem Kopf auf einen Stein gefallen und auf der Stelle gestorben war – sie hatte seinen Leichnam gesehen, seinen aufgeplatzten Kopf. Sie entschloss sich aber zu glauben, dass Nonso nach seinem Sturz noch lebte. Sie weinte, heulte und verfluchte den Tag, an dem sie deinen Vater auf der ersten Ausstellung seiner Werke gesehen hatte. Dann rief sie ihn an, du hast sie am Telefon schreien gehört: Deine Mutter ist schuld! Sie hat ihn erschreckt und den Sturz verursacht! Sie hätte danach etwas tun können, doch sie hat einfach dort gestanden wie die dumme afrikanische Fetischfrau, die sie ist, und hat ihn sterben lassen!

Hinterher hat dein Vater mit dir gesprochen und gesagt, er verstünde, wie hart das für dich sei, doch du müsstest aufpassen, was du sagtest, damit du nicht noch mehr Unglück anrichten würdest. Und du hast über seine Worte nachgedacht – Pass auf, was du sagst – und dich gefragt, ob er wusste, dass du logst.

Jener Sommer vor achtzehn Jahren war der Sommer deiner ersten Selbstverwirklichung. Der Sommer, als du wusstest, dass Nonso etwas zustoßen musste, damit du überleben konntest. Selbst mit zehn wusstest du schon, dass einige Menschen zu viel Raum in Anspruch nehmen können, einfach dadurch, dass sie da sind, dass einige Menschen mit ihrer Existenz andere ersticken können. Die Idee, Nonso mit der *echi eteka* zu erschrecken, kam nur von dir. Aber du hast Dozie erklärt, ihr wärt beide darauf angewiesen, dass Nonso verletzt würde – vielleicht verstümmelt, vielleicht die Beine verrenkt. Du wolltest die Perfektion seines gelenkigen Körpers beeinträchtigen, ihn weniger liebenswert machen, weniger imstande, all das zu tun, was er tat. Weniger imstande, deinen Raum einzunehmen. Dozie sagte nichts, sondern zeichnete ein Bild von dir mit deinen Augen in Sternform.

Großmama war im Haus und kochte, und Dozie stand schweigend neben dir, Schulter an Schulter, als du den Vorschlag machtest, Nonso solle in die Krone des Avocadobaums klettern. Er war leicht zu überreden; du musstest ihn nur daran erinnern, dass du besser klettern konntest. Und du konntest wirklich besser klettern, du konntest einen Baum, jeden Baum, in Sekunden erklettern – du warst besser in allen Dingen, die nicht erklärt werden mussten, die Großmama ihm nicht beibringen konnte. Du sagtest, er solle zuerst hoch, um zu sehen, ob er auf den obersten

Ast des Avocadobaumes hinaufkäme, dann würdest du folgen. Die Äste waren schwach, und Nonso war schwerer als du. Schwer von dem vielen Essen, das Großmama ihm aufdrängte. Iß noch ein wenig, sagte sie oft. Was glaubst du, für wen ich es gekocht habe? Als wärst du gar nicht da. Manchmal tätschelte sie dir den Rücken und sagte in Igbo: Gut, dass du lernst, *nne,* so kannst du dich eines Tages um deinen Ehemann kümmern.

Nonso kletterte auf den Baum. Höher und höher. Du hast gewartet, bis er fast oben war, bis seine Beine zögerten, ehe sie ihn noch ein wenig höher schoben. Du hast auf den kurzen Moment gewartet, als er zwischen zwei Bewegungen war. Ein offener Moment, ein Moment, wo du das allumfassende Blau sahst, das Blau des Lebens selbst – das pure Azurblau aus einem Gemälde deines Vaters, das Blau der günstigen Gelegenheit, eines Himmels, den ein morgendlicher Schauer reingewaschen hat. Dann schriest du. »Eine Schlange! Es ist die *echi eteka*! Eine Schlange!« Du warst nicht sicher, ob du sagen solltest, die Schlange sei auf einem Ast in seiner Nähe oder sie krieche den Stamm hoch. Aber das war egal, weil Nonso in jenen kurzen Sekunden zu dir heruntersah und losließ, sein Fuß rutschte weg, seine Arme ließen den Ast fahren. Oder vielleicht schüttelte der Baum Nonso einfach ab.

Du weißt nicht mehr, wie lange du dort gestanden und auf Nonso heruntergeblickt hast, ehe du hineingegangen bist, um Großmama herbeizurufen, während Dozie die ganze Zeit schweigend an deiner Seite war.

Dozies Wort – »Hass« – kreist jetzt in deinem Kopf. Hass. Hass. Hass. Das Wort erschwert das Atmen genauso wie damals, als du während der Monate nach Nonsos Tod darauf gewartet hast, dass deine Mutter bemerkte, dass du eine Stimme, klar wie Wasser, hattest und elastische Beine, darauf, dass deine Mutter zum Schluss ihrer Gute-Nacht-Besuche in deinem Zimmer dieses tiefe *Ho-ho-ho*-Lachen hören ließ. Stattdessen umarmte sie dich zu zaghaft und sprach immer im Flüsterton, und du fingst an, ihren Küssen auszuweichen, indem du Husten und Niesen vortäuschtest. Jahr um Jahr, während sie mit dir von Staat zu Staat zog, rote Kerzen in ihrem Schlafzimmer anzündete, jedes Gespräch über Nigeria und Großmama verbannte, dir verbot, deinen Vater zu besuchen, lachte sie nie wieder dieses Lachen.

Jetzt spricht Dozie, er erzählt dir, dass er vor ein paar Jahren angefangen habe, von Nonso zu träumen, Träume, in denen Nonso älter und größer ist als er, und ihr hört Früchte von einem Baum in der Nähe herabfallen, und du fragst ihn, ohne dich umzudrehen: Was hast du in dem Sommer damals gewollt, was hast du gewollt?

Du weißt nicht, wann sich Dozie in Bewegung setzt und nun hinter dir steht, so dicht, dass du den Zitrusduft an ihm riechen kannst, vielleicht hat er eine Apfelsine geschält und sich danach nicht die Hände gewaschen. Er dreht dich um und schaut dich an, und du schaust ihn an, und auf seiner Stirn sind feine Linien, und in seinen Augen ist eine neue Härte. Er sagt dir, dass es ihm nicht in den Sinn gekommen sei, etwas zu wollen, weil nur zählte, was du wolltest. Ein langes Schweigen herrscht, während du die

Kolonne schwarzer Ameisen beobachtest, die den Stamm hinaufmarschieren, wobei jede Ameise weiße Fussel transportiert, wodurch ein Schwarzweiß-Muster entsteht. Er fragt dich, ob du auch solche Träume hattest wie er, und du sagst nein und weichst seinem Blick aus, und er wendet sich von dir ab. Du möchtest ihm von dem Schmerz in deiner Brust erzählen und der Leere in deinen Ohren und der aufgewühlten Luft nach seinem Anruf, von den aufspringenden Türen, von den unterdrückten Dingen, die hervorbrachen, doch er geht fort. Und du weinst und stehst allein unter dem Avocadobaum.

ARTHUR SCHNITZLER

Das Himmelbett

Junisonne, die langsam verglomm. Wir waren draußen, weit vor der Linie, und in langer Reihe dehnten sich hohe einförmige Häuser in hässlicher, weil gelber Farbe schimmernd. Viele Fenster waren offen, Männer in Hemdsärmeln schauten heraus und verfolgten die klingelnde Tramway mit gedankenlosen Augen. Frauen in nachlässigen schlotternden Blusen blickten ins Blaue. Kinder spielten auf den Straßen, schmutzig und lärmend; und auf den matt grünenden Wiesen, die hier begannen, um sich weiter hinaus in schüchternes Hügelland zu verlieren, sahen wir ärmliche Menschen, die sich nach freier Luft sehnten, ohne es zu wissen; Buben und Mädeln, die auf der Erde kugelten oder hin und her liefen. Soldaten mit blöden fröhlichen Feierabendgesichtern, schlechte Zigarren rauchend; Dirnen, die meist zu zweien oder dreien laut lachend übers Feld schritten, zuweilen einsame Spaziergänger, die herausgewandert kamen, um von der Stimmung dieses seltsamen Grenzgebietes zu kosten, wo die Stadt allmählig aufhört und das dumpfe, bange, angstvolle Atmen der Großstadt in einem müden, tröstlichen Seufzen aushaucht.

So waren auch wir heute da herausgelangt, Hans und ich, wieder einmal jener Sehnsucht nachgebend, die manchmal über uns kam, einer Sehnsucht, etwas aufhören zu sehen, ersterbenden Lauten nachzugehen, erblassenden Farben zu folgen und allmähliche Übergänge zu erlauschen. Etwas von diesem tiefen und melancholischen Reiz empfanden wir hier stets, und schon vor Jahren waren wir da herumflaniert, nicht viel fröhlicher als heute, aber innerlich reicher, zu einer Zeit, da wir die Armut des Daseins mit dem großen Mitleid der Jugend verklärten und uns noch die einzelnen Menschen entgegenragten aus der Menge, die uns heute ein brutales, feindliches Ganzes war.

Die Sonne verglomm. Kühle Schatten schlichen an den Häusern hinauf, langsam, bis sie sich auf den Dächern verloren. Nur weit draußen noch auf den letzten Häusern lag ein rötlicher, schmerzlicher Schimmer.

Und wir standen bei den allerletzten Häusern. Die Straße war jäh abgeschnitten, hier endete die Stadt. Wir wandten uns um und schauten in den Dunstkreis zurück, aus dem die Straßen mühselig herauszuschleichen schienen, und blieben da stehen – wir wollten die geliebte Dämmerung auf uns niederwallen lassen.

»Ist es nicht«, fragte Hans, »als vergäße die Stadt an manchen Orten zu wachsen? Während da und dort ihre Grenzen von Tag zu Tag weiter gegen die Hügel zu rücken, eilig beinahe, scheint sie hier stehenzubleiben. Seit ich hier wohnte, und das sind nun sicher zwanzig Jahre her, nahm ich kaum eine Veränderung wahr, und an das Haus, welches damals das allerletzte war, ja das allerletzte, haben sich nur die paar abscheulichen Zinskasernen angeschlossen, die nichts bedeuten und die ich gar nicht sehen will.«

Er sah auf das kleine, einstöckige, graue Haus zurück, und fast mit Zärtlichkeit blieben seine Augen daran haften.

Nach einer Weile aber veränderten sich seine Züge zu einem Ausdrucke wehmütigen Widerwillens.

»Dass auch das so dumm zu Ende ging«, sagte er dann leise.

Ich wusste, woran er dachte. In diesem Hause hatte er viele Monate mit einem sehr herzigen Mädel verbracht, und wie so viele Liebesgeschichten hatte sich auch diese unvermerkt und ohne starke Erschütterung ausgelebt.

»Warum nur«, fragte ich ihn, »sagst du ›dumm geendet‹? Das Ende kommt uns immer dumm vor, deswegen schon, weil es überhaupt das Ende ist und von dem Frühlingsglanz des Anfangs nur mehr ein schwaches klägliches Leuchten über unsern Gefühlen liegt. Da ist nun das Ende dumm, ob es ein plötzlicher Treubruch, oder ein elender Zank, oder endlich so ein Sich-in-nichts-verlieren ist, wie eben damals deine Geschichte mit Anna. Ich irre mich doch nicht. Ihr wurdet euch mit der Zeit langweilig?«

Er sah mich lächelnd an. »Willst du eine moralische Erzählung hören, ja? Nun, wie das zwischen mir und Anna endete, das war in seinen letzten Gründen sehr moralisch. Es liegt eine Lehre darin, und man könnte die ganze Geschichte sogar Kindern erzählen, wenn sie nicht mit wilder Liebeslust begänne und wenn die ewige Gerechtigkeit sich nicht zur Ausführung einer Weisheits- und Lebenslehre eines unschicklichen Mittels bedient hätte.«

»Ja, kenne ich denn die alte Geschichte nicht?«

»O ja, so im ganzen Großen. Aber siehst du, jetzt, wie dieses letzte Sonnengelb auf den Fenstern spielte, fiel mir plötzlich die letzte Stunde unserer Liebe ein, so deutlich wie noch nie. Denn das war so ein trauriger Sommerabend wie heute, und so wie heute verglommen die Strahlen dort hinter den Hügeln, zitterig verwischt.«

»Nun?«, fragte ich.

Er erzählte halblaut: »Wir hatten uns wirklich lieb, wie du weißt. Nach den ersten Wochen, in denen die Frühlingsstürme vorübersausten, wurde es eine Art Eheleben, von dem wir kaum dachten, dass es je aufhören könnte. In dem kleinen Zimmer, das wir zusammen bewohnten, sah es gemütlich und glücklich aus. Da kam einmal, wie und warum, das weiß ich nicht, da kam so eine merkwürdige Sehnsucht über uns. Alles gefiel uns aber noch recht wohl. Wir hatten gegen die Kleinheit des Zimmers nichts einzuwenden, nichts gegen den etwas wackligen Tisch, nichts gegen die paar schlechten Stühle und nichts gegen die Wanduhr, die nie gehen wollte. Nun, das muss wohl in einer Nacht gewesen sein, wo wir uns so recht wie im Märchen vorkamen, ganz verzaubert und königlich – da wurde uns das einfache Bett zu schlecht. Ich weiß nicht warum. Es war wohl so kläglich, dass wir mit unserer großen feenhaften Liebe, dass sie, die doch eigentlich die Perlenkette um den Hals und die Diamanten und Smaragden im Haar – und ich, der den Purpurmantel des jungen Prinzen tragen sollte –, dass wir zwei unsere süßesten Nächte zwischen roh gewebter weißer Leinwand, hässlichen Decken und auf einer schmalen, krachenden Bettstatt feiern mussten. Da fassten wir den Entschluss, dass wir unsere Umgebung ändern wollten. Ein Leben angestrengter Arbeit sollte beginnen, wir wollten sparen, beide, um uns auch mit allen Symbolen unserer Märchenpracht zu umgeben. So sollte es kommen: Da drüben, von dem Türpfosten herab, mussten schwere samtene

Vorhänge wallen, sonderbare dämmrige Bilder gehörten an die Wände, und grün schimmernde Seide sollte dort vor das Fenster kommen, und über den Tisch ein weicher, roter Überhang, und Blumen in die Ecke und Blumen dort in jene, und von der Decke herunter, schwermütig und süß eine Ampel mit halben verträumten Lichtern. Wir selbst aber inmitten all dieser Herrlichkeit, auf einem Lager, blühend und weich, darüber stille vornehme Seide in dunkel glühenden Falten von schlanken Holzsäulen getragen und dem Zuge einer hellen Schnur willig gehorchend. Da wollten wir drin vergraben sein, und nur mühselig und ferne durch die zitternde Seide sollte das schweigende Ampellicht zu uns hereindringen. Ich weiß nicht, ob sie sich's genau so vorstellte, aber schön sollte es sein, das war gewiss, und da wir jung waren und sehr verliebt, so war das, woran wir meistens dachten, und das, wonach wir uns am heißesten sehnten, unser Himmelbett.

Wir hatten nun wirklich nach einiger Zeit das Geld dazu beisammen – freilich so prächtig, wie wir's uns träumten, konnte es nicht sein, aber wir mussten eins haben, bald, bald, das stand fest. Allnächtlich sprachen wir davon. Wir begannen in einer Übergangszeit zu leben, wir mussten möglichst rasch darüber hinwegkommen. Eine nervöse, weinerliche Ungeduld peinigte uns. Wenn ich mich daran zurückerinnere, so ist es mir, als hätten wir uns kaum noch geliebt; wäre sie nur vorüber, diese Zeit – das war der stete Gedanke. Ah, endlich, endlich – die letzte Nacht! Ich denke daran. Wir weinten. Ich glaube, wir waren keusch wie nie zuvor. Sie schlummerte in meinen Armen ein, und die letzten Tränen glänzten noch auf ihren Wangen. Das sah ich im schwachen Kerzenlicht, das neben uns brannte. Für den nächsten Vormittag erwarteten wir es. Als es in der Früh zum Aufstehen kam, pressten wir uns heftig aneinander. Ich erinnere mich ganz deutlich, dass mir plötzlich mit einem stechenden Schmerz die Worte durch den Kopf fuhren: Nun ist es zu Ende! Ich dachte nichts dabei, es waren nur Worte. Der Morgen trennte uns wie gewöhnlich. Nachmittags trafen wir uns auf der Straße. Ich war vom Hause fern gewesen; sie teilte mir mit: ›Es‹ wäre schon da. Ich wagte nicht, sie zu fragen, wie es aussähe, wie es sich in unserem Zimmer ausnähme. Wir wollten noch spazieren gehen, wir trauten uns nicht hinauf. So traurig, so herzbeklemmend traurig bummelten wir über die Felder. Siehst du da draußen, mir ist jetzt, als könnte ich unsere Gestalten sehen, wie sie vor zwanzig Jahren, langsam, schmerzensvoll über die Fläche schritten. Wir sprachen kaum ein Wort. Der Nachmittag war schwül und ernst. Auch der nahe Abend wollte keine Kühle bringen. Wir gingen nicht Arm in Arm wie sonst. Wir durften nicht. Endlich, da mag es nun eben um die Stunde gewesen sein wie jetzt, nahmen wir die entschiedene Richtung nach Hause, und als wir vor dem Haustor standen, lächelten wir uns an. Aber was war das für ein Lächeln. So stumm, so müde, so verzagt. Und nun die Treppe hinauf und in unser Zimmer. Da stand es an der Wand, dem Fenster gegenüber, und siehst du, diese Strahlen, die du dort auf dem Fenster spielen siehst, die flirrten und zitterten über den Fußboden hin und krochen hinauf und legten sich matt und sterbend über die Seidenfalten des Himmelbettes. Wie erbärmlich, wie herzzerreißend das war.

Wir standen lange davor, wir warteten, bis die Sonne unterging. Und Anna schmiegte sich an mich, und in ihren starren Gesichtszügen sah ich es, wie sie tödlich erschrocken war, dass sie nichts, gar nichts mehr empfand. Und wie ich ihren Kopf in die Hände nahm, da hatten diese meine Hände nicht mehr die Empfindung von einem süßen, geliebten Kopferl, nein, gar nicht mehr, gar nicht mehr.

Wir hätten uns noch eine Weile in allem Glücke fortlieben können. In aller Ruhe, und es wäre ein allmähliches und mildes Sterben gewesen, ohne Aufschrecken, ohne ein wildes Sich-Wehren. Wir hatten diese Wohltat abgelehnt! Wir wollten die entfliehende Seligkeit, die uns lautlos unbemerkt verlassen wollte, wieder zu uns herzwingen. Wie war das dumm! Ich wusste das alles an jenem Sommerabend, und das war ja noch gut für mich. Über Anna war es wie quellende Todesstimmung gekommen, ohne dass sie es recht verstehen konnte.

Es wurde später, die Nacht kam ... die Nacht mit ihren Lügen und ihrer Schönheit. Da begruben wir uns, den Prinz und die Prinzessin, in unserm schwellenden Märchenlager und lachten, aber es klang falsch – und jubelten, aber wir weinten.

Der Morgen nun, ach ja, der Morgen. Sie schlief noch, ein leises Lächeln um den Mund ... freilich, denn nun träumte sie ja ... Und ich ging. Wie schön wäre es gewesen, wie herrlich frei hätte ich mich gefühlt, wenn ich niemals hätte wiederkehren müssen! Hätten wir doch beide den Mut gehabt, damals in jener ersten Nacht in unserm Himmelbett. Aber ich wusste nun, wie es kommen musste. Diese Nacht hatte mir den Vorgeschmack gegeben von jener Lust ohne

Freude, von jener wahnsinnigen und vergeblichen Mühe, glücklich zu sein, von jener anhaltenden Sehnsucht nach dem Besten, was wir erleben können: nach dem gedankenlosen Glück, von jenem tiefsten Gram zu wissen, dass wir lügen, zu wissen, dass wir belogen werden! Ja, das musste kommen, und es kam – Die vielen Sommernächte, da unsere Liebe starb! Und wir sahen und wussten es, aber wir scherzten und keines sagte es dem andern. Und dann quälten wir uns, weil wir uns belügen mussten, und dann misstraute eins dem andern, weil wir uns selbst misstrauten. Und statt mild dahinzuschlafen, wie die Liebe soll, war es ein entsetzliches Todeszucken mit tausend Martern, und mit vergifteten Erinnerungen mussten wir scheiden ...«

Nun schwieg er, und die Dämmerung war gekommen. Wir waren, während wir gesprochen hatten, weiter ins Feld hinausspaziert, und ich konnte das Fenster nicht mehr sehen, hinter dem Hans seine moralische Erzählung erlebt hatte. Das lag im Dunkel wie die andern. Und ich dachte, wie oft seitdem hinter jener Scheibe und all den andern das Gleiche erlebt worden sein mochte wie das verborgene Abenteuer meines lieben Hans, und wie selten doch einer zugleich davon gewusst haben mag. Das eigene Erlebnis ist das tiefste Geheimnis. Wir Guten enträtseln es in ehrlichen Qualen und wollen doch nicht eintauschen, was die andern vor diesen großen und heiligen Schmerzen bewahrt: das ewige Missverstehen und die lachende Blindheit.

ELENA FISCHER

Die ödesten Sommerferien

Der Sommer meines Lebens endete, bevor er richtig begann. Er endete mit einem Anruf.

Wir hatten gerade das Auto mit unseren Sachen beladen. Es hatte länger gedauert, als wir geplant hatten. Plötzlich fiel uns alles Mögliche ein, was wir noch mitnehmen mussten. Den kleinen Salzstreuer, falls wir unterwegs Lust auf Eier bekämen. Die Badekappe meiner Mutter, falls es dort, wo wir duschen würden, keine Handbrause gab. Zwei neue Notizhefte für mich, weil ich unterwegs schreiben wollte. Und natürlich Bücher. Ich packte so viele Bücher in eine Tasche, dass meine Mutter nur den Kopf schüttelte. Sie behauptete, die Tasche wäre schuld daran, wenn wir am Ende öfter tanken müssten als geplant.

»Lies erst einmal das da zu Ende«, sagte sie und deutete auf *Unterwegs* von Jack Kerouac. Ich hatte das Buch an einer Bushaltestelle gefunden. »Für jemanden, der davon träumt loszukommen«, stand mit blauem Kugelschreiber auf der ersten Seite. Jetzt lag es ganz oben in meiner Tasche.

Dann waren wir endlich fertig, aber der halbe Tag war schon vorbei, und wir waren noch nicht einmal vom Parkplatz gefahren. Wir beschlossen, erst am nächsten Morgen aufzubrechen. Wir wollten losfahren, sobald die Sonne aufgegangen war.

Meine Mutter und ich hatten es uns auf dem Sofa gemütlich gemacht und aßen Chips. Wir hatten viele verschiedene Sorten getestet, bis meine Mutter endlich welche gefunden hatte, die wirklich scharf waren. Scharf auf eine Art, dass die Lippen anfingen zu brennen und sich die ganze Spucke im Mund sammelte.

Ich blätterte in einer Zeitschrift, die Luna bei uns vergessen hatte.

»Lies mir mein Horoskop vor«, sagte meine Mutter, lutschte das Chilipulver von ihren Fingerspitzen und stellte den Fernseher leiser.

Das Sternzeichen meiner Mutter war Wassermann. Unter Wassermann stand: »Warum sollten Sie sich zurückhalten – man lebt nur einmal. Gehen Sie ruhig aus sich heraus und riskieren Sie etwas. Gönnen Sie sich die Abwechslung und beginnen Sie etwas Neues.«

Meine Mutter war gut darin, etwas Neues zu beginnen. Vor allem dann, wenn es um Männer ging. Ich wusste, dass es keine gute Idee war, ihr dieses Horoskop vorzulesen. Ich überflog die anderen und entschied mich für das Stier-Horoskop: »Gebrauchen Sie Ihren Verstand, wenn Sie ein wichtiges Vorhaben planen, ansonsten könnten Sie böse auf die Nase fallen!«, las ich und versuchte, so seriös wie ein Nachrichtensprecher zu klingen.

Gerade als meine Mutter den Mund öffnete, um zu protestieren, klingelte das Telefon. Sie klappte den Mund wieder zu, stand auf und ging zur Ladestation, aber das Telefon war nicht an seinem Platz. Sie drehte die Sofakissen um und hob einen Stapel Prospekte vom Boden auf.

»Billie, hilf mir doch mal!«

Ich hatte keine Lust aufzustehen. Ich dachte, dass es sowieso jeden Moment aufhörte zu klingeln. Aber es klingelte weiter. Ich fand das Telefon im Bad. Bevor ich rangehen konnte, nahm meine Mutter es mir aus der Hand.

»Ja?«, sagte sie.

Dann setzte sie sich auf den Klodeckel und sagte lange nichts mehr. Ihr Gesicht war völlig ausdruckslos, aber an der Art, wie sie mit dem rechten Arm ihren Körper umschlang, sah ich, dass etwas nicht stimmte. Ich machte Grimassen, versuchte über Zeichensprache herauszufinden, mit wem sie telefonierte, aber meine Mutter winkte ab und beachtete mich nicht. Ich stupste sie am Arm, aber sie wedelte gereizt mit der Hand und mich aus dem Bad.

Ich gab auf und beschloss, Luna ihre Zeitschrift zurückzubringen, bevor meine Mutter bemerkte, dass ich ihr das falsche Horoskop vorgelesen hatte.

Luna öffnete sofort. Ihre gebräunten Beine steckten in hellblauen Jeansshorts, die an den Enden ausfransten. Ihr Top war ärmellos und so türkis wie das karibische Meer. Manchmal dachte ich, dass alle Fotos davon gefälscht sein mussten. Es war unmöglich, dass etwas so schön sein konnte.

»Hey, Kleine!«

Luna nannte mich oft Kleine, aber das störte mich nicht. Im Gegenteil, ich mochte es. Irgendetwas daran tröstete mich. Es war ein bisschen so, als ob ich eine Schwester hätte.

Wir saßen im Schneidersitz auf dem Boden. Luna hatte keine Möbel außer einem Bett, einem Stuhl, auf dem ihre Kleider lagen, und einem Schminktisch, vor dem ein Hocker stand. Ihre Wohnung war noch kleiner als unsere. Wenn man reinkam, stand man direkt in ihrem Schlafzimmer, wo auch eine Küchenzeile untergebracht war.

»Du bist nicht gekommen, um die Zeitschrift zurückzubringen, oder?«, fragte sie jetzt.

Luna hatte einen sechsten Sinn für solche Sachen.

Ich schüttelte den Kopf. Meine Mutter hatte sich zum Telefonieren noch nie im Bad verkrochen. Ich ahnte, dass das nichts Gutes bedeutete.

»Sie erzählt dir schon noch, was los ist«, sagte Luna. »Denk an etwas anderes.«

Luna konnte Dinge einfach ausblenden. Sie sagte, dass sie das tun musste, um nicht wahnsinnig zu werden, wenn sie zum Beispiel nach einem Casting zu Hause auf eine Antwort wartete. Meine Mutter sagte, dass das der Grund war, weshalb Luna noch lebte. Und die Torten halfen ihr auch dabei. Wenn sie nicht schlafen konnte, dann machte sie Torten. Die waren so schön, sie hätte Geld dafür verlangen können, dass man sie bloß ansah. Lunas Torten waren pastellfarben und immer ein bisschen zu süß. Als hätte sie meine Gedanken gelesen, stand Luna auf und holte die Torte von letzter Nacht aus dem Kühlschrank. Sie schnitt zwei Stücke ab.

»Ist mit Himbeercreme gefüllt«, sagte Luna.

»Ist lecker«, sagte ich mit vollem Mund.

»Hören wir ein bisschen Musik?«, fragte Luna. Luna war ein riesiger Janis-Joplin-Fan.

»Sie ist auf attraktive Weise unglücklich«, hatte meine Mutter einmal gesagt, und ich hatte nicht gewusst, ob sie Luna meinte oder Janis. »Beide«, war ihre Antwort gewesen.

Wir lagen auf Lunas Bett. Der Deckenventilator drehte sich träge. Ich versuchte, nicht zu blinzeln. Ich zählte bis elf, dann musste ich die Augen schließen.

»Worüber singt sie?«, wollte ich wissen.

»Über die Liebe. Und über die Sehnsucht. Man will nicht, was man bekommt, und bekommt nicht, was man will.«

»Das klingt anstrengend«, sagte ich.

»Das ganze Leben ist anstrengend«, sagte Luna und zündete sich eine Zigarette an. Dann hielt sie mir die Schachtel hin. Ich nahm eine heraus, und Luna gab mir Feuer. Ich rauchte eigentlich nicht. Ich rauchte nur, wenn mir jemand eine anbot. Ich hatte kein Geld, um süchtig zu werden.

Luna inhalierte tief. »Vielleicht hat deine Mutter mit einem Mann telefoniert?«

»Glaube ich nicht«, sagte ich.

Ich dachte an Adam. Letzten Sommer war meine Mutter verrückt nach ihm gewesen, aber die Sache war längst vorbei. Seitdem hatte sie niemanden mehr erwähnt. Allerdings musste das nichts heißen. Meine Mutter sprach ja auch nicht über meinen Vater. Das änderte trotzdem nichts an der Tatsache, dass da draußen irgendwo ein Mann herumlief, der mein Vater war.

Jedenfalls hatte die Sache mit Adam in der Kirche angefangen, ausgerechnet. Plötzlich hatte meine Mutter darauf bestanden, in die Kirche zu gehen. Im ersten Moment dachte ich, dass sie das Parfum in meinem Zimmer gefunden hatte. Vielleicht wollte sie mich zur Beichte schleppen.

Das Parfum hatte ich zusammen mit Lea geklaut.

Aber das ist eine andere Geschichte.

»Seit wann willst du in die Kirche gehen?«, hatte ich meine Mutter gefragt.

»Seit heute. Und du kommst mit.«

»Aber Gott ist doch überall zu Hause.«

»Klau mir nicht meine Sprüche«, sagte meine Mutter und grinste.

Ich dachte an den penetranten Geruch von Weihrauch, an die unbequemen Holzbänke und an die langweiligen Geschichten.

»Darf ich ein Buch mitnehmen?«, fragte ich.

»Wenn es sein muss«, sagte meine Mutter und verschwand im Bad.

Als sie herauskam, duftete sie, und ihre Locken glänzten. Sie schlüpfte in hochhackige Sandalen und in ein Oberteil, das ich noch nie an ihr gesehen hatte.

»Ist das neu?«

»Supersonderangebot«, sagte meine Mutter und fuhr sich durch die Haare. Ihre Armreife klirrten.

Ich hatte sofort den Verdacht, dass meine Mutter sich nicht für Gott so aufgebrezelt hatte. Und ich hatte natürlich recht. Der Grund war der Organist.

Als wir ankamen, hatte der Gottesdienst schon begonnen, und die Kirche war ziemlich voll. Meine Mutter lief ganz nach vorne und quetschte sich in die zweite Reihe. So hatte sie den perfekten Blick auf den Mann, der hinten auf der Empore an der Orgel saß. Sie musste sich nur umdrehen. Und das tat sie immer wieder.

»Spielt er nicht wie ein junger Gott?«, flüsterte meine Mutter in mein Ohr, und ihr Atem war zwei Grad wärmer als sonst.

Der Organist beugte sich wild vor und zurück, neigte sich zur einen und zur anderen Seite. Ich fand das ganz schön übertrieben.

»Ganz gut«, sagte ich und vertiefte mich wieder in mein Buch. Es wurde gerade spannend, aber ich konnte mich nicht konzentrieren, weil meine Mutter keine Ruhe gab.

»Er ist blond wie ein Engel«, sagte sie, und die Wörter purzelten aus ihrem Mund wie reife Äpfel von einem Baum. »Glaubst du, das ist seine natürliche Haarfarbe?«

»Keine Ahnung«, sagte ich, aber meine Mutter hörte schon gar nicht mehr zu.

Sie saß kerzengerade und fuhr sich immer wieder durch die Locken. Mir war klar, dass sie sich am liebsten der Länge nach auf die Tasten gelegt hätte. Ich tippte meine Mutter an, formte mit meinen Händen ein Herz und verdrehte die Augen, bis sie nur noch das Weiße sehen konnte. Ich nahm mir vor, mich niemals zu verlieben.

Da meine Mutter seinen Namen nicht kannte, taufte sie den Organisten Adam. Sie fand, dass der Name zu ihm passte.

»Wenn ich daran glauben würde, dass Gott den Mann erschaffen hat, dann wäre der hier wohl sein Meisterwerk«, sagte sie.

Später stellte sich heraus, dass Adam in Wirklichkeit Samuel hieß. Meine Mutter freute sich, dass sie gar nicht so falschgelegen hatte. Samuel war immerhin auch ein biblischer Name. Und je länger sie darüber nachdachte, desto besser gefiel er ihr. Auf einmal konnte sie sich für alles Mögliche begeistern: eine Pfütze, ein Lächeln, ein Brausestäbchen. Und dann, eines Abends, kam sie nach dem Kellnern nicht nach Hause. Nachdem ich eine Stunde auf sie gewartet hatte, klingelte das Telefon. »Wir sehen uns morgen früh, meine Süße. Bestell dir eine Pizza, ja? Unter dem rechten Sofakissen liegt Geld.«

Sie übernachtete noch ein paarmal bei dem Organisten, und dann nicht mehr. Als ich nach dem Grund fragte, sagte sie nur: »Samuel hat mehr Frauen als seine Orgel Tasten.« Die Stimme meiner Mutter klang endlich wieder normal. Solange sie ihn getroffen hatte, war ihre Stimme eine halbe Oktave hochgerutscht, egal, mit wem sie sprach.

In den letzten Jahren hatte meine Mutter einige Verabredungen mit Männern gehabt, aber die wenigsten von denen sah ich öfter als einmal. Keiner war gut genug für uns. Wenn sie spätabends zurückkam und einen Liebesfilm ansah, wusste ich, dass es wieder einmal vorbei war. Die Wahrheit war, dass meine Mutter nie lange bei einem Mann blieb.

In Physik hatte ich gelernt, wie ein Magnet funktioniert. Es war, als wäre meine Mutter ein verdammt starker Magnet. Sie zog die Männer an wie der Nordpol den Südpol. Dann drehte sich ihre Meinung von plus auf minus, und sie stieß sie alle ab.

»Billie?«, fragte Luna jetzt.

»Luna?«, fragte ich zurück.

»Ich will mir ein neues Tattoo stechen lassen«, sagte sie. »Guck mal.« Und dann zeigte sie mir verschiedene Zeichnungen von einer Sonne. »Welche gefällt dir am besten?«

»Die hier«, sagte ich und zeigte auf eine Sonne mit einem freundlichen Gesicht und Strahlen, die ein bisschen aussahen wie lodernde Flammen.

»Die passt am besten zum Mond, oder?«

Ich nickte.

Auf Lunas Schulterblatt war ein Mond tätowiert. Man konnte sogar die Krater und Berge sehen. Über dem Tattoo stand in geschwungener Schrift ihr Name. Als ob Luna sich vergewissern musste, dass es sie gab.

»Warum heißt du eigentlich Luna?«

Luna kämmte mit den Fingern ihre Haare. »Als ich zur Welt kam, waren meine Haare so weiß wie der Mond. Deshalb hat meine Mutter Luna ausgesucht.«

Es konnte gut sein, dass Luna sich das nur ausgedacht hatte. Meine Mutter hatte mir erzählt, dass Lunas Mutter vor ein paar Jahren gestorben war.

»Man hat sie mit einer Spritze im Arm gefunden. Hast du die Handtasche auf Lunas Regal gesehen und das ganze Zeug drumherum?«

Ich nickte. Ein Personalausweis, zwei Kinderfotos von Luna, eine Zahnbürste und Zahncreme, eine Unterhose, ein leeres Notizbuch und Geldscheine in einer kleinen Schale aus Porzellan. Luna fasste sie nie an. Auf den Scheinen lag Staub wie Butter auf einem Brot.

»Das Leben von Lunas Mutter hat in eine einzige Handtasche gepasst«, sagte meine Mutter. Wir waren beide ein bisschen traurig über den Schrein in Lunas Wohnung.

»Glaubst du, dass Luna verrückt ist, weil ihre Mutter so viele Drogen genommen hat?«

»Vielleicht. Aber merk dir, dass man nicht verrückt sagt. Es heißt psychisch erkrankt.«

Manchmal verstand ich meine Mutter nicht. Sie sagte den ganzen Tag lang »verdammt« und »Scheiße«, aber andere verrückt zu nennen war verboten.

Ich sprang vom Bett. »Ich muss jetzt nach Hause.«

Luna machte die Musik leiser. »Okay. Wir sehen uns, Kleine. Viel Glück!«

Ich hatte gerade Lunas Tür hinter mir zugezogen, da sah ich Uta. Sie drückte mit der einen Seite ihres Körpers die Tür zum Laubengang auf. Dann schleppte sie sich mit zwei Einkaufstüten den Gang entlang. Ich lief auf sie zu, um ihr zu helfen, aber da war sie schon vor ihrer Wohnungstür angekommen. Ihre Tür war gleich die zweite, wenn man den Laubengang betrat.

»Fahrstühle schon wieder kaputt«, sagte sie, aber es war eher ein Japsen und Röcheln.

»Scheiße«, sagte ich.

Mir fiel ein, was meine Mutter einmal wegen der Fahrstühle gesagt hatte: »Wenn du im siebzehnten Stock wohnst, ist das Fitnessstudio inklusive.«

»Kannst du deiner Mutter sagen, dass ich mit ihr reden muss?«, fragte Uta.

»Klar.«

In letzter Zeit redete Uta dauernd mit meiner Mutter. Ich hatte keine Ahnung, worum es ging. Immer wenn ich meine Mutter danach fragte, schwieg sie oder wechselte einfach das Thema. Meine Mutter war gut darin zu schweigen. Besonders schweigsam war sie immer dann, wenn ich etwas über ihre Vergangenheit wissen wollte.

Uta beugte sich vor, um die Tür aufzuschließen. In diesem Moment löste sich die goldene Halskette aus ihrem Dekolleté. An der Kette war ein Medaillon befestigt, und in dem Medaillon war ein Foto von Lady Di. Jeder hier wusste, dass zwischen Utas riesigen Brüsten Lady Di baumelte.

Uta machte kein Geheimnis aus ihrem Fimmel für die Royals. »Skandalös und konsequent«, fasste sie Lady Dis Tod zusammen. Skandalös, weil man Lady Di in den Tod getrieben hatte, konsequent, weil sie für die Liebe ihres Lebens gestorben war.

Ich war mir ziemlich sicher, dass Heinz nicht die Liebe ihres Lebens war. Heinz saß den ganzen Tag vor dem Fernseher. Im Sommer in Unterhosen, im Winter in seinem lila-grünen Jogginganzug. Er stand nur aus zwei Gründen auf: Entweder holte er sich ein neues Bier aus dem Kühlschrank, oder er kümmerte sich um seine Vögel. Die ganze Wohnung war voller Vogelkäfige. Luna hatte einmal gesagt, dass er seine Vögel mehr liebte als seine Frau.

Manchmal lud Heinz uns zu einer Wurst ein, wenn er im Laubengang grillte, obwohl Grillen hier verboten war, aber wer hätte ihn verpetzen sollen? Der Hausmeister kümmerte sich um nichts. Nicht um die Fahrstühle und nicht um uns. Und wir kümmerten uns nicht um ihn. Meine Mutter hatte gelernt, die Dinge selbst zu regeln. Sie wusste, wie man eine Duschstange aufhängt oder eine Tischplatte abschleift.

*

Ich fand meine Mutter im Bad. Sie saß immer noch genau so da wie vorhin. Sie starrte vor sich hin und bewegte sich nicht. Das Telefon lag auf ihrem Schoß.

»Was ist passiert? Mit wem hast du telefoniert?«, wollte ich wissen.

Meine Mutter drehte langsam den Kopf, als wäre sie gerade aufgewacht. »Essen wir was? Ich habe Hunger.«

Jetzt starrte ich. War das alles, was sie zu sagen hatte?

Die Hand meiner Mutter wanderte zum Mund. Dann biss sie auf dem Nagel ihres Zeigefingers herum. Das hatte sie schon lange nicht mehr getan.

»Mit wem hast du telefoniert?«, fragte ich noch mal.

»Mit deiner Großmutter«, sagte meine Mutter schließlich und seufzte.

Ich konnte mich nicht daran erinnern, dass meine Mutter jemals mit ihr telefoniert hatte.

»Was wollte sie denn?«

»Sie ist krank.«

Es klang nicht so, als ob sie nur einen Schnupfen oder einen Husten hätte.

»Hat sie Krebs?«

Meine Mutter schüttelte den Kopf. Ich kannte meine Großmutter zwar nicht, aber ich war trotzdem erleichtert.

Ich hatte gelernt, dass es keine schlimmere Krankheit gibt als Krebs. Ich wusste ja, wie meine Mutter ihren Vater verloren hatte.

»Die Ärzte wissen nicht, woher ihre Schmerzen kommen«, sagte meine Mutter jetzt und stand auf. »Wofür studieren sie eine halbe Ewigkeit, wenn sie dann trotzdem nicht weiterwissen?«

Darauf hatte ich auch keine Antwort.

Meine Mutter fing an, den Tisch in der Küche abzuräumen. Ich machte dort immer meine Hausaufgaben, meine Mutter lackierte sich die Nägel, stopfte Löcher in unseren Kleidern oder lernte englische Vokabeln, während das Essen in der Mikrowelle auftaute. Dann aßen wir im Wohnzimmer auf dem Sofa, die Teller balancierten wir auf den

Knien. Aber jetzt räumte meine Mutter alles ins Wohnzimmer, und dann deckte sie den Tisch. Sie deckte den Tisch, als würde sie Besuch erwarten. Sie faltete sogar Servietten und legte sie neben die Teller.

»Was ist?«, fragte sie, als sie meinen Blick sah. »Ich habe das Chaos satt.«

Wir saßen schon am Tisch, als meiner Mutter auffiel, dass wir keine Butter mehr hatten. »Holst du schnell ein Päckchen?«, fragte sie.

Sie drückte mir eine Münze in die Hand. Es war zu wenig, um Butter zu kaufen, aber ich sagte nichts.

Auf dem Weg zum Discounter fiel mir ein, dass wir unmöglich an einem Abend ein ganzes Päckchen Butter essen konnten. Nach dem Urlaub würden wir sie wegwerfen müssen. Aber dann sah ich das Fahrrad und dachte nicht weiter darüber nach. Das Fahrrad lehnte einfach so an einer Hauswand. Es war rot und hatte einen cremefarbenen Sattel. Es war genau das Fahrrad, das ich mir immer gewünscht hatte. Ich schaute mich einmal kurz um, dann stieg ich auf den Sattel. Meine Haare flatterten im Wind, und als ich bergab fuhr, breitete ich die Arme aus. Es fühlte sich ein bisschen an wie fliegen.

Im Discounter zu stehlen war einfach. Ich ließ die Butter in meinen Rucksack fallen. Dann drängelte ich mich an der Kassenschlange vorbei. Das war's. Allerdings gab es einen Unterschied zwischen einem Päckchen Butter und einem Fahrrad. Ich drehte eine kleine Extrarunde, und dann stellte ich das Fahrrad zurück. Ich tröstete mich mit dem Gedanken, dass der Sommer sowieso schon beinahe vorbei wäre, wenn wir aus Frankreich zurückkämen.

Schon im Flur hörte ich, dass meine Mutter nicht allein war. Zuerst dachte ich, sie würde wieder telefonieren. Aber das Telefon lag im Flur auf der Garderobe.

Bevor ich Uta sah, sah ich ihr blaues Auge. Es leuchtete mir entgegen, als ich auf der Türschwelle zum Wohnzimmer stand. Uta saß auf unserem Sofa und schniefte. Meine Mutter redete sanft auf sie ein. Mit der einen Hand hielt sie Utas Hand und mit der anderen eine Packung Mozzarella. Es dauerte einen Moment, bis ich begriff, dass Uta damit ihr Auge gekühlt hatte. Es war, bis auf einen schmalen Schlitz, zugeschwollen. Uta sah mich nicht an, auch nicht mit ihrem gesunden Auge.

»Sie ist die Treppe runtergefallen«, sagte meine Mutter und schickte mich in mein Zimmer. Ich glaubte ihr kein Wort. Ich war nicht blöd. Ich erkannte ein Veilchen, wenn ich eines sah. Und ich wusste, dass Heinz schuld daran war.

Wenn ich ihm gemeinsam mit meiner Mutter begegnete, ignorierte er mich. Aber einmal hatte er mir im Vorbeigehen über den Arm gestreichelt. Ich war so überrascht, dass ich nichts sagen konnte. Ich sprang direkt danach unter die Dusche und seifte meinen Arm dreimal ein, von der Schulter bis zum Handgelenk. Trotzdem konnte ich seine Finger noch tagelang auf meiner Haut spüren.

Als ich meiner Mutter davon erzählte, sagte sie: »Tritt ihm in die Eier, wenn er dich noch mal anfasst, hörst du?« Dann band sie sich ein Kissen zwischen die Beine und befahl mir, sie anzugreifen. Ich zögerte. Ich wollte ihr nicht wehtun. Ich war schon mit zwölf stärker als sie. Meine Mutter imitierte eine Männerstimme, dunkel und rau, und sagte: »Na los, Süße, hab dich nicht so.« Sie sah angriffslustig aus wie einer der Pitbulls, die in unserem Block wohnten. Ich musste lachen, und die Übung war beendet.

Ich lag auf dem Bett und hörte Musik. Da kam meine Mutter herein.

»Rück mal«, sagte sie und sank neben mich.

»Sie ist gar nicht die Treppe runtergefallen, oder?«, fragte ich.

Meine Mutter fuhr sich mit beiden Händen über das Gesicht und schüttelte den Kopf. »Nein. Aber sie wollte nicht, dass du es erfährst.«

»Dass ich was erfahre?« Ich wollte es aus ihrem Mund hören.

»Dass Heinz ihr Blumen mitbringt.«

Ich seufzte. Meiner Mutter fiel es leicht, das Hässliche in schöne Worte zu verpacken.

»Ist es meine Schuld?«, fragte ich.

»Nein! Warum fragst du das?«

»Ich habe vergessen, dir Bescheid zu sagen, dass Uta mit dir reden wollte.«

»Auch wenn du es mir gesagt hättest, hätte das nichts geändert«, sagte meine Mutter.

Wir starrten eine Weile an die Zimmerdecke; dort hingen meine Sterne. Sie waren aus Plastik und leuchteten im Dunkeln. Unsere Stadt war zu hell, als dass wir viele Sterne hätten sehen können.

»Glaubst du, sie verlässt ihn?«, wollte ich wissen.

»Nein«, sagte meine Mutter. »Sie liebt ihn.«

»Wie kann man jemanden lieben, der einen schlägt?«

»Manche Sachen sind kompliziert, Billie.«

Ich wusste nicht, was daran kompliziert sein sollte.

»Komm, wir essen jetzt endlich Abendbrot«, sagte meine Mutter und stand auf.

»Hast du den Tisch für Uta gedeckt?«, wollte ich wissen.

Meine Mutter schüttelte den Kopf. »Ich wusste nicht, dass sie rüberkommt.« Sie reichte mir beide Hände. »Ich habe den Tisch für uns gedeckt.«

Auf dem Käse und der Wurst hatten sich mittlerweile Wassertröpfchen gebildet, und das Brot war angetrocknet. Die Butter war in der Hitze ganz weich geworden. Ich hatte vergessen, sie in den Kühlschrank zu legen. Unsere Messer glitten über die Brotscheiben, und die Butter verschwand in jeder einzelnen Pore, so als hätte ich billige Margarine geklaut.

An diesem Abend sprach meine Mutter nicht mehr über meine Großmutter, und ich fragte nicht nach. Für mich war meine Großmutter eine Fremde, über die ich kaum etwas wusste. Für mich war meine Großmutter von meinem Leben so weit entfernt wie die Erde vom Mond.

Erst am nächsten Morgen wurde klar, dass das nicht so bleiben würde.

*

Das Erste, was meine Mutter am nächsten Morgen sagte, war nicht: »Geh duschen, wir fahren gleich los!« Sie sagte nicht einmal: »Guten Morgen.«

Das Erste, was sie sagte, war: »Wenn man krank ist, braucht man seine Familie.«

Als ich ins Wohnzimmer kam, dämmerte es gerade. Ich

hatte den Wecker extra früh gestellt. Ich konnte es nicht abwarten, endlich loszufahren. Vielleicht konnten wir heute Abend schon eine Runde im Meer schwimmen.

Meine Mutter saß im Schneidersitz auf der Luftmatratze. Sie trug noch die gleichen Kleider wie am Abend zuvor, und es sah nicht so aus, als ob sie sich abgeschminkt hätte. Es sah auch nicht so aus, als ob sie geschlafen hätte.

Sie fuhr sich über das blasse Gesicht, und dann sagte sie: »Setz dich.«

Ich hatte keine Lust auf lange Gespräche. »Können wir nicht unterwegs reden?«

»Ich muss dir etwas sagen. Bitte setz dich.«

Mir wurde ganz komisch. Ich war mir nicht sicher, ob es daran lag, dass ich noch nicht gefrühstückt hatte, oder ob es daran lag, dass meine Mutter plötzlich so ernst war.

Meine Mutter sah mich nicht an. »Deine Großmutter kommt zu uns.«

»Was? Wann?«, fragte ich.

»Übermorgen.«

»Übermorgen? Das geht nicht«, sagte ich. »Übermorgen liegen wir schon am Strand.«

»Wir müssen unseren Urlaub verschieben.«

Das konnte meine Mutter nicht ernst meinen. Ich sprang auf. »Was?!«

»Ich weiß, dass es blöd ist, aber –«, begann meine Mutter.

»Es ist nicht blöd, es ist eine Katastrophe!«, sagte ich, und meine Mutter sagte, dass ich aufhören sollte rumzuschreien.

»Was ist mit deinem Urlaub?«

»Muss ich trotzdem nehmen.«

»Aber dann können wir dieses Jahr gar nicht mehr in den Urlaub fahren!«

»Wir fahren nächstes Jahr«, sagte meine Mutter. »Versprochen!«

»Kann sie nicht erst nach unserem Urlaub kommen?«

Meine Mutter schüttelte den Kopf. »Es geht ihr zu schlecht.«

»Und warum fahren wir dann nicht nach Ungarn?«

In meinem Kopf tauschte ich blitzschnell die Bilder vom Atlantik gegen die vom Balaton und die französische Strandpromenade gegen die glitzernde Skyline von Budapest. Vielleicht konnte meine Mutter sich zuerst um meine Großmutter kümmern, und dann machten wir eben in Ungarn Urlaub. Ungarn war zwar nicht Frankreich, aber es war besser als nichts.

Aber meine Mutter sagte: »Sie braucht die beste medizinische Behandlung.«

»Gibt es in Ungarn keine guten Ärzte?«

Meine Mutter schnalzte mit der Zunge und winkte ab. »Die Krankenhäuser sind schlecht ausgestattet, und alles ist viel zu teuer.«

»Aber wir haben gar keinen Platz, wo soll sie denn schlafen?«

»In deinem Zimmer.«

Ich konnte es nicht fassen, dass meine Mutter zuerst unseren Urlaub absagte und mich dann, ohne mit der Wimper zu zucken, aus meinem Zimmer warf.

»Und wo soll ich schlafen?«

»Im Wohnzimmer.«

»Aber da bist du doch immer!«

Unser Wohnzimmer hatte drei Türen. Es lag zwischen meinem Zimmer und der Küche und grenzte an den Flur. Ich würde niemals meine Ruhe haben.

»Seit wann stört dich das?«, wollte meine Mutter wissen.

»Es stört mich nicht, aber sie soll nicht bei uns wohnen!«

»Wo soll sie denn sonst wohnen? Falls du im Lotto gewonnen und eine Villa gekauft hast, kannst du es jetzt gerne sagen.«

»Warum kann sie nicht einfach im Krankenhaus bleiben?«

»Ein Krankenhaus ist kein Hotel.«

»Aber es ist doch schon jetzt zu eng!«, jammerte ich.

»Billie, ich habe mich entschieden.«

Meine Mutter stand auf. Sie sah müde aus.

»Du magst deine Mutter nicht mal!«, sagte ich.

»Aber sie ist meine Mutter.«

»Aber sie war gemein zu dir.«

»Menschen können sich ändern.«

Ich stellte mir vor, wie eine alte Frau, die ich überhaupt nicht kannte, in meinem Bett lag. Bestimmt würde mein Zimmer jahrelang komisch riechen.

»Dann ziehe ich in unser Auto.«

Meine Mutter schaute mich an, als hätte ich den Verstand verloren. Dann lachte sie laut.

»Du wolltest doch in Frankreich darin übernachten? Außerdem hast du selbst gesagt, dass es Leute gibt, die in ihrem Auto wohnen!«, nörgelte ich.

»Ja. Aber du nicht.«

»Warum nicht?« Je länger ich darüber nachdachte, desto besser gefiel mir die Vorstellung. Nachts könnte ich durch das Heckfenster die Sterne sehen.

»Willst du, dass das Jugendamt kommt und dich ins Heim steckt?« Meine Mutter fasste mich an den Schultern und legte ihre Stirn an meine. Dann wischte sie meine Tränen mit dem Ärmel ihres Oberteils weg. »Wir fahren noch zusammen weg. Versprochen. Sie ist ja nicht für immer hier.«

»Nicht für immer« klang wie knapp vor der Ewigkeit. Die Sonne würde auch nicht für immer brennen, sondern sich 3,5 Milliarden Jahre lang ausdehnen und alle Meere auf der Erde verdampfen lassen. Ich wusste, dass man »nicht für immer« nur aus zwei Gründen sagte: entweder weil man selbst nicht wusste, wie lange etwas dauern würde, oder weil man jemanden trösten wollte. Manchmal auch beides auf einmal.

»Aber ich habe keine Lust, wieder alles auszupacken«, sagte ich. »Und jetzt hätte ich gerne eine heiße Schokolade.«

Meine Mutter servierte mir die heiße Schokolade ans Bett, und dann legte sie sich selbst wieder hin. Ich lauschte eine ganze Weile ins Wohnzimmer. Meine Mutter wälzte sich hin und her, und manchmal schlich sich ein Seufzen zwischen ihre Atemzüge. Irgendwann, ich las gerade in einem Buch, hörte ich, wie sie aufstand.

Dann fing sie an zu putzen und hörte nicht mehr auf. Meine Mutter hatte unter der Woche kaum Zeit dafür, und am Wochenende war sie müde. Aber jetzt begann sie plötzlich, auf den Küchenschränken Staub zu wischen.

»Wie groß ist deine Mutter denn?«, fragte ich, aber meine Mutter überhörte meinen Kommentar.

Als sie mit der Küche fertig war, machte sie im Bad weiter, und dann war das Wohnzimmer dran. Dazwischen telefonierte sie mit ihren Chefs. Sie wollte versuchen, ihren Urlaub wenigstens teilweise wieder zurückzugeben. Was ihren Bürojob betraf, war nichts zu machen. Das bedeutete, dass meine Mutter die nächsten vier Wochen den ganzen Tag bis ungefähr 17 Uhr frei hatte. Danach rief sie Larry an. Larry war der Geschäftsführer der Ocean's Bar, wo meine Mutter kellnerte. Für Larry war es kein Problem, dass sie wie gewohnt zur Arbeit kommen wollte.

»Kann ich auch ein paar Extraschichten übernehmen?«, fragte sie.

»Extraschichten?«, fragte ich, als sie aufgelegt hatte.

»Deine Großmutter muss duschen, essen und fernsehen«, sagte meine Mutter. »Ich muss etwas dazuverdienen.« Ich sah meine Großmutter schon nach der Fernbedienung greifen und das Programm wechseln, das ich eingestellt hatte.

»Willst du nicht ein bisschen rausgehen?«, fragte meine Mutter.

»Es regnet«, sagte ich, ohne meine Mutter anzusehen. Dann schaltete ich den Fernseher ein.

Einen Tag später war unsere Wohnung so sauber wie noch nie, und Luna pfiff anerkennend durch ihre Zahnlücke.

Sie ließ sich auf unser Sofa fallen und zog einen dicken Stapel Papier aus einer Mappe. Luna breitete die Blätter vor sich auf dem kleinen Tisch aus, und weil der Platz nicht reichte, machte sie auf dem Fußboden weiter. Bald war das halbe Wohnzimmer mit weißem Papier bedeckt. Die Blätter waren kreuz und quer beschrieben. Luna wischte sich eine Haarsträhne aus der schweißnassen Stirn und sagte: »Ich habe einen Roman geschrieben!«

Wir hatten die ganze Zeit in der Tür gestanden und Luna einfach nur zugesehen.

»Wann?«, wollte meine Mutter wissen.

Und Luna sagte: »Letzte Nacht!«

Meine Mutter und ich sahen uns an. Niemand schrieb einen Roman in einer einzigen Nacht. Das wusste ich ziemlich sicher. Meine Mutter stakste wie ein Flamingo durch unser Wohnzimmer und versuchte, nicht auf die Blätter zu treten. Dann setzte sie sich neben Luna. Unter ihrem Hintern knisterten die Seiten des Manuskripts, aber Luna bemerkte es nicht. Sie veränderte dauernd ihre Sitzposition, fuhr sich durch die Haare und über das Gesicht. Meine Mutter legte den Arm um sie und redete leise auf sie ein. Dann gab sie mir ein Zeichen.

Ich rannte nach draußen und nebenan in Lunas Wohnung. Wenn Luna nachts nicht schlief, war das ein Problem. Wir hatten gelernt, die Zeichen zu deuten. Wir hatten oft genug mitten in der Nacht Geräusche aus ihrer Wohnung gehört.

Luna ging umher, sie räumte um, kochte, buk, telefonierte. Wenn sie damit fertig war, fing sie wieder von vorne an. Luna war wie eine Spieluhr, die immer wieder aufgezogen wurde. Kamen solche Nächte öfter vor, dauerte es nicht lange, bis Luna verschwand, manchmal tagelang, einmal beinahe zwei Wochen. Wenn sie dann wiederauftauchte, zog sie sich in ihre Wohnung zurück wie ein verwundetes Tier. Wir pressten unsere Ohren an die Wohnzimmerwand, aber alles, was wir hörten, war das dumpfe, gleichmäßige Geräusch des Fernsehers und unseren eigenen Atem. Wenn Luna überhaupt öffnete, dann stand sie im Schlafanzug vor uns. Ihre Augen sagten Nein zur Welt, und ihre Worte steckten an einem Ort in ihrem Inneren fest, zu dem wir keinen Zugang hatten.

»Luna ist wie das Meer«, sagte meine Mutter. »Wenn sich das Wasser nach der Flut zurückzieht, bleibt nur grauer Morast übrig.«

Ich knipste das Licht an und ging direkt in Lunas Badezimmer. Auf einem Regal stand ein Kosmetikbeutel. Ich drehte ihn über dem Waschbecken um. Blister und Pillendosen kullerten über das weiße Porzellan. Ich nahm jedes Medikament in die Hand und ließ eines nach dem anderen zurück in den Beutel fallen, bis ich die Dose fand, in der die Tabletten waren, die ich gesucht hatte. Sie war fast voll.

»Sie vergisst, dass sie krank ist, so wie wir im Sommer vergessen, wie sich der Winter anfühlt«, hatte meine Mutter mal gesagt.

Zuerst weigerte Luna sich.

Meine Mutter sprach so lange mit ihr, bis Luna doch noch den Mund aufsperrte. In der Zwischenzeit sammelte ich die Blätter ein.

Den Rest des Nachmittags lag ich auf dem Bett und schrieb in mein Notizheft. Schreiben war das Einzige, was gegen meine schlechte Laune half. Ich hatte versucht, Lea anzurufen. Ich wollte ihr von dem geplatzten Urlaub erzählen, ich wollte sie fragen, ob sie Lust hatte, mit mir ins Einkaufszentrum zu gehen, aber es war niemand ans Telefon gegangen. Also schrieb ich weiter.

Ich schrieb: *Das sind die ödesten Sommerferien meines Lebens,* und es ging mir direkt besser. Normalerweise schrieb ich kein Tagebuch, sondern richtige Geschichten.

Mein Notizheft war voller Geschichten, und alle hatten ein gutes Ende. Manche Geschichten waren wirklich so passiert, beinahe jedenfalls. Wenn mir das Ende nicht passte, schrieb ich es einfach um. Ich schrieb einfach so lange weiter, bis alles gut wurde.

Fahrten ins Blaue

Erfahrungen sind dazu da, dass man sie macht. Ob man dadurch, wie der Volksmund behauptet, klug wird, steht auf einem anderen Blatt. Dafür, dass Millionen Menschen Tag für Tag Erfahrungen sammeln, gibt es, an unserem Sprichworte gemessen, zwei Milliarden kluge Leute zu wenig, und das sollte zu denken geben.

Eine Unterabteilung der Erfahrungen, die man macht, ohne daraus zu lernen, sind die Wünsche, die in Erfüllung gehen. Wem wäre, so mäkelig in eigner Sache er auch sein mag, nicht schon das eine oder andre Mal ein Wunsch in Erfüllung gegangen! Gab er deshalb die Wünscherei auf? Nein. Und wenn er sich, falls er eine Märchenfigur ist, sogar drei Wünsche gestatten darf – wird er von Wunsch zu Wunsch klüger? Nein.

Man kennt Ausnahmen. Im Märchen und im Leben. Frau Grosche zum Beispiel. Übrigens nicht aus einem Märchen, sondern aus Weixdorf, einem reizenden Seeflecken bei Dresden. Frau Grosche lernte tatsächlich aus der (allerdings recht verqueren) Erfüllung eines Wunsches, und das wollen wir ihr nicht vergessen. Die Geschichte passierte vor rund zwanzig Jahren, und somit bleibt ungeklärt, ob es derartig belehrbare Mitmenschen auch heute noch gibt. Ich habe Freunde, die es bezweifeln.

In Dresden existierte also, früher einmal, eine halbamtliche Einrichtung, die sich »Fahrten ins Blaue« nannte und, besonders bei den kleinbürgerlichen Hausfrauen, sehr beliebt war. Man fand sich, mittwochs und samstags nach dem Mittagessen, am Stübelplatz ein, wo mehrere leere Omnibusse warteten, zahlte ein paar Mark und erwarb sich damit das Anrecht, an einem Ausfluge teilzunehmen, dessen Ziel »unbekannt« war. An einem von den Schaffnern bis zuletzt geheim gehaltenen Endpunkte, irgendeinem der zahlreichen ländlichen Juwele der Umgebung, wurden Kaffee und Kuchen angeboten. Und abends trafen die Frauen, von dem kleinen vorgespielten Abenteuer aufs angenehmste unterhalten und ermüdet, wieder bei ihren aufs Abendbrot und den Reisebericht wartenden Familien ein.

So geschah es, eines schönen Mittwochs früh, dass Frau Grosche, übrigens die Wirtin eines hübschen Gartenrestaurants, zu ihrem Manne sagte: »Das ganze Jahr komme ich nicht aus dem Haus. Man gönnt sich nichts. Habe ich deshalb geheiratet? Nein, mein Lieber! Weißt du was? Ich werde heute eine ›Fahrt ins Blaue‹ mitmachen!«

»Meinetwegen!«, antwortete der Gatte. »Amüsier dich gut!«

Sie benutzte den Vorortzug nach Dresden, stieg am Neustädter Bahnhof in die Straßenbahnlinie 6 und erklomm, am Stübelplatz angelangt, einen der wartenden Omnibusse. Die Fahrt ins Abenteuer begann pünktlich und nahm für alle den normal überraschenden Verlauf. Nur nicht für Frau Grosche. Ihre Überraschung war anderer Natur.

Haben Sie es schon erraten? Ja? Genau so kam es! Das sorgfältig verschwiegene Reiseziel war an diesem Mittwoch ausgerechnet der ländliche Gasthof, dessen Wirtin Frau Grosche war und den sie am Morgen mit der festen Absicht verlassen hatte, endlich etwas Funkelnagelneues zu erleben!

»Gut, dass du kommst!«, rief ihr Mann, der den Quark- und den Streuselkuchen eifrig in Streifen schnitt. »Binde dir schnell 'ne frische Schürze um, und hilf mir beim Servieren!« Sie band sich eine frische Schürze um und belud ein Tablett mit Kaffeegeschirr und selbstgebackenem Kuchen. Als sie es anhob, um es in den Garten zu tragen, wo ihre Reisegefährten in der Sonne saßen, sagte sie, und dies spricht für ihre überdurchschnittliche Fähigkeit, aus Erfahrungen zu lernen: »Das nächste Mal bleib ich *gleich* hier!«

JAKOB ARJOUNI
Happy Birthday, Türke!

Es summte unerträglich. Immer wieder schlug meine Hand zu, doch sie zielte schlecht. Ohr, Nase, Mund – unerbittlich griff sie alles an. Ich drehte mich weg, drehte mich wieder zurück. Keine Chance. Mörderisch.

Endlich schlug ich die Augen auf und ortete die verdammte Fliege. Dick und schwarz saß sie auf der weißen Bettdecke. Ich zielte anständig und stand auf, um mir die Hand zu waschen. Den Spiegel mied ich. Ich ging in die Küche, setzte Wasser auf und suchte Filtertüten. Das lief noch eine Weile so, bis heißer Kaffee vor mir dampfte. Es war der elfte August neunzehnhundertdreiundachtzig, mein Geburtstag. Die Sonne stand schon weit oben und blinzelte mir zu. Ich trank Kaffee, spuckte Satz auf die Küchenkacheln und versuchte, mich an den letzten Abend zu erinnern. Ich hatte mir eine Flasche Chivas geleistet, um den folgenden Tag in angemessener Weise einzuleiten. Das war sicher, denn die leere Flasche stand vor mir auf dem Tisch. Irgendwann war ich losgetrottet, um mir Gesellschaft zu suchen. Schließlich hatte ich einen Rentner gefunden. Er wohnt zusammen mit seinem Dackel im Stockwerk über mir. Ab und zu spiele ich ein paar Partien Backgammon mit ihm. Ich war ihm im Hausflur begegnet, als er gerade mit seinem Hund pinkeln gehen wollte.

»'n Abend, Herr Maier-Dietrich. Wie wärs mit 'ner Stunde unter Männern, im Beisein einer Flasche Feuerwasser?«

Er willigte ein, und wir verabredeten uns für später.

»Passen Sie auf, daß niemand aus Versehen auf den Hund tritt«, rief ich ihm hinterher, aber er hatte es wahrscheinlich nicht mehr gehört.

Ich schaute mir ein Dutzend Tote im Fernsehen an und goß das erste Glas Chivas in die Leber. Dann klingelte Maier-Dietrich und hinkte in die Wohnung. Der Russe habe ihm das Bein gemopst, erzählt er mir oft, nicht ohne Witz.

Der Abend war verlaufen wie erwartet. Wir sprachen über Autos, die wir nicht bezahlen, und Frauen, die wir nicht beschlafen konnten. Er sowieso nicht mehr. Später klauten wir dem Gemüsehändler im Erdgeschoß noch zwei Flaschen Mariacron aus dem Keller und waren irgendwann danach bewußtlos in die Betten gefallen.

Ich schlürfte meinen Kaffee und starrte die leere Flasche an. Geburtstag. ›Na ja‹, dachte ich mir, ›wär schon schön, wenn irgend jemand mit Geschenk und Kuchen reinplatzen würde.‹ Mir fiel allerdings niemand ein. Herr Maier-Dietrich konnte aufgrund der letzten Nacht nur schlafen oder tot sein. Im übrigen kann er nicht backen und würde, die gemeinsame Nacht vergessend, mir wahrscheinlich die angebrochene Flasche Mariacron schenken.

Ich holte eine offene Büchse Heringssalat aus dem Kühlschrank und stocherte mißmutig drin herum. Die blaugrau schillernde Haut der Fischstücke glänzte im Sonnenlicht. Eine halbe Flosse lugte zwischen zwei Gurkenstückchen hervor.

Ich schmiß die Büchse in den Abfall, machte eine Flasche Bier auf und zündete mir eine Zigarette an. Irgendwo pfiff ein Wasserkessel, und der Ton schnitt mein Hirn in Scheiben.

Dann klingelte das Telefon. Ich kroch hin und nahm ab.

»Heinzi, bist du es?« kreischte die Muschel. Ich heiße nicht Heinzi, möchte auch nicht so heißen, flötete aber ein fröhliches »Ja«.

»Heinzi, mein Heinzi, ich bin so wahnsinnig glücklich, deine Stimme zu hören. Ich habe gestern den ganzen Abend versucht, dich zu erreichen, aber du warst nicht zu Hause. Weißt du, was passiert ist?«

Ich wußte es nicht.

»Ich war beim Arzt, du weißt schon, und was glaubst du, hat er gesagt, Heinzi? Heinzi?!«

Noch einmal ermunterte ich sie mit einem erwartungsvollen »Ja«. Es funktionierte.

»Er hat gesagt, ich kriege ein Baby!«

Ich bekam Angst, sie würde mir durchs Telefon an den Hals springen.

»Ein Baby, Heinzi! Verstehst du?! Endlich hat es geklappt, wo wir es schon fast aufgegeben hatten! Heinzi, ich bin ja so glücklich, und siehst du, ich hatte doch recht, man muß es nur wirklich wollen!«

Ich überlegte, wie man diesen Heinzi warnen konnte.

»Heinzi, Liebling, sag doch was! Bitte!«

»Imbißkette McDonald's, Abteilung Fishburger und Apfeltaschen. Guten Tag.«

»Was? Ach, das bist du gar nicht? Entschuldigen Sie, falsch verbunden.«

Wir legten auf. Meine Ohren sausten noch, während ich, um langsam wach zu werden, unter der Dusche stand. Das Telefon klingelte noch zweimal. Heinzi mußte ihr eine falsche Nummer gegeben haben.

Rasiert und angezogen, schüttete ich den Rest Bier in die Spüle und verließ die Wohnung.

Im Briefkasten lag eine Aufforderung, Schweinekoteletts, Badeanzüge und Zahnpasta zu kaufen, und der Prospekt eines Bestattungsinstituts. Sonst nichts.

Ich kritzelte ein freundliches ›Guten Morgen‹ auf den Prospekt und schob ihn in den Briefkasten von Herrn Maier-Dietrich. Die Haustür flog auf. Herein stolperte der Gemüsehändler, bepackt mit Bananen. Statt eines Grußes murmelte er irgendwas von unnützem Gesocks, um dann schnell in seiner Wohnung zu verschwinden.

Ich zündete mir eine Zigarette an, trat auf den schwitzenden Asphalt hinaus und fand meinen grünen Kadett ein paar Häuser weiter im Halteverbot stehen. Ich hatte doch Post. Sie klebte unter dem Scheibenwischer. Die Hitze lag über der Stadt, und das Autoblech glühte. Nachdem ich mir fast die Finger verbrannt hatte, saß ich im Wagen. Es war eine Luft wie in der Sauna, wenn jemand seine drekkigen Socken liegengelassen hat.

Ich fuhr los und genoß den lauwarmen Fahrtwind. Es war elf Uhr, die Straßen lagen verlassen da; die Menschen vegetierten in ihren Büros vor sich hin oder lagen im Schwimmbad. Nur ein paar Hausfrauen schlichen mit Einkaufstüten über den Bürgersteig. Ich zwängte den Kadett in eine Lücke, zwei Straßen von meinem Büro entfernt.

Es liegt am Rand der Frankfurter Innenstadt, gut beschützt von einigen tausend Amerikanern, die nach dem Krieg dort ihre Wohnkartons hochgezogen haben. Stacheldrahtgerahmt zieht sich der grüne und gelbe Putz kilometerlang durch die Gegend, hin und wieder unterbrochen von schmierigen Hühner-Inns oder Hamburger-Depots.

Gegenüber dem Büro ist eine kleine Bäckerei. Ich ging hinein, um etwas zum Frühstück zu besorgen.

Hinter der Theke stand die dicke Tochter des Chefs, eine stattliche Reklame für den Teig ihres Vaters. Sie trug ein freizügig geschnittenes Kleid, und man sah, wie sich die beigen Riemen ihres Büstenhalters in die rosa Haut drückten. Ich wartete, bis eine ältere Dame Kuchen für mindestens hundert andere ältere Damen ausgesucht hatte und säuselte: »Was haben Sie denn so tortenmäßig anzubieten, Verehrte?« Es war immerhin Geburtstag.

»Sacherdort, Schwarzwälderdort, Rumdort, Brinsrechendedort un Sahnedort«, sabbelte sie munter, beugte sich dann vor zu mir und zischelte: »Die Rumdort hat de Baba versaut.«

Ich entschied mich für zwei Stück Sachertorte, holte noch eine Tüte Kaffee aus dem Regal, zahlte und zwinkerte ihr geheimnisvoll zu; über die Straße ging ich dann zum Haus Nummer dreiundsiebzig.

Mein Büro liegt im dritten Stock eines mittelgroßen, hellbraunen Betonhaufens. Ich schaute auch hier in den Briefkasten, aber wieder nichts. Flur und Treppe rochen nach Desinfektionsmittel. Aus der Zahnarztpraxis im zweiten Stock hörte man leises Wimmern. Ich schmiß den Briefkasten zu, kletterte die Treppe rauf und steckte den Schlüssel ins Loch der Eingangstür.

Privatdetektiv war ich seit drei Jahren. Türke von Geburt.

Mein Vater Tarik Kayankaya und meine Mutter Ülkü Kayankaya stammten beide aus Ankara. Meine Mutter starb neunzehnhundertsiebenundfünfzig bei meiner Geburt, sie war achtundzwanzig Jahre alt gewesen. Mein Vater, Schlosser von Beruf, entschied sich daraufhin ein Jahr später, nach Deutschland zu gehen. Krieg und Diktatur hatten seine Familie umgebracht; die Angehörigen meiner Mutter mochten ihn nicht, aus Gründen, die mir unbekannt blieben, so daß er mich mitnahm, weil er mich nirgendwo unterbringen konnte.

Er ging nach Frankfurt und arbeitete drei Jahre bei der Städtischen Müllabfuhr, bis ihn ein Postauto überfuhr. Ich kam in ein Heim, hatte Glück und wurde nach wenigen Wochen von dem Ehepaar Holzheim adoptiert. Ich erhielt die deutsche Staatsbürgerschaft. Es gab noch ein zweites adoptiertes Kind, meinen sogenannten Bruder Fritz. Fritz war damals fünf, also ein Jahr älter als ich. Max Holzheim arbeitete als Lehrer für Mathematik und Sport an einer Grundschule, Anneliese Holzheim betreute drei Tage in der Woche einen Kindergarten. Sie adoptierten aus Überzeugung.

Ich wuchs also in einer durch und durch deutschen Umgebung auf und begann erst spät, nach meinen richtigen Eltern zu forschen. Mit siebzehn fuhr ich in die Türkei, doch mehr, als ich durch die Heimakte schon wußte, habe ich über meine Familie nicht herausfinden können.

Ich machte ein durchschnittliches Abitur, fing an zu studieren, hörte wieder auf, verbrachte die Zeit hiermit und damit und bewarb mich vor drei Jahren um eine Lizenz für Privatermittlungen, die ich merkwürdigerweise auch erhielt. Manchmal macht der Job sogar Spaß.

Ich verfrachtete die Torte in den Kühlschrank. Er roch nach vergammeltem Tomatenmark. Dann zog ich den Rollladen hoch, öffnete das Fenster und hielt Ausschau nach reichen, gutaussehenden Klientinnen. Hitze und Licht strömten in mein Büro. Nachdem ich Kaffeewasser aufgesetzt hatte, lehnte ich mich wieder aufs Fensterbrett. Die Straße blieb leer. Nur ein fetter käsiger Cowboy joggte über das Pflaster. ›Herzlichen Glückwunsch‹, dachte ich mir und versuchte, in einen Hausschuh auf dem Balkon unter mir zu spucken. Noch eine Weile starrte ich auf die Schlappen. Dann schrillte der Wasserkessel. Ich goß Kaffee auf, kratzte Spaghetti-Reste von einem Teller, kramte die Torte aus dem Kühlschrank, wechselte den Fliegenfänger, zündete eine Kerze an und setzte mich schließlich an den Schreibtisch. Eine Wespe brummte herein, taumelte in immer enger werdenden Kreisen auf das Backwerk zu. Ich schnappte mir eine Zeitung und stand noch mitten im Kampfgeschehen, als es klingelte.

»Is offen«, brüllte ich und schlug die Wespe zu Matsch.

Die Tür ging langsam auf. Etwas Schwarzes schlich sich herein und musterte mit unruhigem Blick mich und mein Büro.

Ich brummte: »Guten Morgen.«

Das Schwarze war eine kleine Türkin im Trauerflor mit dicken goldenen Ohrringen. Ihre Haare hatte sie zum strengen Zopf geflochten, und unter den Augen hingen Schatten.

Ich schmiß die Zeitung in die Ecke. Dann, etwas freundlicher: »Guten Morgen.« Pause. »Tja, wollen Sie sich nicht setzen?«

Sie blieb stumm. Nur die Augen hetzten durch das Zimmer.

»Ähm …«, ich überlegte, »suchen Sie mich privat oder als Detektiv auf?«

›Oder als Privatdetektiv‹, dachte ich, aber selbst gutwillige Menschen hätte man dazu kitzeln müssen.

Sie murmelte etwas auf türkisch, aber selbst laut und deutlich verstehe ich diese Sprache nicht. Ich erklärte ihr, ich sei zwar ein Landsmann, könne aber Türkisch wegen besonderer Umstände weder sprechen noch verstehen. Sie verzog das Gesicht, flüsterte: »Auf Wiedersehen«, und wollte sich wegschleichen.

»Ach, warten Sie doch mal. Wir werden uns schon verständigen können, irgendwie, meinen Sie nicht? Setzen Sie sich, und dann erzählen Sie mir in Ruhe, weshalb Sie in der Hitze hier hoch gestiegen sind. In Ordnung?«

Die Ohrringe wackelten bedenklich.

»Sehen Sie, ich habe gerade Kaffee gemacht, und ich … tja, wir können Kaffee trinken und Kuchen essen und, na ja, das können wir machen. Nicht wahr?«

Langsam verlor ich die Geduld. Endlich ging der Mund auf und hauchte ein »Gut«.

»Machen Sie sich's bequem, ich will nur grad 'nen zweiten Teller besorgen.«

Über meinem Büro liegen die Räume eines zweifelhaften

Kreditinstituts, dessen Einnahmequelle das Kleingedruckte ist. Der Kassierer des Ladens, ein verschlafener Glatzenträger, kommt manchmal auf einen Schwatz herunter. Meistens mit einer Flasche Kirschlikör unterm Arm.

Während ich überlegte, was die stumme Türkin wollen könnte, lief ich die Treppe rauf und hämmerte gegen die Tür mit der Aufschrift »DURCH UNS WERDEN IHRE WÜNSCHE WIRKLICHKEIT – BÄUMLER UND ZANK KREDITINSTITUT«.

Es grunzte, und ich trat ein. Hinter dem Schreibtisch des Empfangszimmers saß der Kassierer und blätterte gelangweilt in einem Fußballmagazin.

»Na, Mustaffa, was gibt's?«

»Ich brauch 'n Teller und 'ne Gabel. Läßt sich sowas in dem Laden hier auftreiben?«

»Was gibt's denn Feines? Kebab?«

»Mhm, kann schon sein.«

»Na ja, will mal sehen, was sich machen läßt.«

Er wuchtete sich aus dem Sessel, schlappte zu einer Tür und verschwand. Es roch süßlich. Ich ging um den Schreibtisch herum und zog die obere Schublade heraus. Eine halbleere Flasche Likör rollte mir entgegen. Während ich sie aufschraubte, um ein bißchen daran zu lutschen, schepperte es laut im Zimmer nebenan. Kurz darauf kam der Kassierer fluchend mit Gabel und Teller zurück.

»Hier haste dein Porzellan, Mustaffa.«

Er sah den Likör und zog die Mundwinkel hoch.

»Kannste dich denn nicht daran gewöhnen, daß de nun in 'nem zivilisierten Land bist, wo man nich in anderer Leute Schubladen rumschnüffelt?«

Ich stellte die Flasche auf den Tisch.

»Mußt 'n ganz schöner Schlappschwanz sein. Hat mir deine Frau neulich geflüstert. Glaub mir, das liegt am Alkohol.«

Er glotzte mich dämlich an.

»Nimms nicht tragisch, ich war auch nicht so toll«, tröstete ich ihn, nahm Teller und Gabel und verließ das Kreditinstitut.

Die kleine Türkin saß in meinem Besucherstuhl und knabberte an einer Zigarette. Sie schrak hoch, als ich reinkam.

»Tut mir leid, hat ein bißchen länger gedauert. Wollen Sie nicht den Mantel ausziehen? Es ist heiß heute.«

Ich verteilte Kuchen und Kaffee und setzte mich ihr gegenüber hinter den Tisch.

»Na, dann wollen wir mal. Ich hoffe, Sie mögen Sachertorte?«

Ihre Ohrringe schlenkerten ein bißchen hin und her, vielleicht sollte es ›ja‹ bedeuten. Wir schlabberten eine Weile still vor uns hin. Dann fing sie endlich an zu erzählen. Ich zündete mir eine Zigarette an, lehnte mich zurück und hörte zu. Sie sprach etwas gebrochenes Deutsch und wiederholte sich manchmal. Es lief auf folgendes hinaus: Ihrem Mann, Ahmed Hamul, hatte man vor ein paar Tagen in der Nähe des Bahnhofs ein Messer in den Rücken gesteckt. Die den Fall bearbeitende Polizei tat – nach Meinung von Ilter Hamul, Ahmeds Frau, die mit mir Torte aß – nicht ihr Möglichstes, um den Mörder ihres Mannes ausfindig zu machen. Sie vermutete, daß ein toter Türke genauere Ermittlungen nicht wert sei.

Ihr Mann hatte ihr vor seinem Tod mit den Worten ›falls mir etwas passieren sollte‹ einen größeren Batzen Geld gegeben – woher, wußte sie nicht –, den sie nun mir überlassen wollte, damit ich mich aufmache, den Mörder zu finden. Sie hatte im Branchen-Telefonbuch unter Detekteien nachgesehen und mit Freude unter den ganzen Müllers einen türkischen Namen entdeckt. Nun war sie hier. Sie aß Torte und schaute mich fragend an.

»Aha«, bemerkte ich und überlegte, was sie unter einem größeren Batzen Geld verstehen könnte.

»Zweihundert Mark am Tag plus Spesen. Aber versprechen kann ich nichts.«

Sie kramte ihr Portemonnaie aus der Handtasche, zog einen Tausendmarkschein an die Luft und schob ihn zu mir rüber. Hell und schön lag der Haufen Nullen im Sonnenlicht. »Den Rest geben Sie mir wieder, wenn Sie den Mörder gefunden haben.«

Für meinen Geschmack etwas zuviel Vertrauen in meine Fähigkeiten.

»Leben Sie alleine?«

»Nein, ich wohne mit meiner Mutter, meinem Bruder und meiner Schwester zusammen. Außerdem habe ich drei kleine Kinder.«

»Geben Sie mir Ihre Adresse und versuchen Sie es einzurichten, daß heute nachmittag um drei Uhr alle zu Hause sind.«

»Ich weiß nicht, mein Bruder arbeitet, und ...«

»Hhm?«

»Sie wollten nicht, daß ich ...«

»Daß Sie zu mir gehen?«

»Hhm, ja. Sie haben gesagt, die Polizei würde den Mörder schon finden. Wir sollten abwarten.«

»Und warum sind Sie trotzdem gekommen?«

»Ich wußte in den letzten Jahren so wenig von Ahmed. Er war oft weg und erzählte nicht viel. Ich hatte die Kinder und alles. Ich muß einfach wissen, was wirklich passiert ist, verstehen Sie?«

»Wie lange waren Sie verheiratet?«

»Zehn Jahre. Ahmed kam neunzehnhunderteinundsiebzig allein nach Deutschland. Seine erste Frau ist in der Türkei bei einem Unfall gestorben. Meine Familie ist schon seit neunzehnhundertfünfundsechzig in Deutschland. Mein Vater lernte Ahmed neunzehnhundertzweiundsiebzig kennen und brachte ihn mit zu uns nach Hause. Ein Jahr später heirateten wir.«

»Wie alt waren Sie und Ihr Mann damals?«

»Ich sechsundzwanzig, Ahmed siebenunddreißig.«

»Wohnt Ihr Vater nicht bei Ihnen zuhause?«

»Nein. Er starb vor drei Jahren, bei einem Autounfall.«

Ich holte ein Stück Papier und schrieb manches von dem auf, was sie mir erzählt hatte.

»Sagen Sie mir bitte noch, wann Ihr Mann ermordet wurde, und wo man ihn fand.«

»Die Polizei meint, es ist letzten Freitagabend passiert.«

»Und wo?«

»In einem Hinterhof … in der Nähe vom Bahnhof.«

Sie senkte den Kopf und starrte aufs schwarze Linoleum.

»Die genaue Adresse wissen Sie nicht?«

»Nein. Ich weiß sie nicht … es war eines dieser Häuser.«

Die Ohrringe zitterten.

Obwohl ihr Mann erst vor kurzem tot in einem Bordell gefunden worden war, hatte sie sich bisher recht gut beherrschen können. Ich bekam Angst, sie würde das gleich nicht mehr so gut schaffen, und stand auf.

»Gut, das wärs dann erst mal. Geben Sie mir noch Ihre Adresse, ich werde um drei Uhr vorbeikommen.«

Sie gab sie mir. Wir verabschiedeten uns, und sie huschte hinaus.

Ich zündete mir eine Zigarette an und spielte eine Weile mit dem Tausendmarkschein, bis ich ihn mit einer Büroklammer unter die Schublade heftete. Die Straße hatte sich belebt. Autohupen und vereinzeltes Rufen drangen durchs Fenster. Mir war schlecht. ›Ausgerechnet beim Bahnhof‹, ging es mir durch den Kopf. Ich trottete zur Tür, ging hinaus und schloß ab.

*

Es war zwanzig nach eins. Mittagspause.

Ich mischte mich unter die verschwitzten, prallen Bürohemden, die in Dreier- und Vierergruppen aus den Hauseingängen strömten. Sie entschieden sich für ein Restaurant oder packten Brote und Kakaotüten aus, je nach Etage.

Ich kickte eine leere Bierdose an das vor mir her stolzierende Flanellbein.

»Na, hören Sie mal«, polterte der Fettkopf, während er seinen Körper herumschob, »passen Sie gefälligst auf!«

Ich lächelte ihn an.

»Ach so! Nix verstehen, he?«

Er schaute sich zu drei anderen um. Ihre Schweinsbakken verzerrten sich zu einem Grinsen.

»Hier Deutschland! Nix Türkei! Hier kommen Bier-

dosen in Mülleimer, und … ähm, türkisch Mann zu Müllabfuhr!«

Sie wieherten los. Die Pfannibäuche wabbelten.

Da mir nichts Passendes einfiel, verließ ich den Kreis und
ging zu dem nahegelegenen Gartenrestaurant. Ich bestellte
Kaffee und Scotch, dachte an Ahmed Hamul und meinen
Auftrag. Ich dachte an glückliche Nutten, bonbonlut-
schende Zuhälter und gutmütige Polizeibeamte.

Vor zwei Jahren hatte ich schon einmal im Bahnhofs-
viertel zu tun gehabt. Ein Metzger aus Südhessen wollte
seine achtzehnjährige Tochter finden. Eine Stunde blieb er
in meinem Büro, brüllte und winselte abwechselnd, bis ich
das Mädchen verstehen konnte.

Warum er sich ausgerechnet einen türkischen Detektiv
ausgesucht hatte, habe ich nie verstanden. Ich suchte die
Metzger-Tochter in allen zweifelhaften Absteigen, stöberte
rund um den Bahnhof, ließ mir zwei- oder dreimal das Gesicht zermatschen und wurde zuletzt, unter dem Verdacht,
mit Rauschgift zu handeln, von der Polizei festgenommen.
Nach vierundzwanzig Stunden ließen sie mich gehen. Ich
rief den Metzger an, gab den Auftrag zurück und legte
mich für eine Woche in mein Bett.

Ich bestellte noch einen Scotch, ohne Kaffee.

Ein betrunkener Affe konnte ihm aus reiner Lust das Ei-
sen in den Rücken gerammt haben. Vielleicht hatte er einer
Nutte die Hose geklaut oder mit zu markigen Sprüchen
um sich geworfen. Im schlimmsten Fall war Ahmed Hamul
einer der Heroin-Türken, die täglich von der Presse durch
den Fleischwolf gedreht werden.

Was wußte ich schon?

Ich wußte, daß sich ein Haufen Nullen unter meinem Schreibtisch tummelte.

An den Nebentischen stapelten sich Sauerkrautschüsseln, Bratwürste und Schnitzel. Münder zerrten an paniertem Fleisch, schmatzten und würgten, quetschten dazwischen Wörter in die heiße Luft, und Zungen leckten sich Fettreste von den Backen.

Ich mußte aufstoßen, und ein säuerliches Stückchen Sachertorte landete auf meiner Zunge. Als mir richtig schlecht war, zahlte ich und ging.

Die Adresse von Ilter Hamul lag hinter dem Bahnhof. Auch nicht die beste Gegend. Ich ließ meinen Heißluft-Kadett stehen und machte mich zu Fuß auf den Weg.

Das weiße Sonnenlicht brannte auf die Stadt, und der kahle Beton sah noch kahler aus. Die unbewegte Luft stank nach Abgasen, Müll und Hundescheiße. Unter den wenigen Bäumen dämmerten Rentner dem Abend entgegen. Kinder lutschten Eis und tollten über den Bürgersteig. Ich trottete durch die Innenstadt, blieb an mehreren Reisebüros stehen und genoß den Anblick von türkisem Meer, endlosen weißen Stränden, Palmen und glatten braunen Bacardi-Girls. Nur zweitausendvierhundertneunundneunzig Mark die Woche. Ich überlegte, wieviel Ahmed Hamuls noch ins Gras beißen müßten, damit ich sieben Tage Sandburgen bauen, Rum trinken und mir von Nesquick-Damen die Füße waschen lassen könnte.

JOSEPH ROTH

Stationschef Fallmerayer

I

Das merkwürdige Schicksal des österreichischen Stationschefs Adam Fallmerayer verdient, ohne Zweifel, aufgezeichnet und festgehalten zu werden. Er verlor sein Leben, das, nebenbei gesagt, niemals ein glänzendes – und vielleicht nicht einmal ein dauernd zufriedenes – geworden wäre, auf eine verblüffende Weise. Nach allem, was Menschen voneinander wissen können, wäre es unmöglich gewesen, Fallmerayer ein ungewöhnliches Geschick vorauszusagen. Dennoch erreichte es ihn, es ergriff ihn – und er selbst schien sich ihm sogar mit einer gewissen Wollust auszuliefern.

Seit 1908 war er Stationschef. Er heiratete, kurz nachdem er seinen Posten auf der Station L. an der Südbahn, kaum zwei Stunden von Wien entfernt, angetreten hatte, die brave und ein wenig beschränkte, nicht mehr ganz junge Tochter eines Kanzleirats aus Brünn. Es war eine »Liebesehe« – wie man es zu jener Zeit nannte, in der die sogenannten »Vernunft-Ehen« noch Sitte und Herkommen waren. Seine Eltern waren tot. Fallmerayer folgte, als er heiratete, immerhin einem sehr maßvollen Zuge seines maßvollen Herzens, keineswegs dem Diktat seiner Vernunft. Er zeugte zwei Kinder – Mädchen und Zwillinge. Er hatte einen Sohn erwartet. Es lag in seiner Natur begründet, einen Sohn zu erwarten und die gleichzeitige Ankunft zweier Mädchen als eine peinliche Überraschung, wenn nicht als eine Bosheit Gottes anzusehen. Da er aber materiell gesichert und pensionsberechtigt war, gewöhnte er sich, kaum waren drei Monate seit der Geburt verflossen, an die Freigebigkeit der Natur, und er begann, seine Kinder zu lieben. Zu lieben: das heißt: sie mit der überlieferten bürgerlichen Gewissenhaftigkeit eines Vaters und braven Beamten zu versorgen.

An einem Märztag des Jahres 1914 saß Adam Fallmerayer, wie gewöhnlich, in seinem Amtszimmer. Der Telegraphenapparat tickte unaufhörlich. Und draußen regnete es. Es war ein verfrühter Regen. Eine Woche vorher hatte man noch den Schnee von den Schienen schaufeln müssen, und die Züge waren mit erschrecklicher Verspätung angekommen und abgefahren. Eines Nachts auf einmal hatte der Regen angefangen. Der Schnee verschwand. Und gegenüber der kleinen Station, wo die unerreichbare, blendende Herrlichkeit des Alpenschnees die ewige Herrschaft des Winters versprochen zu haben schien, schwebte seit einigen Tagen ein unnennbarer, ein namenloser graublauer Dunst: Wolke, Himmel, Regen und Berge in einem.

Es regnete, und die Luft war lau. Niemals hatte der Stationschef Fallmerayer einen so frühen Frühling erlebt. An seiner winzigen Station pflegten die Expresszüge, die nach dem Süden fuhren, nach Meran, nach Triest, nach Italien, niemals zu halten. An Fallmerayer, der zweimal täglich, mit leuchtend roter Kappe grüßend, auf den Perron trat, rasten die Expresszüge hemmungslos vorbei; sie degradierten beinahe den Stationschef zu einem Bahnwärter. Die Gesichter der Passagiere an den großen Fenstern verschwammen zu einem grauweißen Brei. Der Stationschef Fallmerayer hatte selten das Angesicht eines Passagiers sehen können, der nach dem Süden fuhr. Und der »Süden« war für den Stationschef mehr als lediglich eine geographische Bezeichnung. Der »Süden« war das Meer, ein Meer aus Sonne, Freiheit und Glück.

Eine Freikarte für die ganze Familie in der Ferienzeit gehörte gewisslich zu den Rechten eines höheren Beamten der Südbahn. Als die Zwillinge drei Jahre alt gewesen waren, hatte man mit ihnen eine Reise nach Bozen gemacht. Man fuhr mit dem Personenzug eine Stunde bis zu der Station, in der die hochmütigen Expresszüge hielten, stieg ein, stieg aus – und war noch lange nicht im Süden. Vier Wochen dauerte der Urlaub. Man sah die reichen Menschen der ganzen Welt – und es war, als seien diejenigen, die man gerade sah, zufällig auch die reichsten. Einen Urlaub hatten sie nicht. Ihr ganzes Leben war ein einziger Urlaub. Soweit man sah – weit und breit –, hatten die reichsten Leute der Welt auch keine Zwillinge; besonders nicht Mädchen. Und überhaupt: die reichen Leute waren es erst, die den Süden nach dem Süden brachten. Ein Beamter der Südbahn lebte ständig mitten im Norden.

Man fuhr also zurück und begann seinen Dienst von neuem. Der Morseapparat tickte unaufhörlich. Und der Regen regnete.

Fallmerayer sah von seinem Schreibtisch auf. Es war fünf Uhr nachmittags. Obwohl die Sonne noch nicht untergegangen war, dämmerte es bereits, vom Regen kam es. Auf den gläsernen Vorsprung des Perrondachs trommelte der Regen ebenso unaufhörlich, wie der Telegraphenapparat zu ticken pflegte – und es war eine gemütliche, unaufhörliche Zwiesprache der Technik mit der Natur. Die großen, bläulichen Quadersteine unter dem Glasdach des Perrons waren trocken. Die Schienen aber – und zwischen den Schienenpaaren die winzigen Kieselsteine – funkelten trotz der Dunkelheit im nassen Zauber des Regens.

Obwohl der Stationschef Fallmerayer keine phantasiebegabte Natur war, schien es ihm dennoch, dass dieser Tag ein ganz besonderer Schicksalstag sei, und er begann, wie er so zum Fenster hinausblickte, wahrhaftig zu zittern. In sechsunddreißig Minuten erwartete er den Schnellzug nach Meran. In sechsunddreißig Minuten – so schien es Fallmerayer – würde die Nacht vollkommen sein – eine fürchterliche Nacht. Über seiner Kanzlei, im ersten Stock, tobten die Zwillinge wie gewöhnlich; er hörte ihre trippelnden, kindlichen und dennoch ein wenig brutalen Schritte. Er machte das Fenster auf. Es war nicht mehr kalt. Der Frühling kam über die Berge gezogen. Man hörte die Pfiffe rangierender Lokomotiven wie jeden Tag und die Rufe der Eisenbahnarbeiter und den dumpf scheppernden Anschlag der verkoppelten Waggons. Dennoch hatten heute die Lokomotiven einen besonderen Pfiff – so war es Fallmerayer. Er war ein ganz gewöhnlicher Mensch. Und nichts schien ihm sonderbarer, als dass er an diesem Tage in all den gewohnten, keineswegs überraschenden Geräuschen die unheimliche Stimme eines ungewöhnlichen Schicksals zu vernehmen glaubte. In der Tat aber ereignete sich an diesem

Tage die unheimliche Katastrophe, deren Folgen das Leben Adam Fallmerayers vollständig verändern sollten.

II

Der Expresszug hatte schon von B. aus eine geringe Verspätung angekündigt. Zwei Minuten bevor er auf der Station L. einlaufen sollte, stieß er infolge einer falsch gestellten Weiche auf einen wartenden Lastzug. Die Katastrophe war da.

Mit eilig ergriffener und völlig zweckloser Laterne, die irgendwo auf dem Bahnsteig gestanden hatte, lief der Stationschef Fallmerayer die Schienen entlang dem Schauplatz des Unglücks entgegen. Er hatte das Bedürfnis gefühlt, irgendeinen Gegenstand zu ergreifen. Es schien ihm unmöglich, mit leeren, gewissermaßen unbewaffneten Händen dem Unheil entgegenzurennen. Er rannte zehn Minuten, ohne Mantel, die ständigen Peitschenhiebe des Regens auf Nacken und Schultern.

Als er an der Unglücksstelle ankam, hatte man die Bergung der Toten, der Verwundeten, der Eingeklemmten bereits begonnen. Es fing an, heftiger noch zu dunkeln, so, als beeilte sich die Nacht selber, zum ersten Schrecken zurechtzukommen und ihn zu vergrößern. Die Feuerwehr aus dem Städtchen kam mit Fackeln, die mit Geprassel und Geknister dem Regen mühsam standhielten. Dreizehn Waggons lagen zertrümmert auf den Schienen. Den Lokomotivführer wie den Heizer – sie waren beide tot – hatte man bereits fortgeschafft. Eisenbahner und Feuerwehrmänner und Passagiere arbeiteten mit wahllos aufgelesenen Werkzeugen an den Trümmern. Die Verwundeten schrien jämmerlich, der Regen rauschte, die Fackelfeuer knisterten. Den Stationschef fröstelte im Regen. Seine Zähne klapperten. Er hatte die Empfindung, dass er etwas tun müsse wie die andern, und gleichzeitig Angst, man würde es ihm verwehren zu helfen, weil er selbst das Unheil verschuldet haben könnte. Dem und jenem unter den Eisenbahnern, die ihn erkannten und im Eifer der Arbeit flüchtig grüßten, versuchte Fallmerayer mit tonloser Stimme irgendetwas zu sagen, was ebenso gut ein Befehl wie eine Bitte um Verzeihung hätte sein können. Aber niemand hörte ihn. So überflüssig in der Welt war er sich noch niemals vorgekommen. Und schon begann er zu beklagen, dass er sich nicht selbst unter den Opfern befinde, als sein ziellos umherirrender Blick auf eine Frau fiel, die man soeben auf eine Tragbahre gelegt hatte. Da lag sie nun, von den Helfern verlassen, von denen sie gerettet worden war, die großen, dunklen Augen auf die Fackeln in ihrer nächsten Nähe gerichtet, mit einem silbergrauen Pelz bis zu den Hüften zugedeckt und offenbar nicht imstande, sich zu rühren. Auf ihr großes, blasses und breites Angesicht fiel der unermüdliche Regen, und das schwankende Feuer der Fackeln zuckte darüber hin. Das Angesicht selbst leuchtete, ein nasses, silbernes Angesicht, im zauberhaften Wechsel von Flamme und Schatten. Die langen, weißen Hände lagen über dem Pelz, regungslos auch sie, zwei wunderbare Leichen. Es schien dem Stationsvorsteher, dass diese Frau auf der Bahre auf einer großen, weißen Insel aus Stille ruhe, mitten in einem betäubenden Meer von Lärm und Geräusch, und dass sie sogar

Stille verbreite. In der Tat war es, als ob all die hurtigen und geschäftigen Menschen einen Bogen um die Bahre machen wollten, auf der die Frau ruhte. War sie schon gestorben? Brauchte man sich nicht mehr um sie zu kümmern? Der Stationschef Fallmerayer näherte sich langsam der Bahre.

Die Frau lebte noch. Unverletzt war sie geblieben. Als Fallmerayer sich zu ihr niederbeugte, sagte sie, ohne seine Frage abzuwarten – ja sogar wie in einer gewissen Angst vor seinen Fragen –, ihr fehle nichts, sie glaube, sie könne aufstehn. Sie habe höchstens lediglich den Verlust ihres Gepäcks zu beklagen. Sie könne sich bestimmt erheben. Und sie machte sofort Anstalten aufzustehn. Fallmerayer half ihr. Er nahm den Pelz mit der Linken, umfasste die Schulter der Frau mit der Rechten, wartete, bis sie sich erhob, legte den Pelz um ihre Schultern, hierauf den Arm um den Pelz, und so gingen sie beide, ohne ein Wort, ein paar Schritte über Schienen und Geröll in das nahe Häuschen eines Weichenwärters, die wenigen Stufen hinauf, in die trockene, lichtvolle Wärme.

»Hier bleiben Sie ein paar Minuten ruhig sitzen«, sagte Fallmerayer. »Ich habe draußen zu tun. Ich komme gleich wieder.«

Im selben Augenblick wusste er, dass er log, und er log wahrscheinlich zum ersten Mal in seinem Leben. Dennoch war ihm die Lüge selbstverständlich. Und obwohl er in dieser Stunde nichts sehnlicher gewünscht hätte, als bei der Frau zu bleiben, wäre es ihm doch fürchterlich gewesen, in ihren Augen als ein Nutzloser zu erscheinen, der nichts anderes zu tun hatte, während draußen tausend Hände halfen und retteten. Er begab sich also eilig hinaus – und fand, zu seinem eigenen Erstaunen, jetzt den Mut und die Kraft, zu helfen, zu retten, hier einen Befehl zu erteilen und dort einen Rat, und obwohl er die ganze Zeit, während er half, rettete und schaffte, an die Frau im Häuschen denken musste und obwohl die Vorstellung, er könnte sie später nicht wiedersehn, grausam war und grauenhaft, blieb er dennoch tätig auf dem Schauplatz der Katastrophe, aus Angst, er könnte viel zu früh zurückkehren und also seine Nutzlosigkeit vor der Fremden beweisen. Und als verfolgten ihn ihre Blicke und feuerten ihn an, gewann er sehr schnell Vertrauen zu seinem Wort und zu seiner Vernunft, und er erwies sich als flinker, kluger und mutiger Helfer.

Also arbeitete er zwei Stunden etwa, ständig denkend an die wartende Fremde. Nachdem Arzt und Sanitäter den Verletzten die notwendige Hilfe geleistet hatten, machte sich Fallmerayer daran, in das Häuschen des Weichenstellers zurückzukehren. Dem Doktor, den er kannte, sagte er hastig, drüben sei noch ein Opfer der Katastrophe. Nicht ganz ohne Selbstbewusstsein betrachtete er seine zerschürften Hände und seine beschmutzte Uniform. Er führte den Arzt in die Stube des Weichenwärters und begrüßte die Fremde, die sich nicht von ihrem Platz gerührt zu haben schien, mit dem fröhlich-selbstverständlichen Lächeln, mit dem man längst Vertrauten wiederzubegegnen pflegt.

»Untersuchen Sie die Dame!«, sagte er zum Arzt. Und er selbst wandte sich zur Tür.

Er wartete ein paar Minuten draußen. Der Arzt kam und sagte: »Ein kleiner Schock, nichts weiter. Am besten, sie bleibt hier. Haben Sie Platz in Ihrer Wohnung?«

»Gewiss, gewiss!«, antwortete Fallmerayer. Und gemeinsam führten sie die Fremde in die Station, die Treppe hinauf, in die Wohnung des Stationschefs.

»In drei, vier Tagen ist sie völlig gesund«, sagte der Arzt.

In diesem Augenblick wünschte Fallmerayer, es möchten viel mehr Tage vergehen.

III

Der Fremden überließ Fallmerayer sein Zimmer und sein Bett. Die Frau des Stationsvorstehers handelte geschäftig zwischen der Kranken und den Kindern. Zweimal täglich kam Fallmerayer selbst. Die Zwillinge wurden zu strenger Ruhe angehalten.

Einen Tag später waren die Spuren des Unglücks beseitigt, die übliche Untersuchung eingeleitet, Fallmerayer vernommen, der schuldige Weichensteller vom Dienst entfernt. Zweimal täglich rasten die Expresszüge wie bisher am grüßenden Stationschef vorbei.

Am Abend nach der Katastrophe erfuhr Fallmerayer den Namen der Fremden: es war eine Gräfin Walewska, Russin, aus der Umgebung von Kiew, auf der Fahrt von Wien nach Meran begriffen. Ein Teil ihres Gepäcks fand sich und wurde ihr zugestellt: braune und schwarze lederne Koffer. Sie rochen nach Juchten und unbekanntem Parfüm. So roch es nun in der ganzen Wohnung Fallmerayers.

Er schlief jetzt – da man sein Bett der Fremden gegeben hatte – nicht in seinem Schlafzimmer, neben Frau Fallmerayer, sondern unten, in seinem Dienstzimmer. Das heißt: er schlief überhaupt nicht. Er lag wach. Am Morgen gegen neun Uhr betrat er das Zimmer, in dem die fremde Frau lag. Er fragte, ob sie gut geschlafen und gefrühstückt habe, ob sie sich wohl fühle. Ging mit frischen Veilchen zu der Vase auf der Konsole, wo die alten gestern gestanden hatten, entfernte die alten Blumen, setzte die neuen in frisches Wasser und blieb dann am Fußende des Bettes stehen. Vor ihm lag die fremde Frau, auf seinem Kissen, unter seiner Decke. Er murmelte etwas Undeutliches. Mit großen, dunklen Augen, einem weißen, starken Angesicht, das weit war wie eine fremde und süße Landschaft, auf den Kissen, unter der Decke des Stationsvorstehers, lag die fremde Frau. »Setzen Sie sich doch«, sagte sie, jeden Tag zweimal. Sie sprach das harte und fremde Deutsch einer Russin, eine tiefe, fremde Stimme. Alle Pracht der Weite und des Unbekannten war in ihrer Kehle.

Fallmerayer setzte sich nicht. »Entschuldigen schon, ich hab' viel zu tun«, sagte er, machte kehrt und entfernte sich.

Sechs Tage ging es so. Am siebenten riet der Doktor der Fremden weiterzufahren. Ihr Mann erwartete sie in Meran. Sie fuhr also und hinterließ in allen Zimmern und besonders im Bett Fallmerayers einen unauslöschbaren Duft von Juchten und einem namenlosen Parfüm.

IV

Dieser merkwürdige Duft blieb im Hause, im Gedächtnis, ja, man könnte sagen, im Herzen Fallmerayers viel länger haften als die Katastrophe. Und während der folgenden Wochen, in denen die langwierigen Untersuchungen über genauere Ursachen und detaillierteren Hergang des Unglücks ihren vorschriftsmäßigen Verlauf nahmen und Fallmerayer ein paarmal einvernommen wurde, hörte er nicht auf, an die fremde Frau zu denken, und wie betäubt von dem Geruch, den sie rings um ihn und in ihm hinterlassen hatte, gab er beinahe verworrene Auskünfte auf präzise Fragen. Wäre sein Dienst nicht verhältnismäßig einfach gewesen und er seit Jahren nicht bereits selbst zu einem fast mechanischen Bestandteil des Dienstes geworden, er hätte ihn nicht mehr guten Gewissens versehen können. Im Stillen hoffte er von einer Post zur andern auf eine Nachricht der Fremden. Er zweifelte nicht daran, dass sie noch einmal schreiben würde, wie es sich schickte, um für die Gastfreundschaft zu danken. Und eines Tages traf wirklich ein großer, dunkelblauer Brief aus Italien ein. Die Walewska schrieb, dass sie mit ihrem Mann weiter südwärts gefahren sei. Augenblicklich befände sie sich in Rom. Nach Sizilien wollten sie und ihr Mann fahren. Für die Zwillinge Fallmerayers kam einen Tag später ein niedlicher Korb mit Früchten und vom Mann der Gräfin Walewska für die Frau des Stationschefs ein Paket sehr zarter und duftender blasser Rosen. Es hätte lange gedauert, schrieb die Gräfin, ehe sie Zeit gefunden habe, ihren gütigen Wirten zu danken, aber sie sei auch eine längere Zeit nach ihrer Ankunft in Meran erschüttert und der Erholung bedürftig gewesen. Die Früchte und die Blumen brachte Fallmerayer sofort in seine Wohnung. Den Brief aber, obwohl er einen Tag früher gekommen war, behielt der Stationschef noch etwas länger. Sehr stark dufteten Früchte und Rosen aus dem Süden, aber Fallmerayer war es, als röche der Brief der

Gräfin noch kräftiger. Es war ein kurzer Brief. Fallmerayer kannte ihn auswendig. Er wusste genau, welche Stelle jedes Wort einnahm. Mit lila Tinte, in großen, fliegenden Zügen geschrieben, nahmen sich die Buchstaben aus wie eine schöne Schar fremder, seltsam gefiederter, schlanker Vögel, dahinschwebend auf tiefblauem Himmelsgrund. »Anja Walewska« lautete die Unterschrift. Auf den Vornamen der Fremden, nach dem er sie zu fragen niemals gewagt hatte, war er längst begierig gewesen, als wäre ihr Vorname einer ihrer verborgenen körperlichen Reize. Nun, da er ihn kannte, war es ihm eine Weile, als hätte sie ihm ein süßes Geheimnis geschenkt. Und aus Eifersucht, um es für sich allein zu bewahren, entschloss er sich, erst zwei Tage später den Brief seiner Frau zu zeigen. Seitdem er den Vornamen der Walewska wusste, kam es ihm zum Bewusstsein, dass der seiner Frau – sie hieß Klara – nicht schön war. Als er nun sah, mit welch gleichgültigen Händen Frau Klara den Brief der Fremden entfaltete, kamen ihm auch die fremden Hände der Schreiberin in Erinnerung – so, wie er sie zum ersten Mal erblickt hatte, über dem Pelz, regungslose Hände, zwei schimmernde, silberne Hände. Damals hätte ich sie küssen sollen – dachte er einen Augenblick. »Ein sehr netter Brief«, sagte seine Frau und legte den Brief weg. Ihre Augen waren stahlblau und pflichtbewusst, nicht einmal bekümmert. Frau Klara Fallmerayer besaß die Fähigkeit, sogar Sorgen als Pflichten zu werten und im Kummer eine Genugtuung zu finden. Das glaubte Fallmerayer – dem derlei Überlegungen oder Einfälle immer fremd gewesen waren – auf einmal zu erkennen. Und er schützte heute Nacht eine dringende dienstliche Obliegenheit vor, mied das gemeinsame Zimmer und legte sich unten im Dienstraum schlafen und versuchte sich einzureden, oben, über ihm, in seinem Bett, schliefe noch immer die Fremde.

Die Tage vergingen, die Monate. Aus Sizilien flogen noch zwei bunte Ansichtskarten heran, mit flüchtigen Grüßen.

Der Sommer kam, ein heißer Sommer. Als die Zeit des Urlaubs herannahte, beschloss Fallmerayer, nirgends hinzufahren. Frau und Kinder schickte er in eine Sommerfrische nach Österreich. Er blieb und versah seinen Dienst weiter. Zum ersten Mal seit seiner Verheiratung war er von seiner Frau getrennt. Im Stillen hatte er sich zu viel von dieser Einsamkeit versprochen. Erst als er allein geblieben war, begann er zu merken, dass er keineswegs allein hatte sein wollen. Er kramte in allen Fächern; er suchte nach dem Brief der fremden Frau. Aber er fand ihn nicht mehr. Frau Fallmerayer hatte ihn vielleicht längst vernichtet.

Frau und Kinder kamen zurück, der Juli ging zu Ende.

Da war die allgemeine Mobilisierung da.

V

Fallmerayer war Fähnrich in der Reserve im Einundzwanzigsten Jägerbataillon. Da er einen verhältnismäßig wichtigen Posten versah, wäre es ihm, wie mehreren seiner Kollegen, möglich gewesen, noch eine Weile im Hinterland zu bleiben. Allein Fallmerayer legte seine Uniform an, packte seinen Koffer, umarmte seine Kinder, küsste seine Frau und fuhr zu seinem Kader. Dem Bahnassistenten übergab er den Dienst. Frau Fallmerayer weinte, die Zwillinge jubelten, weil sie ihren Vater in einer ungewohnten Kleidung sahen. Frau Fallmerayer verfehlte nicht, stolz auf ihren Mann zu sein – aber erst in der Stunde der Abfahrt. Sie unterdrückte die Tränen. Ihre blauen Augen waren erfüllt von bitterem Pflichtbewusstsein.

Was den Stationschef selbst betraf, so empfand er erst, als er mit einigen Kameraden in einem Abteil geblieben war, die grausame Entschiedenheit dieser Stunden. Dennoch glaubte er zu fühlen, dass er sich durch eine ganz unbestimmte Heiterkeit von all den in seinem Abteil anwesenden Offizieren unterschied. Es waren Reserveoffiziere. Jeder von ihnen hatte ein geliebtes Haus verlassen. Und jeder von ihnen war in dieser Stunde begeisterter Soldat. Jeder zugleich auch ein trostloser Vater, ein trostloser Sohn. Fallmerayer allein schien es, dass ihn der Krieg aus einer aussichtslosen Lage befreit hatte. Seine Zwillinge kamen ihm gewiss bedauernswert vor. Auch seine Frau. Gewiss, auch seine Frau. Während aber die Kameraden, begannen sie von der Heimat zu sprechen, alle zärtliche Herzlichkeit, deren sie fähig sein mochten, in Mienen und Gebärden offenbarten, war es Fallmerayer, als müsste er, um es ihnen gleichzutun, sobald er von den Seinen zu erzählen begann, wenn auch keine lügnerische, so doch eine übertriebene Bangigkeit in Blick und Stimme legen. Und eigentlich hatte er eher Lust, mit den Kameraden von der Gräfin Walewska zu sprechen als von seinem Haus. Er zwang sich zu schweigen. Und es kam ihm vor, dass er doppelt log: einmal, weil er verschwieg, was ihn im Innersten bewegte, und zweitens, weil er hie und da von seiner Frau und seinen Kindern erzählte – von denen er in dieser Stunde viel weiter entfernt war als von der Gräfin Walewska, der Frau eines feindlichen Landes. Er begann, sich ein wenig zu verachten.

VI

Er rückte ein. Er ging ins Feld. Er kämpfte. Er war ein tapferer Soldat. Er schrieb die üblichen herzlichen Feldpostbriefe nach Haus. Er wurde ausgezeichnet, zum Leutnant ernannt. Er wurde verwundet. Er kam ins Lazarett. Er hatte Anspruch auf Urlaub. Er verzichtete und ging wieder ins Feld. Er kämpfte im Osten. In freien Stunden, zwischen Gefecht, Inspizierung, Sturmangriff, begann er, aus zufällig gefundenen Büchern Russisch zu lernen. Beinahe mit Wollust. Mitten im Gestank des Gases, im Geruch des Bluts, im Regen, im Sumpf, im Schlamm, im Schweiß der Lebendigen, im Dunst der faulenden Kadaver verfolgte Fallmerayer der fremde Duft von Juchten und das namenlose Parfüm der Frau, die einmal in seinem Bett, auf seinem Kissen, unter seiner Decke gelegen hatte. Er lernte die Muttersprache dieser Frau und stellte sich vor, er spräche mit ihr, in ihrer Sprache. Zärtlichkeiten lernte er, Verschwiegenheiten, kostbare russische Zärtlichkeiten. Er sprach mit ihr. Durch einen ganzen großen Weltkrieg war er von ihr getrennt, und er sprach mit ihr. Mit kriegsgefangenen Russen unterhielt er sich. Mit hundertfach geschärftem Ohr vernahm er die zartesten Tönungen, und mit geläufiger Zunge sprach er sie nach. Mit jedem neuen Klang der fremden Sprache, den er lernte, kam er der fremden Frau näher. Nichts mehr wusste er von ihr, als was er zuletzt von ihr gesehn hatte: flüchti-

gen Gruß und flüchtige Unterschrift auf einer banalen An-
sichtskarte. Aber für ihn lebte sie; auf ihn wartete sie; bald
sollte er mit ihr sprechen.

Er kam, weil er Russisch konnte, als sein Bataillon an die
Südfront abkommandiert wurde, zu einem der Regimen-
ter, die eine kurze Zeit später in die sogenannte Okkupa-
tionsarmee eingereiht wurden. Fallmerayer wurde zuerst
als Dolmetsch zum Divisionskommando versetzt, hierauf
zur »Kundschafter- und Nachrichtenstelle«. Er gelangte
schließlich in die Nähe von Kiew.

VII

Den Namen Solowienki hatte er wohl behalten. Mehr als
behalten: vertraut und heimisch war ihm dieser Name geworden.

Ein Leichtes war es, den Namen des Gutes herauszufinden, das der Familie Walewski gehörte. Solowki hieß es und
lag drei Werst südlich von Kiew. Fallmerayer geriet in süße,
beklemmende und schmerzliche Erregung. Er hatte das
Gefühl einer unendlichen Dankbarkeit gegen das Schicksal, das ihn in den Krieg und hierher geführt hatte, und
zugleich eine namenlose Angst vor allem, was es ihm jetzt
erst zu bereiten begann. Krieg, Sturmangriff, Verwundung,
Todesnähe: es waren ganz blasse Ereignisse, verglichen mit
jenem, das ihm nun bevorstand. Lediglich eine – wer weiß:
vielleicht unzulängliche – Vorbereitung für die Begegnung
mit der Frau war alles gewesen. War er wirklich für alle
Fälle gerüstet? War sie überhaupt in ihrem Hause? Hatte sie

nicht der Einmarsch der feindlichen Armee in gesichertere Gegenden getrieben? Und wenn sie zu Hause lebte, war ihr Mann mit ihr? Man musste auf alle Fälle hingehn und sehn.

Fallmerayer ließ einspannen und fuhr los.

Es war ein ziemlich früher Morgen im Mai. Man fuhr im leichten, zweirädrigen Wägelchen an blühenden Wiesen vorbei, auf gewundener, sandiger Landstraße, durch eine fast unbewohnte Gegend. Soldaten marschierten klappernd und rasselnd dahin, zu den üblichen Exerzierübungen. Im lichten und hohen blauen Gewölbe des Himmels verborgen trillerten die Lerchen. Dichte, dunkle Flecken kleiner Tannenwäldchen wechselten ab mit dem hellen, fröhlichen Silber der Birken. Und der Morgenwind brachte aus weiter Ferne abgebrochenen Gesang der Soldaten aus entlegenen Baracken. Fallmerayer dachte an seine Kindheit, an die Natur seiner Heimat. Nicht weit von der Station, an der er bis zum Kriege Dienst getan hatte, war er geboren worden und aufgewachsen. Auch sein Vater war Bahnbeamter gewesen, niederer Bahnbeamter, Magazineur. Die ganze Kindheit Fallmerayers war, wie sein späteres Leben, erfüllt gewesen von den Geräuschen und Gerüchen der Eisenbahn wie von denen der Natur. Die Lokomotiven pfiffen und hielten Zwiesprache mit dem Jubel der Vögel. Der schwere Dunst der Steinkohle lagerte über dem Duft der blühenden Felder. Der graue Rauch der Bahnen verschwamm mit dem blauen Gewölk über den Bergen zu einem einzigen Nebel aus süßer Wehmut und Sehnsucht. Wie anders war diese Welt hier, heiter und traurig in einem, keine heimliche Güte mehr auf mildem, sanftem Abhang, spärlicher Flieder hier, keine vollen Dolden mehr hinter sauber gestrichenen

Zäunen. Niedere Hütten mit breiten, tiefen Dächern aus Stroh, wie Kapuzen, winzige Dörfer, verloren in der Weite und sogar in dieser übersichtlichen Fläche noch gleichsam verborgen. Wie verschieden waren die Länder! Waren es auch die menschlichen Herzen? Wird sie mich auch begreifen? – fragte sich Fallmerayer. Wird sie mich auch begreifen? – Und je näher er dem Gute der Walewskis kam, desto heftiger loderte die Frage in seinem Herzen. Je näher er kam, desto sicherer schien es ihm auch, dass die Frau zu Hause war. Bald zweifelte er gar nicht mehr daran, dass ihn noch Minuten nur von ihr trennten. Ja, sie war zu Hause.

Gleich am Anfang der schütteren Birkenallee, die den sachten Aufstieg zum Herrenhaus ankündigte, sprang Fallmerayer aus dem Wagen. Zu Fuß legte er den Weg zurück, damit es noch ein wenig länger dauere. Ein alter Gärtner fragte nach seinen Wünschen. Er möchte die Gräfin sehen, sagte Fallmerayer. Er wolle es ausrichten, meinte der Mann, entfernte sich langsam und kam bald wieder. Ja, die Frau Gräfin war da und erwartete den Besuch.

Die Walewska erkannte Fallmerayer selbstverständlich nicht. Sie hielt ihn für einen der vielen militärischen Besucher, die sie in der letzten Zeit hatte empfangen müssen. Sie bat ihn, sich zu setzen. Ihre Stimme, tief, dunkel, fremd, erschreckte ihn und war ihm wohlvertraut zugleich, ein heimischer Schauder, ein wohlbekannter, liebevoll begrüßter, seit undenklichen Jahren sehnsüchtig erwarteter Schrecken. »Ich heiße Fallmerayer!«, sagte der Offizier. – Sie hatte natürlich den Namen vergessen. »Sie erinnern sich«, begann er wieder, »ich bin der Stationschef von L.« Sie trat näher zu ihm, fasste seine Hände, er roch ihn wieder, den Duft, der ihn undenkliche Jahre verfolgt, umgeben, gehegt, geschmerzt und getröstet hatte. Ihre Hände lagen einen Augenblick auf den seinen. »Oh, erzählen Sie, erzählen Sie!«, rief die Walewska. Er erzählte kurz, wie es ihm ging. »Und Ihre Frau, Ihre Kinder?«, fragte die Gräfin. »Ich habe sie nicht mehr gesehen!«, sagte Fallmerayer. »Ich habe nie Urlaub genommen.«

Hierauf entstand eine kleine Stille. Sie sahen sich an. In dem breiten und niederen, weiß getünchten und fast kahlen Zimmer lag die Sonne des jungen Vormittags golden und satt. Fliegen summten an den Fenstern. Fallmerayer sah still auf das breite, weiße Angesicht der Gräfin. Vielleicht verstand sie ihn. Sie erhob sich, um eine Gardine vor das mittlere der drei Fenster zu ziehen. »Zu hell?«, fragte sie. »Lieber dunkel!«, antwortete Fallmerayer. Sie kam an das Tischchen zurück, rührte ein Glöckchen, der alte Diener kam; sie bestellte Tee. Die Stille zwischen ihnen wich nicht: sie wuchs im Gegenteil, bis man den Tee brachte. Fallmerayer rauchte. Während sie ihm den Tee einschenkte, fragte er plötzlich: »Und wo ist Ihr Mann?«

Sie wartete, bis sie die Tasse gefüllt hatte, als müsste sie erst eine sehr vorsorgliche Antwort überlegen. »An der Front natürlich!«, sagte sie dann. »Ich höre seit drei Monaten nichts mehr von ihm. Wir können ja jetzt nicht korrespondieren!« – »Sind Sie sehr in Sorge?«, fragte Fallmerayer. »Gewiss«, erwiderte sie, »nicht weniger als Ihre Frau um Sie wahrscheinlich.« – »Verzeihen Sie, Sie haben recht, ich war recht dumm«, sagte Fallmerayer. Er blickte auf die Teetasse.

Sie hätte sich geweigert, erzählte die Gräfin weiter, das

Haus zu verlassen. Andere seien geflohen. Sie fliehe nicht, vor ihren Bauern nicht und auch nicht vor dem Feind. Sie lebe hier mit vier Dienstboten, zwei Reitpferden und einem Hund. Geld und Schmuck habe sie vergraben. Sie suchte lange nach einem Wort, sie wusste nicht, wie man »vergraben« auf Deutsch sagte, und zeigte auf die Erde. Fallmerayer sagte das russische Wort. »Sie können Russisch?«, fragte sie. »Ja«, sagte er, »ich habe es gelernt, im Felde gelernt.« Und auf Russisch fügte er hinzu: »Ihretwegen, für Sie, um einmal mit Ihnen sprechen zu können, habe ich Russisch gelernt.«

Sie bestätigte ihm, dass er vorzüglich spreche, so, als hätte er seinen inhaltsschweren Satz nur gesprochen, um seine sprachlichen Fähigkeiten zu beweisen. Auf diese Weise verwandelte sie sein Geständnis in eine bedeutungslose Stilübung. Aber gerade diese ihre Antwort bewies ihm, dass sie ihn gut verstanden habe.

Nun will ich gehen, dachte er. Er stand auch sofort auf. Und ohne ihre Einladung abzuwarten und wohl wissend, dass sie seine Unhöflichkeit richtig deuten würde, sagte er: »Ich komme in der nächsten Zeit wieder!« – Sie antwortete nicht. Er küsste ihre Hand und ging.

VIII

Er ging – und zweifelte nicht mehr daran, dass sein Geschick anfing, sich zu erfüllen. Es ist ein Gesetz, sagte er sich. Es ist unmöglich, dass ein Mensch einem andern so unwiderstehlich entgegengetrieben wird und dass der andere zugeschlossen bleibt. Sie fühlt, was ich fühle. Wenn sie mich noch nicht liebt, so wird sie mich bald lieben.

Mit der gewohnten sicheren Solidität des Beamten und Offiziers erledigte Fallmerayer seine Obliegenheiten. Er beschloss, vorläufig zwei Wochen Urlaub zu nehmen, zum ersten Mal, seitdem er eingerückt war. Seine Ernennung zum Oberleutnant musste in einigen Tagen erfolgen. Diese wollte er noch abwarten.

Zwei Tage später fuhr er noch einmal nach Solowki. Man sagte ihm, die Gräfin Walewska sei nicht zu Hause und würde vor Mittag nicht erwartet. »Nun«, sagte er, »so werde ich im Garten so lange bleiben.« Und da man nicht wagte, ihn hinauszuweisen, ließ man ihn in den Garten hinter dem Hause. Er sah zu den zwei Reihen der Fenster hinauf. Er vermutete, dass die Gräfin zu Hause war und sich verleugnen ließ. In der Tat glaubte er, bald hinter diesem, bald hinter jenem Fenster den Schimmer eines hellen Kleides zu sehen. Er wartete geduldig und geradezu gelassen.

Als es zwölf Uhr vom nahen Kirchturm schlug, ging er wieder ins Haus. Frau Walewska war da. Sie kam gerade die Treppe herunter, in einem schwarzen, engen und hochgeschlossenen Kleid, eine dünne Schnur kleiner Perlen um den Kragen und ein silbernes Armband um die enge linke Manschette. Es schien Fallmerayer, dass sie sich seinetwegen gepanzert hatte – und es war, als ob das Feuer, das ewig in seinem Herzen für sie brannte, noch ein neues, ein besonderes, kleines Feuerchen geboren habe. Neue Lichter zündete die Liebe an. Fallmerayer lächelte. »Ich habe lange warten müssen«, sagte er, »aber ich habe gern gewartet, wie Sie wissen. Ich habe hinten im Garten zu den Fenstern hinaufgeschaut und habe mir eingebildet, dass ich das Glück habe, Sie zu sehn. So ist mir die Zeit vergangen.«

Ob er essen wolle, fragte die Gräfin, da es gerade Zeit sei. Gewiss, sagte er, er habe Hunger. Aber von den drei Gängen, die man dann servierte, nahm er nur die lächerlichsten Brocken.

Die Gräfin erzählte vom Ausbruch des Krieges. Wie sie in höchster Eile aus Kairo nach Hause heimgekehrt seien. Vom Garderegiment ihres Mannes. Von dessen Kameraden. Von ihrer Jugend hierauf. Von Vater und Mutter. Von der Kindheit dann. Es war, als suchte sie sehr krampfhaft nach Geschichten und als wäre sie sogar bereit, etwelche zu erfinden – alles nur, um den ohnehin schweigsamen Fallmerayer nicht sprechen zu lassen. Er strich seinen kleinen, blonden Schnurrbart und schien genau zuzuhören. Er aber hörte viel stärker auf den Duft, den die Frau ausströmte, als auf die Reden, die sie führte. Seine Poren lauschten. Und, im Übrigen: auch ihre Worte dufteten, ihre Sprache. Alles, was sie erzählen konnte, erriet er ohnedies. Nichts von ihr konnte ihm verborgen bleiben. Was konnte sie ihm verbergen? Ihr strenges Kleid schützte ihren Körper keineswegs vor seinem wissenden Blick. Er fühlte die Sehnsucht seiner Hände nach ihr, das Heimweh seiner Hände nach der Frau. Als sie aufstanden, sagte er, dass er noch zu bleiben gedenke, Urlaub habe er heute, einen viel längeren Urlaub nehme er in einigen Tagen, sobald er Oberleutnant geworden sei. Wohin er fahren wolle?, fragte die Gräfin. »Nirgendwohin!«, sagte Fallmerayer. »Bei Ihnen will ich bleiben!« Sie lud ihn ein zu bleiben, solange er wolle – heute und später. Jetzt müsse sie ihn allein lassen und sich im Hause ein wenig umsehen. Wolle er kommen – es gäbe Zimmer genug im Hause – und so viele, dass sie es nicht nötig hätten, einander zu stören. Er verabschiedete sich. Da sie nicht mit ihm bleiben könne, sagte er, zöge er es vor, in die Stadt zurückzukehren.

Als er in den Wagen stieg, wartete sie auf der Schwelle, im strengen, schwarzen Kleid, mit ihrem weiten, hellen Antlitz darüber – und während er die Peitsche ergriff, hob sie sachte die Hand zu einem halben, gleichsam angestrengt gezügelten Gruß.

IX

Ungefähr eine Woche nach diesem Besuch erhielt der neu-ernannte Oberleutnant Adam Fallmerayer seinen Urlaub. Allen Kameraden sagte er, er wolle nach Hause fahren. Indessen begab er sich in das Herrenhaus der Walewski, bezog ein Zimmer im Parterre, das man für ihn vorbereitet hatte, aß jeden Tag mit der Frau des Hauses, sprach mit ihr über dies und jenes, Gleichgültiges und Fernes, erzählte von der Front und gab nie Acht auf den Inhalt seiner Rede, ließ sich erzählen und hörte nicht zu. In der Nacht schlief er nicht, schlief er ebenso wenig wie vor Jahren daheim im Stationsgebäude, während der sechs Tage, an denen die Gräfin über ihm, in seinem Zimmer, genächtigt hatte. Auch heute ahnte er sie in den Nächten über sich, über seinem Haupt, über seinem Herzen.

Eines Nachts, es war schwül, ein linder, guter Regen fiel, erhob sich Fallmerayer, kleidete sich an und trat vor das Haus. Im geräumigen Treppenhaus brannte eine gelbe Petroleumlaterne. Still war das Haus, still war die Nacht, still war der Regen, er fiel wie auf zarten Sand, und sein eintöniges Singen war der Gesang der nächtlichen Stille selbst. Auf einmal knarrte die Treppe. Fallmerayer hörte es, obwohl er sich vor dem Tor befand. Er sah sich um. Er hatte das schwere Tor offen gelassen. Und er sah die Gräfin Walewska die Treppen hinuntersteigen. Sie war vollkommen angezogen, wie bei Tag. Er verneigte sich, ohne ein Wort zu sagen. Sie kam nahe zu ihm heran. So blieben sie, stumm, ein paar Sekunden. Fallmerayer hörte sein Herz klopfen. Auch war ihm, als klopfte das Herz der Frau so laut wie das seine – und im gleichen Takt mit diesem. Schwül schien auf einmal die Luft geworden zu sein, kein Zug kam durch das offene Tor. Fallmerayer sagte: »Gehen wir durch den Regen, ich hole Ihnen den Mantel!« Und ohne eine Zustimmung abzuwarten, stürzte er in sein Zimmer, kam mit dem Mantel zurück, legte ihn der Frau um die Schultern, wie er ihr einmal den Pelz umgelegt hatte, damals, an dem unvergesslichen Abend der Katastrophe, und hierauf den Arm um den Mantel. Und so gingen sie in die Nacht und in den Regen.

Sie gingen die Allee entlang, trotz der nassen Finsternis leuchteten silbern die dünnen, schütteren Stämme, wie von einem im Innern entzündeten Licht. Und als erweckte dieser silberne Glanz der zärtlichsten Bäume der Welt Zärtlichkeit im Herzen Fallmerayers, drückte er seinen Arm fester um die Schulter der Frau, spürte durch den harten, durchnässten Stoff des Mantels die nachgiebige Güte des Körpers, für eine Weile schien es ihm, dass sich ihm die

Frau zuneige, ja, dass sie sich an ihn schmiege, und doch war einen hurtigen Augenblick später wieder geraumer Abstand zwischen ihren Körpern. Seine Hand verließ ihre Schultern, tastete sich empor zu ihrem nassen Haar, strich über ihr nasses Ohr, berührte ihr nasses Angesicht. Und im nächsten Augenblick blieben sie beide gleichzeitig stehn, wandten sich einander zu, umfingen sich, der Mantel sank von ihren Schultern nieder und fiel taub und schwer auf die Erde – und so, mitten in Regen und Nacht, legten sie Gesicht an Gesicht, Mund an Mund und küssten sich lange.

X

Einmal sollte Oberleutnant Fallmerayer nach Shmerinka versetzt werden, aber es gelang ihm, mit vieler Anstrengung, zu bleiben. Fest entschlossen war er zu bleiben. Jeden Morgen, jeden Abend segnete er den Krieg und die Okkupation. Nichts fürchtete er mehr als einen plötzlichen Frieden. Für ihn war der Graf Walewski seit langem tot, an der Front gefallen oder von meuternden kommunistischen Soldaten umgebracht. Ewig hatte der Krieg zu währen, ewig der Dienst Fallmerayers an diesem Ort, in dieser Stellung.

Nie mehr Frieden auf Erden.

Dem Übermut war Fallmerayer eben anheimgefallen, wie es manchen Menschen geschieht, denen das Übermaß ihrer Leidenschaft die Sinne blendet, die Einsicht raubt, den Verstand betört. Allein, schien es ihm, sei er auf der Erde, er und der Gegenstand seiner Liebe. Selbstverständlich aber ging, unbekümmert um ihn, das große und verworrene

Schicksal der Welt weiter. Die Revolution kam. Der Oberleutnant und Liebhaber Fallmerayer hatte sie keineswegs erwartet.

Doch schärfte, wie es in höchster Gefahr zu geschehen pflegt, der heftige Schlag der außergewöhnlichen Schicksalsstunde auch seine eingeschläferte Vernunft, und mit verdoppelter Wachsamkeit erkannte er schnell, dass es galt, das Leben der geliebten Frau, sein eigenes und vor allem ihrer beider Gemeinsamkeit zu retten. Und da ihm, mitten in der Verwirrung, welche die plötzlichen Ereignisse angerichtet hatten, dank seiner militärischen Grade und der besonderen Dienste, die er versah, immer noch einige, fürs Erste genügende Hilfs- und sogar Machtmittel verblieben waren, bemühte er sich, diese schnell zu nutzen; und also gelang es ihm, innerhalb der ersten paar Tage, in denen die österreichische Armee zerfiel, die deutsche sich aus der Ukraine zurückzog, die russischen Roten ihren Einmarsch begannen und die neuerlich revoltierenden Bauern gegen die Gutshöfe ihrer bisherigen Herren mit Brand und Plünderung anrückten, zwei gut geschützte Autos der Gräfin Walewska zur Verfügung zu stellen, ein halbes Dutzend ergebener Mannschaften mit Gewehren und Munition und einem Mundvorrat für ungefähr eine Woche.

Eines Abends – die Gräfin weigerte sich immer noch, ihren Hof zu verlassen – erschien Fallmerayer mit den Wagen und seinen Soldaten und zwang seine Geliebte mit heftigen Worten und beinahe mit körperlicher Gewalt, den Schmuck, den sie im Garten vergraben hatte, zu holen und sich zur Abreise fertig zu machen. Das dauerte eine ganze Nacht. Als der trübe und feuchte Spätherbstmorgen zu grauen begann, waren sie fertig, und die Flucht konnte beginnen. In dem geräumigeren, von Zeltleinwand überdachten Auto befanden sich die Soldaten. Ein Militärchauffeur lenkte das Personen-Automobil, das dem ersten folgte und in dem die Gräfin und Fallmerayer saßen. Sie hatten beschlossen, nicht westwärts zu fahren, wie damals alle Welt tat, sondern südlich. Man konnte mit Sicherheit annehmen, dass alle Straßen des Landes, die nach dem Westen führten, von rückflutenden Truppen verstopft sein würden. Und wer weiß, was man noch an den Grenzen der neu entstandenen westlichen Staaten zu erwarten hatte! Möglich war immerhin – und wie es sich später zeigte, war es sogar Tatsache –, dass man an den westlichen Grenzen des Russischen Reiches neue Kriege angefangen hatte. In der Krim und im Kaukasus hatte die Gräfin Walewska außerdem reiche und mächtige Anverwandte. Hilfe war von ihnen selbst unter diesen veränderten Verhältnissen immerhin noch zu erwarten, sollte man ihrer bedürftig werden. Und was das Wichtigste war: ein kluger Instinkt sagte den beiden Liebenden, dass in einer Zeit, in der das wahrhaftige Chaos auf der ganzen Erde herrschte, das ewige Meer die einzige Freiheit bedeuten müsse. An das Meer wollten sie zuallererst gelangen. Sie versprachen den Männern, die sie bis zum Kaukasus begleiten sollten, jedem eine ansehnliche Summe in purem Gold. Und wohlgemut, wenn auch in natürlicher Aufregung, fuhren sie dahin.

Da Fallmerayer alles sehr wohl vorbereitet und auch jeden möglichen und unwahrscheinlichen Zufall im Voraus berechnet hatte, gelang es ihnen, innerhalb einer sehr kurzen Frist – vier Tage waren es im Ganzen – nach Tiflis zu kommen. Hier entließen sie die Begleiter, zahlten ihnen den ausgemachten Lohn und behielten lediglich den Chauffeur bis Baku. Auch nach dem Süden und nach der Krim hatten sich viele Russen aus den adligen und gutbürgerlichen Schichten geflüchtet. Man vermied, obwohl man es sich vorgenommen hatte, Verwandte zu treffen, von Bekannten gesehen zu werden. Vielmehr bemühte sich Fallmerayer, ein Schiff zu finden, das ihn und seine Geliebte unmittelbar von Baku nach dem nächsten Hafen eines weniger gefährdeten Landes bringen konnte. Dabei ließ es sich nicht vermeiden, dass man andre, mit den Walewskis mehr oder weniger bekannte Familien traf, die ebenfalls, wie Fallmerayer, nach einem rettenden Schiff Ausschau hielten – und dass die Gräfin über die Person Fallmerayers wie über ihre Beziehungen zu ihm lügenhafte Auskünfte geben musste. Schließlich sah man ein, dass man nur in Gemeinschaft mit den andern die geplante Art der Flucht bewerkstelligen konnte. Man einigte sich also mit acht andern, die Russland auf dem Seewege verlassen wollten, fand schließlich einen zuverlässigen Kapitän eines etwas gebrechlich aussehenden Dampfers und fuhr zuerst nach Konstantinopel, von wo aus regelmäßige Schiffe nach Italien und Frankreich immer noch abgingen.

Drei Wochen später gelangte Fallmerayer mit seiner geliebten Frau nach Monte Carlo, wo die Walewskis vor dem Kriege eine kleine Villa gekauft hatten. Und nun glaubte sich Fallmerayer auf dem Höhepunkt seines Glücks und seines Lebens. Von der schönsten Frau der Welt wurde er geliebt. Mehr noch: er liebte die schönste Frau der Welt. Neben ihm war sie jetzt ständig, wie ihr starkes Abbild jahrelang in ihm gelebt hatte. In ihr lebte er jetzt selbst.

In ihren Augen sah er stündlich sein eigenes Spiegelbild, wenn er ihr nahekam – und kaum gab es eine Stunde im Tag, in der sie beide einander nicht ganz nahe waren. Diese Frau, die kurze Zeit vorher noch zu hochmütig gewesen wäre, um dem Wunsch ihres Herzens oder ihrer Sinne zu gehorchen: diese Frau war nun ohne Ziel und ohne Willen ausgeliefert der Leidenschaft Fallmerayers, eines Stations-chefs der österreichischen Südbahn, sein Kind war sie, seine Geliebte, seine Welt. Wunschlos wie Fallmerayer war die Gräfin Walewska. Der Sturm der Liebe, der seit der Schicksalsnacht, in der sich die Katastrophe auf der Station L. zugetragen hatte, im Herzen Fallmerayers zu wachsen angefangen hatte, nahm die Frau mit, trug sie da-von, entfernte sie tausend Meilen weit von ihrer Herkunft, von ihren Sitten, von der Wirklichkeit, in der sie gelebt hatte. In ein wildfremdes Land der Gefühle und Gedan-ken wurde sie entführt. Und dieses Land war ihre Heimat geworden. Was alles in der großen, ruhelosen Welt vor-ging, bekümmerte die beiden nicht. Das Gut, das sie mit-genommen hatte, sicherte ihnen auf mehrere Jahre hinaus ein arbeitsloses Leben. Auch machten sie sich keine Sorgen um die Zukunft. Wenn sie den Spielsaal besuchten, geschah es aus Übermut. Sie konnten es sich leisten, Geld zu ver-lieren – und sie verloren in der Tat, wie um dem Sprichwort gerecht zu werden, das sagt, wer Glück in der Liebe habe, verliere im Spiel. Über jeden Verlust waren beide beglückt; als bedürften sie noch des Aberglaubens, um ihrer Liebe sicher zu sein. Aber wie alle Glücklichen waren sie geneigt, ihr Glück auf eine Probe zu stellen, um es, bewährte es sich, womöglich zu vergrößern.

Hatte die Gräfin Walewska auch ihren Fallmerayer ganz für sich, so war sie doch – wie es sonst nur wenige Frauen können – keineswegs imstande, längere Zeit zu lieben, ohne den Verlust des Geliebten zu fürchten (denn es ist oft die Furcht der Frauen, sie könnten den geliebten Mann verlieren, die ihre Leidenschaft steigert und ihre Liebe). So begann sie denn eines Tages von ihm zu fordern, er möge sich von seiner Frau scheiden lassen und auf Kinder und Amt verzichten. Sofort schrieb Adam Fallmerayer seinem Vetter Heinrich, der ein höheres Amt im Wiener Unterrichtsministerium bekleidete, dass er seine frühere Existenz endgültig aufgegeben habe. Da er aber nach Wien nicht kommen wolle, möge, wenn dies überhaupt möglich, ein geschickter Advokat die Scheidung veranlassen.

Ein merkwürdiger Zufall – so erwiderte ein paar Tage später der Vetter Heinrich – habe es gefügt, dass Fallmerayer schon vor mehr als zwei Jahren in der Liste der Vermissten gestanden habe. Da er auch niemals habe von sich hören lassen, sei er von seiner Frau und von seinen wenigen Blutsverwandten bereits zu den Toten gezählt worden. Längst verwaltete ein neuer Stationschef die Station L. Längst habe Frau Fallmerayer mit den Zwillingen Wohnung bei ihren Eltern in Brünn genommen. Am besten sei es, man schweige weiter, vorausgesetzt, dass Fallmerayer bei den ausländischen Vertretungen Österreichs keine Schwierigkeiten habe, was den Pass und dergleichen betreffe.

Fallmerayer dankte seinem Vetter, versprach, ihm allein

fernerhin zu schreiben, bat um Verschwiegenheit und zeigte den Briefwechsel der Geliebten. Sie war beruhigt. Sie zitterte nicht mehr um Fallmerayer. Allein einmal von der rätselhaften Angst befallen, welche die Natur in die Seelen der so stark liebenden Frauen gesät hat (vielleicht, wer weiß, um den Bestand der Welt zu sichern), forderte die Gräfin Walewska von ihrem Geliebten ein Kind – und seit der Minute, in der dieser Wunsch in ihr aufgetaucht war, begann sie, sich den Vorstellungen von der vorzüglichen Beschaffenheit dieses Kindes zu ergeben; gewissermaßen sich der unerschütterlichen Hingabe an dieses Kind zu weihen. Unbedacht, leichtsinnig, beschwingt, wie sie war, erblickte sie in ihrem Geliebten, dessen maßlose Liebe ja erst ihre schöne, natürliche Unbesonnenheit geweckt hatte, dennoch das Muster der vernünftigen, maßvollen Überlegenheit. Und nichts erschien ihr wichtiger, als ein Kind in die Welt zu setzen, das ihre eigenen Vorzüge mit den unübertrefflichen ihres geliebten Mannes vereinigen sollte.

Sie wurde schwanger. Fallmerayer, wie alle verliebten Männer dem Schicksal dankbar wie der Frau, die es erfüllen half, konnte sich vor Freude nicht lassen. Keine Grenzen mehr hatte seine Zärtlichkeit. Unwiderleglich bestätigt sah er seine eigene Persönlichkeit und seine Liebe. Erfüllung wurde ihm jetzt erst. Das Leben hatte noch gar nicht begonnen. In sechs Monaten erwartete man das Kind. Erst in sechs Monaten sollte das Leben beginnen.

Indessen war Fallmerayer fünfundvierzig Jahre alt geworden.

Da erschien eines Tages in der Villa der Walewskis ein Fremder, ein Kaukasier, namens Kirdza-Schwili, und teilte der Gräfin mit, dass der Graf Walewski dank einem glücklichen Geschick und wahrscheinlich gerettet durch ein besonders geweihtes, im Kloster von Pokroschni geweihtes Bildnis des heiligen Prokop der Unbill des Krieges wie den Bolschewiken entronnen und auf dem Wege nach Monte Carlo begriffen sei. In ungefähr vierzehn Tagen sei er zu erwarten. Er, der Bote, früherer Ataman Kirdza-Schwili, sei auf dem Wege nach Belgrad, im Auftrag der zaristischen Gegenrevolution. Seines Auftrages habe er sich nunmehr entledigt. Er wolle gehn.

Dem Fremden stellte die Gräfin Walewska Fallmerayer als den getreuen Verwalter des Hauses vor. Während der Anwesenheit des Kaukasiers schwieg Fallmerayer. Er begleitete den Gast ein Stück Weges. Als er zurückkam, fühlte er zum ersten Mal in seinem Leben einen scharfen, jähen Stich in der Brust.

Seine Geliebte saß am Fenster und las.

»Du kannst ihn nicht empfangen!«, sagte Fallmerayer. »Fliehen wir!«

»Ich werde ihm die ganze Wahrheit sagen«, erwiderte sie. »Wir warten!«

»Du hast ein Kind von mir!«, sagte Fallmerayer, »eine unmögliche Situation.«

»Du bleibst hier, bis er kommt! Ich kenne ihn! Er wird alles verstehn!«, antwortete die Frau.

Sie sprachen seit dieser Stunde nicht mehr über den Grafen Walewski. Sie warteten.

Sie warteten, bis eines Tages eine Depesche von ihm eintraf. An einem Abend kam er. Sie holten ihn beide von der Bahn ab.

Zwei Schaffner hoben ihn aus dem Waggon, und ein Gepäckträger brachte einen Rollstuhl herbei. Man setzte ihn in den Rollstuhl. Er hielt sein gelbes, knochiges, gestrecktes Angesicht seiner Frau entgegen, sie beugte sich über ihn und küsste ihn. Mit langen, blaugefrorenen, knöchernen Händen versuchte er, immer wieder umsonst, zwei braune Decken über seine Beine zu ziehen. Fallmerayer half ihm.

Fallmerayer sah das Angesicht des Grafen, ein längliches, gelbes, knöchernes Angesicht, mit scharfer Nase, hellen Augen, schmalem Mund, darüber einen herabhängenden, schwarzen Schnurrbart. Man rollte den Grafen wie eines der vielen Gepäckstücke den Perron entlang. Seine Frau ging hinter dem Wagen her, Fallmerayer voran.

Man musste ihn – Fallmerayer und der Chauffeur – ins Auto heben. Der Rollwagen wurde auf das Dach des Autos verladen.

Man musste ihn in die Villa hineintragen. Fallmerayer hielt den Kopf und die Schultern, der Diener die Füße.

»Ich bin hungrig«, sagte der Graf Walewski.

Als man den Tisch richtete, erwies es sich, dass Walewski nicht allein essen konnte. Seine Frau musste ihn füttern. Und als, nach einem grausam schweigenden Mahl, die Stunde des Schlafs nahte, sagte der Graf: »Ich bin schläfrig. Legt mich ins Bett.«

Die Gräfin Walewska, der Diener und Fallmerayer trugen den Grafen in sein Zimmer im ersten Stock, wo man ein Bett bereitet hatte.

»Gute Nacht!«, sagte Fallmerayer. Er sah noch, wie seine Geliebte die Kissen zurechtrückte und sich an den Rand des Bettes setzte.

XIII

Hierauf reiste Fallmerayer ab; man hat nie mehr etwas von ihm gehört.

Sommertag

Die Tasse ist zu voll. Ottos Hände zittern so stark, dass ihm der Kaffee über den Rand schwappt. Er schielt zu Heinrich, dann balanciert er die Tasse zurück zum Tisch.

Heinrich legt die Schraubzwinge zur Seite und wischt sich den Schweiß von der Stirn.

»Geh nach Hause, Otto«, sagt er. »Hat ja keinen Sinn so.«

»Ist schon in Ordnung, Chef. Hört gleich wieder auf.«

Heinrich seufzt. Schweigend fegt er die Sägespäne auf dem Boden zusammen. Als er fertig ist, legt er Otto die Hand auf die Schulter.

»Mensch, Otto, zum letzten Mal: Entweder das Gesaufe hört auf, oder du brauchst nicht mehr kommen.«

Otto packt seinen Rucksack, reibt sich das Kinn und nickt.

»Geht in Ordnung, Chef«, murmelt er.

*

Otto kann den Tag, als sein Ruin begann, genau benennen. Es war der 9. November 1989.

»Nicht nur die Mauer ist gefallen«, sagt er oft, »auch ich, und zwar auf die Fresse.«

Seine Frau Maggie lacht solche Sätze weg. Überhaupt

lacht sie oft und laut und meistens an Stellen, wo anderen das Lachen vergeht.

Seit Otto hin und wieder beim örtlichen Tischlermeister Heinrich Profalla aushilft, hat auch Maggie eine neue Aufgabe.

»Kein Alkohol in der Werkstatt«, hatte Heinrich verfügt und Otto Taschenkontrollen angekündigt.

Wenn es also vorkommt, dass Otto länger als zwei Stunden bei Heinrich arbeitet, dann bindet Maggie ihre Schürze ab und ein Kopftuch um, läuft zum Haus der Profallas und wartet auf der gegenüberliegenden Straßenseite. Früher oder später findet Otto einen Grund hinauszumüssen, und von der Werkstatt aus kann man Maggie nicht sehen. Manchmal werkelt Heinrichs Frau Elisabeth im Garten. Entweder kehrt er dann um, oder er ruft überrascht: »Maggie! Was machst du denn hier?«, und an Elisabeth gewandt: »Ich geh schnell fragen, was sie hat.« Dann zieht Maggie aus ihrer braunen Kunstledertasche ein kleines Fläschchen mit klarem Schnaps heraus, gibt es Otto, wartet, bis er ausgetrunken hat, und trottet wieder nach Hause. Auf diese Weise schafft Otto einen Arbeitstag von etwa sechs Stunden.

Der Rückweg wird ihm an solchen Tagen jedoch schwer. Manchmal setzt er sich auf halber Strecke auf die Bank vorm Gemeindesaal und nickt ein.

Auch heute macht er einen Halt auf der Bank. Sein Blick fällt auf die Anschlagtafel: *Großes Sommerfest auf der Nonnenwiese, mit Tanzkapelle und Lagerfeuer.*

Er pult den grünen Lack von der hölzernen Bank und betrachtet die Kieselsteine auf dem Boden. Die Nonnenwiese ist nicht weit weg. Er wird die Musik der Tanzkapelle selbst durch die geschlossenen Fenster seines Hauses hören können, auch der laufende Fernseher wird nichts daran ändern. Und wenn er es hören kann, wird es Maggie auch. Dann wird sie ihn auf diese bestimmte Weise ansehen. Herrgott, wie er diese Blicke fürchtet –

Abrupt steht er auf und läuft nach Hause. Aus dem Kofferraum des Autos, aus der Kuhle, in der normalerweise das Ersatzrad lagert, holt er eine Flasche Wilthener Goldkrone.

*

Für Otto und Maggie waren die frühen Neunzigerjahre eine Zeit gewesen, in der sich Träume erfüllten. Ottos Betrieb kam nicht unbeschädigt durch die Schließungswelle der Wendejahre, aber er erholte sich. Und Otto stieg auf. Als Meister bildete er nun Lehrlinge aus, junge Werkzeugmacher. Plötzlich verdiente er so viel, dass ihm die Bank eine Kreditkarte anbot. Und einen Dispokredit. Und weil alles gut lief und eigentlich auch nur besser werden konnte, kauften sie ein großes Auto auf Abzahlung. Und eine neue Küche. Außerdem einen Rasenmäher, einen kleinen Swimmingpool für den Garten, circa fünfundvierzig Gartenzwerge (Maggie liebte besonders die lustigen mit Sonnenbrille oder Rockerkleidung), einen Billardtisch, eine Badewanne mit Massagedüsen und einen Haufen anderer Dinge, die Maggie sich wünschte. Sie fuhren zweimal jährlich in den Urlaub. Nach Spanien, Italien, auf die Kanaren, in die Türkei und nach Tunesien, in die DomRep, wie Maggie lässig sagte, und einmal nach Ägypten zum Tauchen.

Obwohl, getaucht sind sie dann nicht, weil ein schlimmer Durchfall diesen Plan durchkreuzte.

Es war die Zeit, als Maggie mit Haarfarben experimentierte und in jeder Saison die Garderobe komplett wechselte. »Das machen die so im Westen«, erklärte sie Otto, dem das nicht geheuer war und der sie hin und wieder daran erinnerte, dass das Geld ja auch verdient werden müsse.

Dann schloss der Friseursalon, in dem Maggie seit siebzehn Jahren arbeitete.

Aber Ottos Kreditkarte funktionierte.

*

Im Jahr 2003, an einem späten Nachmittag im Juli, fühlte sich Otto seltsam leicht. Er saß auf einem Stuhl in der Küche, betrachtete das Muster der Wachstuchdecke und spürte seinen Körper nicht. Stattdessen kamen ihm die feinen Staubpartikel, die in einem breiten Sonnenstrahl schwebten, der durch das Küchenfenster fiel, wie große Brocken vor, die gleich auf den Boden krachen würden. Er wollte sie wegzwinkern, doch es gelang ihm nicht.

Vor ihm lag ein Stapel Briefe. Er hatte sie gerade erst geöffnet, obwohl die meisten schon seit Monaten herumlagen. Eine Fliege brauste an ihm vorüber – er duckte sich. Die Kaffeemaschine tuckerte, der Geschirrspüler rumorte, er hielt sich die Ohren zu und schloss die Augen.

Als er sie wieder öffnete, saß Maggie am Tisch, ihm gegenüber. Sie hielt die Hände vors Gesicht und weinte. Er hörte ihr Schluchzen nur dumpf, wie von fern. Ihre kurzen Haare standen nach allen Seiten ab. Die blonden Strähnchen ragten wie Speerspitzen in die Höhe, die Wimperntusche lief in breiten Bahnen über ihre Handrücken. Dann nahm sie die Hände weg, und die Tränen tropften auf den Tisch.

Otto hatte das Gefühl, sich aufzulösen und vollkommen frei zu sein. Nichts lag mehr in seinen Händen. Was hier geschah, war größer als er; das beruhigte ihn.

Doch dann machte sie dieses Geräusch mit ihren Fingernägeln, einen klickenden, nervtötenden Ton. Und sie begann zu sprechen. Er hörte nicht, was sie sagte, aber er hörte das Klicken und sah ihre Lippen, die sich unaufhörlich bewegten. Die Tränen flossen derweil weiter.

Ganz leicht war ihm, als er aufstand, einen der Briefe in die Hand nahm, zu ihr hinüberging und ihr den Brief ins Gesicht schlug. Links und rechts und gleich noch einmal. Womit er schlug, wusste er nicht, vielleicht war es die Kreditkartenabrechnung, eine Mahnung oder der Pfändungsbescheid für sein Konto, was auch immer. Sie schützte sich mit ihren Armen gegen die Schläge.

Da ging er hinaus.

Er lief die Gasse, die am Haus vorbeiführte, bis zur nächsten Weggabelung entlang, dann nahm er den abschüssigen Weg, der zu den Häusern in der Flussaue führte. Unter ihm der rissige Asphalt, über ihm ein wolkenverhangener Himmel. Den Gruß der Profallas, die ihm im Auto entgegenfuhren, erwiderte er nicht.

Durch die Bäume schimmerte der Fluss. Schlammbraun war das Wasser der Mulde, die nach den Regenfällen des vorangegangenen Tages zu ruhen schien.

Ein Reiher stand im flachen Uferwasser, aber Otto hastete vorwärts. Dort, wo der Waldweg in einen schmalen

Pfad mündete, kehrte er plötzlich um. Sein Atem überschlug sich, er lief langsamer und blieb hin und wieder stehen. Er wusste nicht, wohin. In seinem Kopf verwirrten sich die Gedanken. Es half kein Schütteln, kein Dagegenschlagen. Alles endete in einem Knäuel aus letzten Dingen. Er sank auf den Waldboden.

Obwohl es ihm länger vorkam, saß er dort höchstens eine halbe Stunde. Das nasse Gras durchweichte seine Hose, er fror. Da stand er auf und schlurfte zurück. Beim Kriegerdenkmal im Dorf hielt er inne. Die schwarze Umrandung des Eisernen Kreuzes musste kürzlich aufgefrischt worden sein; er fuhr mit dem Finger darüber.

1914–1918
Ihren im Weltkriege gefallenen Helden
in dankbarer Erinnerung.
Paul Fröhlich (Westen), Fritz Armin Seyferth (Westen),
Karl-Otto Schmidt (Osten), Theodor Schulze (Westen),
Martin Glaser (Westen), Johannes Ott (Osten),
Adolf Jeschke (Osten), Max Friedrich Schuscha (Westen),
Paul Otto Gerling (Westen)

Sein Großvater war also im Westen gefallen. Genau wie ich, dachte Otto. Für einen Moment wünschte er sich, auch in einem *echten* Krieg zu sterben, genau wie sein Großvater ehrenhaft zu kämpfen und erschossen zu werden, in der Gewissheit, dass die Nachfahren eines Tages vor einem sorgfältig behauenen Stein stehen und seiner gedenken würden. Oder war er einfach an der Ruhr krepiert, der Großvater? Oder erfroren? Otto ging weiter.

Er schaute beim Gehen nach unten und stolperte beinahe über einen zerfledderten Amselkadaver. Maden krochen aus dem Inneren des Skeletts. Er bückte sich und betrachtete das Gewimmel. Dann schob er die Reste des Vogels mit dem Fuß an den Rand der Wiese.

Die Sonne stand als milchiger Fleck hinter einer dünnen, aber lückenlosen Wolkendecke. Sein Magen knurrte, obwohl er keinen Hunger spürte.

Im Vorgarten lachten ihn die Gartenzwerge an, er stieß einen davon um und ging weiter. Noch gehörte der kleine Dreiseithof ihnen. Er schloss das Tor von innen und verriegelte es.

Maggie saß am Tisch. Sie schien sich während der ganzen Zeit nicht wegbewegt zu haben. Alle Briefe lagen ausgebreitet vor ihr. Sie sah entsetzlich aus. Ihr Gesicht hatte die Spannung verloren. Alles hing. »Es ist aus«, murmelte sie. »Es ist aus, Otto. Aus und vorbei.«

Otto ging in die Speisekammer und holte eine Flasche klaren Schnaps.

*

Otto sagte immer: »Es ist, wie es ist.«

Ein Jahr später erhielt er die Kündigung. Sein Chef händigte ihm das Papier persönlich aus.

»Es tut mir leid, Otto«, sagte er. »Aber der Betrieb muss funktionieren.«

Man hatte lange zugesehen, selbst nach der Lohnpfändung Hilfe angeboten, doch ein dauernd betrunkener Meister war nicht tragbar. Hin und wieder riss er sich zwar zusammen und blieb ein paar Tage nüchtern. An solchen Tagen jedoch verhinderte ein grobschlägiger Tremor, dass Otto seine Arbeit tat. Ein Werkzeugmacher braucht ruhige Hände.

Alle paar Monate war Nancy mit den Kindern vorbeigekommen – sechseinhalb Stunden Zugfahrt von der kleinen Stadt in Baden-Württemberg bis zu den Eltern nach Hause. Seit sie allerdings einmal vergeblich darauf gewartet hatte, von ihrem Vater abgeholt zu werden, im Regen, vor dem stillgelegten Bahnhofsgebäude stehend, mit zwei quengelnden, frierenden Kindern und einem Haufen Gepäck, beschränkte sich der Kontakt auf gelegentliche Anrufe. Otto war das recht; in seinen lichten Momenten war die Scham so groß, dass er wünschte, seine Tochter käme nie mehr hierher. Besser, sie behielt ihn so in Erinnerung, wie er früher gewesen ist, als sie noch ein Kind war. Das war der echte Otto damals, dachte Otto. Der heutige Otto kam ihm unwirklich vor, obwohl er ganz real in die Hosen machte, im Suff, und Maggie die Sauerei wirklich beseitigte. Jedenfalls war alles wieder sauber, wenn er aus den Tiefen des Saufens auftauchte und die Erinnerung nach und nach wiederkam – jedes Bruchstück ein Schlag.

Auch die meisten Dorfbewohner mieden die Gerlings, seit Otto bei einem Maitanz an jeden einzelnen Tisch gegangen war und den Leuten ins Gesicht geschleudert hatte, was er wirklich von ihnen hielt. Er wolle jetzt mal die Wahrheit sagen, hatte er gelallt, und am Ende war es Heinrich Profalla gewesen, der ihn nach Hause gebracht hatte, die heulende *oder* lachende Maggie im Schlepptau – da hätte sich Heinrich nur schwer festlegen können.

Dann teilten sich die Tage in neue Zeiteinheiten – vor und nach dem ersten Schluck Alkohol, vor, inmitten und nach der täglichen Verzweiflungsphase, vor und nach den entsetzlichen Momenten der Hoffnung. Verzweifelt war er in der Regel zwischen vier und sechs Uhr morgens. Da raste das Herz, das Adrenalin pumpte durch seine Adern, der Schlaf verließ ihn; gegen Viertel nach sechs war er hinterrücks wieder da und zerrte ihn durch wüste Träume. Spätestens um neun wachte Otto völlig zerschlagen auf; eine weitere Stunde später hatte er das Zittern der Hände besiegt. Den guten Wodka gab es nicht mehr, stattdessen billigen Weinbrand.

Die Hoffnung erwischte ihn meist am späten Vormittag, wenn er einen leichten Schwips hatte, aber noch längst nicht betrunken war. Da dachte er plötzlich, dass es im Leben bergab und ebenso wieder bergauf ginge, dass es für alles eine Lösung gebe und es sich hier *nur* um Geld handele, dass all die Briefe *nichts als Papier* seien. *Nur Papier*, nichts weiter.

Dann ging er auf den Hof hinaus, um hier und da ein bisschen Ordnung zu schaffen. Kaum hatte er ein paar Dinge beiseitegeräumt, begann sich auch sein Lebensmut zu regen. Allerdings nur kurz, denn die Hoffnung verschwand, sobald er das Auto der Postfrau hörte, das Klacken des Briefkastendeckels.

*

Otto hat die Flasche geleert. Nun will ihn der Heinrich also auch nicht mehr. Ohne die Arbeit in der Tischlerei würden die Tage ihre letzte Struktur verlieren. Lang würden sie sein. Lang und zäh wie alter Holzleim.

Er steht am offenen Küchenfenster und sieht in den Hof hinaus. Ihm ist, als sei die Schwerkraft heute stärker als sonst. Alles *an* ihm und *in* ihm zieht nach unten.

Maggie kehrt gerade den gröbsten Gänsedreck zusammen, als sich das Tor langsam öffnet und Herr Lischke seinen Kopf durch den Spalt steckt.

»Frau Gerling?«

»Ja«, murmelt sie, stellt den Besen an den Schuppen und streift sich die Hände an der Schürze ab.

Otto glaubt nicht, dass Herr Lischke Freude dabei empfindet, den Leuten ihre Habe abzunehmen. Gerichtsvollzieher ist nicht sein Berufswunsch gewesen, wie er selbst einmal sagte. Eigentlich ist er Handwerker, aber nach der Wende schulte er um.

Vermutlich hat er nichts gegen Maggie und ihn. Sie hatten ja nicht einmal protestiert, als er Maggies kleinen Fiat einzog oder den zweiten Fernseher im Schlafzimmer, die Stereoanlage, den teuren Rasenmäher und einiges mehr. Maggie hatte ihm sogar einen Tee angeboten, aber er durfte ja nichts annehmen. Vielleicht ist ihm die ganze Sache peinlicher als den Schuldnern? Oder betrachtet er das Ganze neutral? Gesetz ist schließlich Gesetz, und ohne diese ordnende Kraft ginge alles drunter und drüber.

»Sie werden ja nicht geköpft«, sagt Lischke gern. »Es gab Zeiten, da wurden Leute für Geringeres hingerichtet.«

»Sie können gern gucken, wir haben nichts mehr«, hört Otto seine Frau sagen.

»Schauen wir mal, Frau Gerling.«

Otto holt eine weitere Flasche aus einem seiner Verstecke.

Ungeniert setzt er die Flasche an, als Herr Lischke hinter Maggie hereinkommt.

»Er kommt wegen den Viechern.«

»Guten Tag, Herr Gerling. Ja, Ihre Frau sagt es schon. Wegen der Gänse bin ich da.«

»Was ist mit denen?« Otto lehnt sich zurück und verschränkt die Arme vor der Brust.

»Verkaufen Sie die Gänse?« Herr Lischke bleibt mitten im Raum stehen.

»Nein, die fressen wir selber«, bellt Otto.

»Sie wissen, dass Sie solche Einnahmen melden müssen.«

»Hab doch gesagt, wir fressen die allein.« Er streicht sich über den Bauch. »Kommen alle hier rein, stimmt's, Maggie?«

Sie winkt ab und geht zur Spüle, um sich die Hände zu waschen. Lischke setzt sich auf einen Stuhl und schweigt betreten.

»Guck dir den Lischke an, Maggie, noch trauriger als die Welt! Hol ein Glas, der kann einen vertragen. Gute Goldkrone! Gibt's nicht immer.«

Herr Lischke winkt ab und reibt sich die Tränensäcke unter den Augen. »Also, wie viele Gänse sind es denn nun?« Aus seiner Tasche holt er ein schmales Notizbuch, einen Kugelschreiber, eine kleine Thermoskanne und eine Plastiktasse; er schenkt sich einen Schluck Fencheltee ein und trinkt. »Magenprobleme«, sagt er leise.

Otto nuschelt etwas Unverständliches, dann beschließt er, nichts mehr zu sagen.

Lischke schaut Maggie an.

»Ich kann Ihnen nichts sagen. Da müssen Sie den Otto fragen, der Otto macht das mit den Gänsen. Ich kann Ihnen da wirklich nichts sagen.« Den ungläubigen Blick lacht sie weg. »Der Otto hat heute einen sehr schlechten Tag, Herr Lischke. Sehr schlecht. Sie sehen's ja selbst. Beim nächsten Mal sagt er Ihnen sicher, wie das ist mit den Gänsen.«

Herr Lischke wartet noch eine kleine Weile, er spricht mit Otto, er starrt ihn an, dann packt er sein Zeug zusammen.

»Ich komme wieder, Herr Gerling. Auf Wiedersehen.«

Otto legt den Kopf auf den Tisch und schläft ein.

Zur Abendbrotzeit wacht er wieder auf. Er sieht vom Fenster aus zu, wie Maggie den Gartenschlauch abwickelt und in den hinteren Garten zerrt. Er schlurft zum Waschbecken und trinkt Wasser aus der Leitung; er wäscht sein Gesicht und schaut in den Spiegel. Dann geht er in die Garage und holt das Abschleppseil aus dem Kofferraum.

Leise steigt er die Treppen zum Dachboden hinauf. Heiß und stickig ist es, Spinnweben überall, der Boden unter seinen Füßen schwankt. Er wirft das Seil über einen Balken und holt einen Stuhl. Er zögert nicht –

Maggie gießt im Garten die Tomatenpflanzen, die Gänse watscheln schnatternd über die Wiese. Zum ersten Mal an diesem Tag gibt es Risse in der Wolkendecke; die Abendsonne heizt die Wiesen auf, und Dampf steigt aus den Feldern an der Mulde.

SŁAWOMIR MROŻEK

Tiefer Schlaf

Ich habe unser kleines Städtchen satt, den Marktplatz, die Kneipe, in der ich jeden Tag mit dem Präsidenten, dem Buchhalter und dem Referenten sitze.

Die Erde dreht sich um ihre Achse, ich auch. Nur daß meine Achse kümmerlich ist, und wie ich mich auch um sie drehe, immer nur der Präsident, der Buchhalter, der Referent …

Ach ja, wenn man in die weite Welt fliegen könnte, weg von ihnen. Aber wie?

Wenn ich mich über die Erde erheben könnte … Dann würde sich die Erde um ihre Achse weiter drehen und mich an einem anderen Punkt absetzen. Wann immer es mir gefiele, würde ich mich runterlassen und befände mich woanders.

Aber hier liegt das Problem: Wie soll man sich genügend lange Zeit in der Luft halten? Die Erde dreht sich langsam.

Könnte ich nicht, statt lange und ein Mal in der Luft zu schweben, viele Male und nur einige Augenblicke lang schweben? Das Ergebnis wäre doch dasselbe.

Ich beschloß also zu springen.

Am Samstagabend ging ich in die Kneipe, um mich von dem Präsidenten, dem Buchhalter und dem Referenten zu verabschieden, für immer zu verabschieden, obwohl ich ihnen natürlich nicht erzählte, daß es für immer war. Der Abschied zog sich in die Länge, und die Abreise wurde auf den Montag verschoben. Macht nichts, die Erde dreht sich auch noch am Montag.

Wegen der Notwendigkeit, mit Gepäck zu springen, packte ich nur die unentbehrlichsten Dinge in den Koffer. Ich zog mir auch leichte Sachen an, die Erde wird mir verschiedene Klimazonen unterschieben, ich suche mir ein wärmeres Klima aus als bei uns. Ich beabsichtigte definitiv erst in Kalifornien runterzufallen.

Der Wind stand günstig für mich, er wehte von Osten, das heißt, mit jedem Sprung schob er mich nach Westen. Die Erde dreht sich von Westen nach Osten, ein Windstoß beschleunigte also jedes Mal meine veränderte Lage zur Erde. Zum besseren Abspringen trug ich Tennisschuhe.

Nach einer Stunde Springen spürte ich eine gewisse Ermüdung. Um sie zu vergessen, rief ich mir in der Fantasie verschiedene ausländische Landschaften in Erinnerung, die ich vom Fernsehen her kannte. Gegen Mitternacht stärkte ich mich mit harten Eiern. Nach dem Essen wurde ich schläfrig.

Den Gesetzen des Kosmos ist es ganz gleich, ob der Mensch stehend oder in horizontaler Lage springt. Ich unterbrach also das Springen und kehrte nach Hause zurück. Zum Glück war mein Haus noch nicht allzuweit zentrifugiert, und ich fand es ohne Schwierigkeit. Ich legte mich allerdings nicht wie sonst ins Bett, sondern auf das Kanapee. Das Kanapee federte besser als die Matratze. Ich stellte es so, daß es von der Ausgangstür in gerader Linie nach Osten stand. Die Tür ließ ich offen. Genau nach Kompaß.

Ich legte mich auf das Kanapee, mit dem Koffer auf der Brust. Ich rechnete damit, daß mich die natürliche Federung des Kanapees, selbst wenn ich einschliefe, in die Höhe schleudern würde. Schließlich dreht sich im Schlaf jeder um, vom Rücken auf die Seite, von der Seite auf den Rücken, von einer Seite auf die andere, und dann federt das Kanapee. Mit diesem Gedanken schlief ich ein.

Ich wachte in der Morgendämmerung auf, immer noch auf dem Kanapee, immer noch zu Hause. Warum?

Ich fand die Lösung des Rätsels. Schuld war mein tiefer Schlaf. Ich hatte so tief geschlafen, daß ich mich überhaupt nicht umgedreht und das Kanapee nicht gefedert hatte.

Ich ging in die Kneipe, um den Präsidenten, den Buchhalter und den Referenten zu begrüßen, und als es Abend wurde, ging ich wieder zu ihnen, um mich von ihnen zu verabschieden. Jede Nacht begebe ich mich auf meine weite und letzte Reise ohne Wiederkehr. Leider habe ich einen tiefen Schlaf.

Alles, was ich bräuchte, wäre ein kleines bißchen Schlaflosigkeit.

Vierzehn Tage

Sommer. Der rote Strich auf dem Thermometer am Fenster schob sich seit ein paar Tagen regelmäßig über die Dreißig-Grad-Grenze. Zehn Uhr. Urlaub. Eine Tasse Kaffee vor sich, saß er am Küchentisch und sah sich in seiner Küche um. Das Geschirr, Schüsseln und Töpfe waren in offenen Umzugskartons gestapelt. Essig, Öl, verschiedene Gewürze und ein paar Zwiebeln lagen in einem alten Korb. Auf einem Tapeziertisch stand eine Kaffeemaschine, lag ein halbes Brot. Die Regale waren abgenommen, eine Wand bereits gestrichen, umso deutlicher hob sich das Gelb der anderen Wände davon ab. Wie war er bloß auf die Idee gekommen, ausgerechnet im Urlaub die Küche zu renovieren? Er hatte keine Lust mehr. Schon gestern hatte er die Eimer mit Farbe, Pinsel und Rolle nicht angerührt. Und da er vor zwei Tagen alles einfach liegen gelassen hatte, war die Rolle nun steinhart getrocknet. Er würde noch einmal in den Baumarkt gehen und eine neue Rolle kaufen müssen.

Als er letzte Woche die Farbe im Baumarkt kaufte, hätte er da nicht schon merken müssen, dass das alles ein Irrtum war? Er hatte sich gefreut, endlich mal wieder etwas für seine Wohnung zu tun. Drei Wochen Zeit, das sollte reichen für etwas weiße Farbe und einige kleine Ausbesserungen. Er war mit Martin in den Baumarkt gefahren.

Sie suchten einen Verkäufer, und er fragte nach einer guten und günstigen Farbe. Da hätte er es merken können. An der Gegenfrage des Verkäufers. Nein, Unsinn. Die Frage war prima. Die Frage war genau richtig. Das Problem war, dass er keine Antwort darauf wusste. Der Verkäufer fragte: »Einzug oder Auszug?« Er hätte nach Hause gehen sollen und nachdenken, bis er eine Antwort darauf wusste. Stattdessen antwortete er: »Nein, nein, ich wohne da schon zehn Jahre und das ist jetzt einfach mal fällig«, und merkte selbst, dass dies keine befriedigende Antwort war. Der Verkäufer hatte mit den Achseln gezuckt und gesagt: »Na dann nehmen Sie die hier, damit machen Sie nichts falsch.«

Irgendetwas hatte er wohl doch falsch gemacht. Jetzt saß er da mit der angefangenen Renovierung, hatte schlechte Laune und keine Lust mehr. Er stand auf, spülte einen Teller ab, trank im Stehen den letzten Schluck Kaffee, stellte die Tasse neben die Kaffeemaschine und ging zur Tür. Im Hinausgehen griff er noch ein Buch vom Regal. Er zog die Wohnungstür hinter sich zu, drehte den Schlüssel zweimal im Schloss und warf ihn, ohne zu zögern, durch den Briefschlitz zurück in die Wohnung. Dann ging er summend die vier Treppen hinunter auf die Straße.

Das kleine Café um die Ecke lag noch im Schatten, dort war es angenehm kühl, nur ein Tisch vor der Tür besetzt, alle anderen Tische waren frei. Er setzte sich auf die Bank, die Bedienung stand in der Tür: »Cappuccino?«, fragte sie. Er nickte. Als sie mit der Tasse kam, fiel ihm ein, dass es heiß und dass Kaffee keine ausreichende Flüssigkeit war und dass man viel trinken sollte, daher rief er der Kellnerin hinterher: »Äh, Entschuldigung, kann ich noch ein Bitter

Lemon haben.« Er las in seinem Buch, als sie die kleine Flasche und ein Glas mit Eiswürfeln brachte. Sie blieb einen Moment stehen, und als er aufschaute, lächelte sie. Vielleicht war ihr langweilig, viel zu tun hatte sie mit den drei Gästen nicht. Er schaute wieder in sein Buch, las drei Sätze, ohne sie zu verstehen, klappte es dann zu und sah hin zur Straße. Wenig Verkehr, kaum Fußgänger, von den wenigen kannte er manche vom Sehen.

Er stand auf, ging zum Tresen und suchte sich aus den Tageszeitungen, die dort auslagen, eine aus. Zeitung ging immer. Die große weite Welt und das kleine Berlin, bisschen Kultur und Wirtschaft. Nur Sport ließ er jedes Mal aus. So war er für zwanzig Minuten beschäftigt. Dann schaute er wieder auf die Straße. Das Paar am anderen Tisch war gegangen, jetzt setzten sich drei junge Männer, orderten Espresso, Latte, Cortado und Wasser. Bald redeten sie über Demo, Promo, Producer und Plattenvertrag. Sie sprachen laut, er hörte zu. Zuerst, als sie von »Demo« sprachen, dachte er, es handle sich um eine Demonstration, die vorzubereiten war. Dann begriff er, worum es wirklich ging, und musste innerlich lachen, weil er sich altmodisch vorkam, bei dem Wort »Demo« zuerst an etwas Politisches zu denken und nicht an einen Plattenvertrag. Wahrscheinlich hieß das nicht mal mehr Plattenvertrag.

Er wäre jetzt gerne nach Hause gegangen. Vielleicht hätte er sogar die zweite Wand gestrichen. Aber er hatte den Schlüssel durch den Briefschlitz geworfen. Vor einer Stunde war ihm das gut und richtig vorgekommen. Jetzt hielt er es für eine dumme Idee. Sich den Rückzug auf bekanntes Gebiet zu verbieten, hieß nicht automatisch, dass man etwas Neues finden müsste. Die Geschichte von dem Mann, der zum Zigarettenkaufen aus dem Haus ging und nie wiederkam, war verlockend, doch eben auch ein Märchen, ähnlich wie Rotkäppchen und der Wolf. Im Märchen finge jetzt ein ganz neues Leben für ihn an.

Er hatte Urlaub, ganze vierzehn Tage noch. Niemand wartete auf ihn. Er hatte Ausweis und Geld in der Tasche, die Scheckkarte und Geld auf dem Konto. Er konnte einfach gehen. Aber wohin? Und was, wenn sein Urlaub zu Ende war? Käme er zurück? Würde er den Job einfach schmeißen? Und wenn das Geld alle wäre? Unter einer Brücke in Paris schlafen? Alles Blödsinn. Das funktionierte so nicht. 40 Jahre lang war alles gut gewesen. Er brauchte nicht viel, es hatte immer gereicht. Er schaute, was auf ihn zukam, und nahm, was ihm gefiel und Spaß machte. Auf einmal kam nichts mehr auf ihn zu. Oder es gefiel ihm nicht. Oder es machte keinen Spaß. Wenn das die Midlife-Crisis war, war sie langweilig. Er konnte sich nicht vorstellen, dass die meisten Männer in seinem Alter so etwas durchlebten. Vor allem konnte er sich nicht vorstellen, dass das etwas mit seinem Alter zu tun hatte.

Er hörte wieder den Männern am Nachbartisch zu. Jetzt ging es um Pläne fürs Wochenende. Im Lido fand ein Konzert statt, danach raus zum See, und anschließend in diese neue Bar, die der Jens mit seinen Kumpels aufgemacht hatte. Er stand auf und zahlte am Tresen. Er gab wie immer ein gutes Trinkgeld, obwohl sein Stundenlohn kaum höher sein konnte als der, den man hier verdiente. Das Lokal lief gut. Abends war die Bar gerappelt voll.

Das Tagesgeschäft war für die Nachbarschaft. Das, fand

er, war unterstützenswert. Später kamen die Touristen und junge Leute aus anderen Bezirken. Das reizte ihn nicht. Er hatte es ein paarmal versucht. Er fühlte sich dann fremd in seinem Kiez. Deshalb kam er hier nur her, um seinen Cappuccino zu trinken und die Zeitung zu lesen.

Er war schon fast an der Straßenecke, als die Bedienung hinter ihm herrief: »Du hast dein Buch vergessen!« Kurz überlegte er, ob er einfach winken sollte, »Behalt es« rufen und weitergehen. Aber dann lief er doch zurück und nahm das Buch pflichtbewusst und dankend entgegen.

Als er auf die große Straße einbog, schlug ihm Sonne und Hitze entgegen. Autos, Fahrräder, Fußgänger auf dem Bürgersteig. Vor der Sprachschule standen Gruppen junger Spanier, Griechen, Italiener. Er ging am türkischen Supermarkt vorbei, Obst und Gemüse in großer Auswahl. Den Verkäufer, der danebenstand, kannte er seit zehn Jahren, es hatte allerdings nie den Moment gegeben, an dem man sich zu grüßen begonnen hatte. So schauten sie sich auch jetzt nur ausdruckslos an. Dann über die Ampel auf die schattige Seite der Straße, hier war ebenfalls ein türkischer Supermarkt, vorbei an Apotheke, Döner und Woolworth, über die Kreuzung und dann zu Karstadt. Er stand eine Weile bei den Büchern, schaute auf die immergleiche Auswahl an Bestsellern und gängigen Titeln. Manches schien ihm interessant, doch kaufte er nichts, sondern legte das Buch, das er immer noch in der Hand trug, auf einem der Tische ab, ging weiter, fuhr mit der Rolltreppe hinauf in den ersten Stock und schaute bei den T-Shirts und Pullovern nach Sonderangeboten. Auch dort war nichts, was ihn interessierte. Er schlenderte durch die Etage und fuhr am anderen Ende wieder mit der Rolltreppe hinunter bis zur Lebensmittelabteilung im Untergeschoss, ging über verschiedene Treppen durch den U-Bahnhof, tauchte auf der anderen Seite der Straße wieder auf. Von hier waren es nur ein paar Schritte bis zur Filiale einer Baumarktkette.

Er war lange unschlüssig, ob er ein Set mit Pinseln und Rolle kaufen sollte oder nur eine Rolle, die fast genauso viel kostete wie das gesamte Set. Er entschied sich für die Rolle, Pinsel hatte er wirklich genug. An der Kasse überlegte er, ob er die Rolle jemals benutzte, ob er wirklich die Küche weiter streichen würde. Er wartete kurz auf eine Eingebung. Lauschte auf die Werbejingles aus den Lautsprechern. Es zeigte sich: kein einfacher Weg zu einem anderen Leben. Also bezahlte er die Rolle und stand mit einer kleinen Tüte in der Hand wieder vor der Filialentür.

Er setzte sich auf die Treppe und beobachtete die Menschen, die mit Zollstöcken in der Hand den Baumarkt betraten oder mit Brettern, Regalen und Farbeimern beladen zu ihren Autos gingen. Dazwischen andere, die, eine kleine Sporttasche über der Schulter, mit dem Fahrstuhl ins Fitnessstudio im dritten Stock fuhren. Alle schienen beschäftigt. Nur vor der Currywurstbude ein paar Meter weiter saßen drei Männer mit langen Haaren beim Bier.

Die Hitze wurde größer. Die Sonne kroch langsam, doch unaufhaltsam auf seinen Treppenplatz zu. Als die ersten Strahlen sein linkes Bein erreichten, stand er auf und ging in den Park nebenan.

Auf den Wegen lungerten einige Dealer. Einer sprach ihn an: »Willst du was kaufen?« Er schüttelte den Kopf und dachte einige Schritte später: Warum eigentlich nicht? Er ging allerdings weiter und wurde nicht mehr angesprochen. Auf der Wiese, die als Tuntenwiese bekannt war, legte er sich ins Gras. Einzelne Männer lagen fast oder ganz nackt auf großen bunten Handtüchern, ein Pärchen hatte ein ganzes Picknick auf einem roten Tuch ausgebreitet. Eine Gruppe saß neben ihren Fahrrädern und ließ einen Joint kreisen. Eine Zeitlang verfolgte er ihr Tun, schaute schließlich in den Himmel und schloss nach einer Weile die Augen. Die Sonne brannte, und er genoss es, wie die Hitze durch seinen Körper strömte. Lange war es nicht auszuhalten. Bald floh er in den Schatten.

Wieder sah er sich um. Der Hautfarbe nach zu urteilen, hatten die meisten hier bereits viel Zeit auf dieser Wiese verbracht. Manche schienen sich zu kennen, wanderten herum, setzten sich mal zu dem und mal zu jenem. Es war jedoch niemand dabei, der ihn interessierte. Als er sich zurückfallen ließ und wieder in den Himmel starrte, bemerkte er, dass diese friedliche Idylle ihm schlechte Laune machte. Auch der Anblick von grünen Blättern und blauem Himmel konnte das Wohlbefinden von eben nicht zurückholen. Plötzlich verspürte er Lust, die Küche fertig zu streichen. Auf einer Wiese liegen und in den Himmel starren, das war nur leere Zeit. Davon gab es viel zu viel in seinem Leben. Er begann zu überlegen, wie er wieder in seine Wohnung kommen könnte. Martin hatte einen Schlüssel, aber der war noch auf Arbeit. Er könnte ihn später anrufen. Über diesem Gedanken schlief er ein.

Er träumte von einem Puzzle:

Der Blickwinkel merkwürdig. Schräg über einen behaarten Unterarm hinweg – er vermutet, dass es sein eigener ist – liegen die Hände in perspektivischer Verzerrung auf dem Tisch und schieben Puzzleteile hin und her. Die Teile passen zusammen, schnell entstehen kleine Inseln, es ergibt sich allerdings kein Bild. Es könnte ein Körper sein, der auf einem grünen Untergrund abgebildet ist, aber ein Bein setzt an der Schulter an, die Finger der Hand weisen in verschiedene Richtungen, der Daumen ragt aus dem Handrücken, dazwischen grüne Flecken und der Kopf fehlt ganz …

Als er aufwachte, hatte sich die schlechte Laune in Traurigkeit verwandelt. Sie lag schwer auf ihm. Er schloss noch einmal die Augen, doch er konnte nicht wieder einschlafen.

Ein Mann schob ein Fahrrad über die Wiese, behängt mit verschiedenen Kühltaschen. Vorne, in einem Korb, der am Lenker befestigt war, stand eine große Thermoskanne. Bei diesem Mann kaufte er Wasser und Kaffee. Er blies auf den Kaffee, der erstaunlich heiß war, und nahm den ersten Schluck. Der Kaffee war nicht besonders, aber okay. Nun kam der Ärger zurück. Er ärgerte sich über sich selbst. Wieso trank er bei 34 Grad im Schatten heißen Kaffee? Ein Bier hätte er kaufen sollen. Nein, besser gleich zwei. Er wollte, dass sich die Bilder in seinem Kopf zu einem Bild zusammensetzten. Oder Bewusstlosigkeit. Da hätte Bier geholfen. Doch selbst dafür war er zu vernünftig. Er schlürfte seinen Kaffee und überblickte die Wiese. Wieder nahm ihn graue Unzufriedenheit ein.

Als der Kaffeebecher leer war, stand er auf, warf den Becher in einen Mülleimer und setzte sich erneut in die Sonne.

Die Hitze schlug sofort an, die Haut war schnell mit einem dünnen Film aus Schweiß überzogen. Er streckte sich auf der verbrannten Wiese aus, die Grashalme piksten, Sand und Krümel klebten an der nassen Haut. Das wohlige Gefühl wollte sich nicht wiedereinstellen.

Er verließ den Park. Am Hermannplatz kaufte er Zigaretten und ein Feuerzeug und setzte sich auf eine der niedrigen Waschbetonmauern, die den Platz von der Straße abteilten. Manchmal querte er diesen Platz drei- bis viermal täglich. Er kannte ihn zu jeder Tages- und Nachtzeit. Der Hermannplatz war nicht schön. Trotz aller Versuche der Marktbetreiber, den Aufenthalt auf diesem Platz attraktiver zu gestalten, saßen weiterhin vor allem die Alkis und Junkies auf den Mauern. In ihrer Mitte die alte Frau mit dem Kopftuch, die Blumensträuße aus ihrem Garten verkaufte, je nach Saison, Tulpen, Phlox und Rittersporn, Dahlien und Herbstastern.

Dazwischen nun er. Er betrachtete die Säule in der Mitte des Platzes. Zwei unförmige längliche Quader, in denen die Stromanschlüsse für den Markt versteckt waren. Darauf eine gedrungene weiße Säule, auf der ein goldenes Paar tanzte, so glatt, glänzend und funktional, wie die 80er nie gewesen sein konnten. Am Gemüsestand drängten sich Hausfrauen und Studenten, Sonderangebot: drei Schalen Erdbeeren für zwei Euro. Die anderen Stände, der Fisch- und der Wurstwagen, die der Händler, die Taschen, Tangas, Musikkassetten oder Parfümflaschen anboten, sie alle waren eher schlecht besucht. Vor dem Currywurststand bildete sich dagegen eine Schlange. Curry, Pommes, Bier, das ging in Berlin immer.

Zwischen den U-Bahn-Eingängen war eine kleine Bühne aufgebaut. Junge Musiker durften dort spielen. Meistens Duos mit Keyboard oder Gitarre. Oft waren sie gar nicht mal so schlecht. Doch ihre Songs reizten kaum mehr als die Musik, die in Supermärkten im Hintergrund lief.

Endlich war es halb sechs und er rief Martin an. »Bist du zu Hause?«

»Nö, warum?«

»Ich brauch mal meinen Schlüssel, ich bin aus der Tür und der Schlüssel liegt drin.«

»Oh je. Was hast du gemacht?«

»Ich bin in den Baumarkt, 'ne Farbrolle kaufen und hab den Schlüssel vergessen …«

»Kann ich noch zum Sport oder hast du's eilig?«

»Nee, mach ruhig, dann gehe ich noch was essen. Stunde?«

»Sagen wir anderthalb? Bringste 'n Bier mit?«

»Mach ich, bis gleich.«

Anderthalb Stunden später stand er vor Martins Tür. Er hatte ein Stück Pizza gekauft und war dann den ganzen Weg zu Fuß gegangen. Auf die U-Bahn hatte er keine Lust und für das Fahrrad hätte er den Schlüssel gebraucht, der in der Wohnung lag. Er ging gern im Sommer durch seinen Kiez. Dieser war eine belebte Wohngegend, zum Großteil verkehrsberuhigt. Die Menschen saßen vor den Backstuben, dem vietnamesischem Imbiss oder standen beim Eisladen an. Eine Großstadtidylle, wie aus dem Reiseführer. Heute war ihm das zu viel. Die Lokale quollen über, kaum ein Platz war frei und dazwischen ratterten kleine Grüppchen mit Rollkoffern über die Platten des Fußwegs.

Er versuchte, nicht genervt zu sein, seine Aufmerksamkeit auf das zu richten, was wichtig war. Wichtig waren seine Überlegungen. Alles andere versuchte er zu ignorieren. Die anderen machten es auch nicht anders, sie starrten in ihre Smartphones oder verbarrikadierten sich mit Kopfhörern und Sonnenbrillen vor der Welt. Dass es in diesem Gewimmel von Autisten nicht dauernd zu Zusammenstößen kam, war erstaunlich. Nicht einmal die Fahrradfahrer auf dem Fußweg verursachten Kollisionen.

Er wollte nicht zu früh bei Martin ankommen, so lungerte er noch etwas am Oranienplatz herum. Wie schnell das Interesse wechselte. Eben noch hatte er die Menschen ignoriert, um ungestört seinen Gedanken nachhängen zu können. Kaum saß er hier auf einer Bank, beobachtete er die Menschen, ohne dass ihn ein Gedanke dabei anflog. Er schaute und wartete.

Als es sieben war, ging er hinüber zu dem beigen Eckhaus mit der blauen Tür. Er drückte die schwere Tür auf, als der Summton ertönte, ging durch den kühlen Flur über den Hof in den Seitenflügel und stieg die enge dunkle Treppe hoch. Jedes der drei Stockwerke, die er zurücklegte, hatte seinen eigenen Geruch, und mit jedem Absatz wurde es wärmer im Treppenhaus. Martin stand in der Tür. Er trug Boxershorts und ein T-Shirt, sie küssten sich flüchtig. Er stellte die beiden kurz zuvor am Späti gekauften Bierflaschen auf Martins Küchentisch.

Martin wohnte noch nicht lange hier. Im Gegensatz zu ihm war Martin ein Profi im Renovieren. Immer hatte er etwas zu bauen oder zu verändern. Hier hatte er sich nun selbst übertroffen. In wenigen Wochen hatte er die ganze Wohnung auf den Kopf gestellt, Wände rausgerissen und die gesamte Elektrik neu verlegt. Hatte die Dielenfußböden abgezogen und graugrün lasiert. Hatte das Badezimmer neu gefliest und auch an der Küchenwand einen breiten Streifen mit beigen Kacheln versehen. Die passten gut zu dem roten Linoleum, mit dem der Fußboden ausgelegt war. Die Küchenzeile war mit einer grauen Arbeitsplatte und weißen Küchenschränken gestaltet. Sie saßen an dem hohen Tisch in der Ecke auf Barhockern und tranken Bier.

Kurz stellte er sich vor, wie sie hier in der Küche beim Frühstück sitzen würden, nachdem sie aus dem gemeinsamen Bett gekrochen waren. Er konnte es sich vorstellen, konnte es sich nicht vorstellen. Seit 20 Jahren. Manchmal dachte er, damals, als sie sich kennengelernt hatten, hätten sie eine Chance verpasst. Er suchte zu jener Zeit ein Zimmer und zog zu Martin in dessen Wohnung. Es war eine gute Zeit. Sie teilten alles, nur nicht das Bett, also war es nicht das, was andere eine Beziehung nannten. Aber was war es dann? Vielleicht hätte er versuchen sollen, das zu klären, anstatt einfach ein paar Jahre später wieder auszuziehen. Inzwischen hatte die Zeit es geklärt. Martin war ein Teil vom großen Glück, und wenn er sich vorstellen konnte, mit jemandem zusammen alt zu werden, dann war er es.

Martin plante für das nächste Jahr eine Reise nach Neuseeland. Auf dem Tisch stapelten sich Reiseführer, er hatte schon eine Route zusammengestellt. Martin zeigte ihm Fotos in einem Bildband; atemberaubende Landschaft, unbekannte Pflanzen, Blüten, Tiere. »Und es gibt keine gefährlichen Tiere, keine giftigen Schlangen, ich glaube, nicht einmal giftige Pflanzen«, sagte Martin. Ein wenig riss ihn Begeisterung mit und er überlegte gleichzeitig, wann er das letzte Mal verreist war. Rügen, die Ostsee, letztes Jahr ein paar Tage auf Sylt, das war's. Dass er die Landesgrenzen überschritten hatte, war schon ewig her. Nicht, dass es ihn nicht gereizt hätte. Mal abgesehen vom Geld, es hatte sich nicht ergeben. Er wollte nicht allein reisen, und wusste nicht, mit wem er fahren sollte. Einfach so ergab es sich nicht. Seine Spontanität reichte für einen Ostseetrip, nicht aber für eine Fernreise. Und so wichtig war es ihm auch wieder nicht. Das Leben ist ein kurzer Urlaub vom Tod. Wenn man das einmal begriffen hatte, war es egal, ob man nach Asien, Amerika, an die Seidenstraße fuhr, oder einfach zu Hause blieb. Nur wenn andere von ihren Erlebnissen berichteten, Fotos zeigten und die mitgebrachten Dinge ausbreiteten, bekam er manchmal einen leisen Anflug von Neid.

Nach einer Stunde nahm er den Schlüssel. »Ich bringe ihn dir das nächste Mal zurück«, sagte er, sie küssten sich und er sprang zwei Stufen auf einmal die Treppe hinunter. Er hatte es plötzlich eilig, nach Hause zu kommen, und rannte den Kottbusser Damm hinunter. Das war der kürzeste Weg. Und er wollte nicht noch einmal an den Menschen vor den überfüllten Lokalen vorbei.

Er hatte Martin nichts von seinem Aufbruch heute Morgen erzählt. Die ganze Aktion schien ihm nun albern und kindisch. Es ließ sich nicht so einfach erzählen. Dabei war er ein großer Verfechter des Darübersprechens, so lange er allerdings ein Problem nicht einmal für sich selbst richtig benennen konnte – wie sollte er darüber sprechen können? Er war sich nicht einmal sicher, ob er ein Problem hatte. Es verhielt sich wie in dem Traum vorhin, dem mit dem Puzzle. Das Bild wollte sich nicht zusammensetzen lassen. Da waren nur kleine Fetzen, die nicht zusammengehörten. Da war Langeweile, Unzufriedenheit und Überdruss. Da war Leere und eine Lustlosigkeit, die unversehens auftauchte und aus der er keinen Ausweg wusste. Und zugleich war er gar nicht unzufrieden, er war nicht verzweifelt, er brauchte keine Hilfe. Er hatte Urlaub. Er hatte ein Zuhause. Da fehlte doch nichts. Als er dies dachte, beschlich ihn das Gefühl, dass es vielleicht doch ein Problem gab.

*

Der nächste Morgen war sonnig und heiß. Er wachte früh auf. Doch es war bereits gegen zwölf, als er das Bett verließ und sich in der zerlegten Küche zwei Brote zum Frühstück schmierte. Er starrte auf die angestrichene Wand, dann auf die unbemalten anderen drei Wände und holte die Farbrolle aus der Tüte, die er gestern Abend im Flur hatte fallen lassen. Eine Weile stand er unschlüssig. Dann legte er die Rolle auf dem geschlossenen Farbeimer ab. Er war sich nicht mehr sicher, ob Weiß die richtige Farbe war. Und überhaupt, warum sollte er den Sommertag renovierend verbringen? Er setzte sich, zündete eine Zigarette an. Sah aus dem Fenster.

Schließlich packte er Badehandtuch, Sonnenbrille und eine Flasche Wasser ein und fuhr mit dem Fahrrad zur nächstgelegenen S-Bahn-Station. Unterwegs kaufte er ein Stück Kuchen. Er trug das Rad die Treppen zum Bahnsteig hinauf und wartete auf den nächsten Zug in Richtung Wannsee. Er stieg ein, das Abteil war fast leer. Er setzte sich. Im Spiegel der gegenüberliegenden Fensterscheibe sah er einen Mann: kurze Haare, die dunkle Sonnenbrille im gebräunten Gesicht, kurze Hose, Trägershirt und Sandalen, das Fahrrad vor sich, lässig hatte er einen Fuß auf dem Fahrradrahmen abgestellt, mit einer Hand hielt er den Lenker. Ihm gefiel, was er sah, und lächelte seinem Spiegelbild zu. Eine Gruppe junger Japanerinnen stieg am nächsten Bahnhof ein. Sie platzierten sich ihm gegenüber und blätterten in verschiedenen Reiseführern. Auf einem konnte er Schloss Sanssouci erkennen. Ein Rentnerpaar aus dem Süden Deutschlands saß links von ihm; eine Gruppe Männer, deren Sprache er nicht zuordnen konnte, rechts. Vielleicht waren es Schweden oder Norweger. Die Bahn fuhr durch den Grunewald, Sonne blitzte zwischen den Bäumen hindurch.

Am Bahnhof Nikolassee stieg er aus, nahm die Brücke über die Stadtautobahn, radelte an der Spinnerbrücke vorbei, wo sich auch bei dieser Hitze Motorradfans in schweren Lederklamotten trafen, und ein stückweit durch den Wald, bevor er sein Fahrrad am Strandbad Wannsee abschloss. Vor der Kasse stand eine bunte Schlange mit Schwimmreifen und großen Taschen. Er schob sich vorbei und drückte seine Zehnerkarte in den Automaten, der das Drehkreuz löste. Fünfmal konnte er diese Karte noch nutzen. Das sollte für zwölf Tage Ferien reichen.

Er stand eine kleine Weile an dem abschüssigen Weg, der zu der großen Treppe führte, die eine Wiese und das Eingangshaus mit dem Strand verband. Er liebte diesen Anblick. Das Wasser, die Segelschiffe, die bewaldeten Hügel auf der anderen Seite des Sees. Alles lag schwer in der Mittagshitze. Sogar das Gekreische der Kinder klang matter als sonst herauf. Er ging die Treppe hinunter und bog zum FKK-Bereich ab. Als er, barfuß, erstmals den Sand betrat, verbrannte er sich fast die Fußsohlen. Er musste beinahe zu seinem Platz tänzeln. Schnell breitete er das Handtuch aus, zog sich aus und legte sich auf den Bauch. Da war es wieder, das wärmende, den ganzen Körper ausfüllende Gefühl. Er seufzte und schloss die Augen.

Ziemlich genau konnte er den Tag benennen, an dem ihm zum ersten Mal klar wurde, wie wichtig ihm Sonne und Wärme und Wasser war. Als Kind hatte er fast jedes Jahr die Sommerferien mit seinen Eltern in einer kleinen Ferienwohnung auf Sylt verbracht. Mit Beginn der Pubertät begann ihn das konzentrierte Familienleben auf engem Raum zunehmend zu nerven. Und er war fünfzehn, als er sich vornahm, dies sei der letzte Familienurlaub. Nächstes Jahr ginge er mit Freunden zelten. Allein dank dieser Zukunft konnte er damals die Tage am Strand genießen. Der Sommer zeigte sich auch seinerzeit von seiner besten Seite. Der Sand war heiß, und wenn er nicht im Wasser war, lag er außen auf dem Rand der Sandburg, die den Strandkorb, in dem seine Eltern saßen, umrahmte. Der junge Mann, der an diesem Tag einige Meter entfernt nackt auf einem bunten Handtuch lag, war ihm schon zuvor aufgefallen. Er beobachtete ihn und war sich nicht sicher, ob der andere zu ihm herüberschaute. Einer der letzten Tage der Ferien, frühnachmittags am Strand. Der Fremde schien näher als sonst im Sand zu liegen und zu schlafen. Er zog die Hose, Unterhose aus und seine Badehose an und ging schwimmen. Auflaufendes Wasser, obwohl kaum Wind wehte, waren die Wellen relativ hoch. Eine Weile beschäftigte er sich damit, unter den anrollenden Wellen hindurchzutauchen. Dann ließ er sich auf dem Rücken liegend ein Stück mit der Strömung treiben. Als er wieder auf den Strand zu schwamm, sah er den anderen im Wasser stehen. Es gab keinen Zweifel daran, dass dieser ihn beobachtete. Er tat so, als hätte er ihn nicht gesehen, kam einige Meter weiter aus dem Wasser und ging ein Stück den Strand entlang. Er war sich plötzlich sicher, dass der Mann ihm folgen würde. So war es auch. Er ging langsam, bückte sich nach Muscheln und bunten Steinen. Der andere folgte in einem kleinen Abstand. Sie schauten sich über die Entfernung hinweg an, ließen die Strandkörbe hinter sich. Nur noch einzeln lagen Menschen umrundet von flachen Sandburgen. Der andere hatte ihn inzwischen überholt, nun ging er ein Stück vor ihm. Als der Mann auf die Dünen zuging, folgte er ihm. Sie trafen sich in einer kleinen Sandkuhle, sie war von hohem Strandhafer umwachsen. Schnell zog er seine Badehose aus. Sie wichsten, ohne ein Wort zu wechseln. Lagen danach eine kleine Weile nebeneinander. Dann zog er seine Badehose wieder an und ging. Er drehte sich noch einmal um und betrachtete den nackten braunen Körper. Der andere winkte und schob seine Sonnenbrille über die Augen. Später hatte er ihn noch ein paarmal am Strand gesehen. Einmal hatten sie sogar einige Worte gewechselt, an die er sich bald nicht mehr erinnern konnte. Das war alles. Doch etwas Lebensentscheidendes war passiert. Er war fünfzehn damals. Sommer und Sonne, Wärme, Wasser und Wellen waren seitdem gleichbedeutend mit Glück.

Er war wieder eingeschlafen. Als er aufwachte, brannte die Haut auf seinem Rücken. Sicher hatte er einen leichten Sonnenbrand. Er ging ins Wasser, es war auf den ersten hundert Metern nur knietief. Warm und leicht algengrün. Dann, als es tiefer wurde, tauchte er unter und kraulte zu der Boje, die den Badebereich begrenzte. Er schwamm dreimal zwischen den Bojen hin und her, ließ sich ein paar Minuten auf dem Rücken treiben, blickte zurück zum Strand. Der Himmel blau, die Sonne hinter einem leichten Schleier, dreißig Grad, achtzehn Uhr. Auf der Dachterrasse der gelben langgestreckten Klinkergebäude, in denen die Toiletten und Duschen untergebracht waren, standen an die halbhohe Einfassungsmauer gelehnt Leute. Darunter im Schatten der Wandelgänge saßen andere, tranken Bier und aßen Pommes.

Wie so oft dachte er, dass sich dieses Bild seit der Eröffnung des Strandbades vor über hundert Jahren praktisch nicht verändert hatte. Vielleicht waren die Badeanzüge und Handtücher bunter geworden, auch die Bauten waren erneuert worden. Aber die Erscheinung von Menschen im Sommerbad war zeitlos.

Er lag wieder auf dem Handtuch im Sand. Das Wasser schillerte im Licht der Sonnenstrahlen. Die Haut noch kühl vom Wasser, die Haare nass. Links von ihm unterhielten sich zwei Männer auf Hebräisch. Sie kifften und lachten. In der vordersten Reihe lagen Männer, die Haut wie Leder, dunkelbraun von den vielen Sommertagen am See. Schräg hinter ihm zwei Frauen, sie sprachen ein breites amerikanisches Englisch. Es war schnell leer geworden, nur wenige hatten es ausgehalten, ein Fußballspiel im Fernsehen rief viele nach Hause. Jemand brüllte: »Eins zu Null fürs Deutsche Reich!« Ein anderer brüllte zurück: »Halts Maul, du Nazi!« Alle lachten. Eine Stimme verkündete aus dem knackenden Lautsprecher: »Liebe Badegäste, wir schließen in dreißig Minuten, bitte geben Sie Ihre Strandkörbe zurück und holen Sie Ihre Sachen von der Garderobe. Vielen Dank.« Langsam räumte er seine Sachen zusammen. Angezogen saß er noch eine Weile auf der Bank, oben an der Wiese und schaute auf das Strandbad hinunter. In diesem Ausblick fand sich der Sommer: Freiheit, Weite, Licht und Wasser. Wie schön das war! Als er sich sattgesehen hatte, ging er.

Aus dem Augenwinkel sah er ein Gesicht. Wer war das noch? Er dreht sich um, als wolle er ein Nachbild des Wannseebads einfangen, aber der Mann ging so in seinem Schatten, dass er ihn nicht unauffällig mustern konnte. Klein und drahtig, mit kurzer Hose und einem T-Shirt bekleidet war er, so viel konnte er sehen. Vor dem Drehkreuz am Ausgang blieb der andere zurück. Erst als er sein Fahrrad abschloss, konnte er dessen Gesicht noch einmal betrachten. Aber es kam keine bestimmte Erinnerung. Irgendwer von früher, aber wer? War es ein Stammgast in den oft besuchten Lokalen? Waren es nur Blicke? Gespräche – eher nicht, daran hätte er sich erinnern können. Sex? Darüber dachte er noch nach, als er mit dem Fahrrad den Waldweg zur S-Bahn fuhr. Er versuchte, dabei eine gute Figur zu machen, sportlich, kraftstrotzend. Der andere könnte hinter ihm fahren, beobachtete ihn vielleicht.

Am S-Bahnhof angelangt schaute er sich beiläufig um. Kein anderer da. War der abgebogen? Auf dem Bahnsteig wartete er, und sah den Mann mit einem Mal, ganz vorn, dort ungefähr, wo der erste Wagen des Zuges normalerweise hält. Der andere lehnte auf seinem Fahrrad und schien ihn über die Entfernung hin anzuschauen. Überlegt er auch? Sie standen eine Weile und sahen nicht hin, sahen hin. Zu der Entfernung zwischen Bahnsteigende und Bahnsteigmitte kam die zeitliche Entfernung. Ein Blick, nicht nur über 50 Meter hinweg, auch über 20 Jahre. Er fand diesen Mann interessant. Selbst wenn sich keine Erinnerung einstellen sollte, selbst wenn sie sich noch nie gesehen hatten. Sollte er sein Fahrrad nach vorn schieben, ebenfalls in den ersten Wagen steigen?

Er blieb, wo er war. Als der Zug eintraf, stieg er in den mittleren Wagen. Der Grunewald zog vor den Fenstern vorbei, Westkreuz, Charlottenburg. Am Bahnhof Zoo sah er den anderen noch einmal. Er stand am Bahnsteig, kramte in seinem Rucksack und telefonierte dabei. Ob der jetzt wohl in den Tiergarten ginge? Er stellte sich vor, wie der andere mit dem Fahrrad langsam die Wege entlangfuhr, sich auf einer Bank niederließ und nach interessanten Männern Ausschau hielt. Das hatte er früher selbst oft genug gemacht. An der nächsten Station könnte auch er aussteigen und sich auf die Suche machen, könnte sich wie zufällig neben ihn auf die Bank setzen: »Hab ich dich nicht eben im Strandbad Wannsee gesehen?«

Die S-Bahn erreichte den Bahnhof Tiergarten. Er blieb sitzen. Der Hauptbahnhof zog vorüber, der Reichstag mit den riesigen Deutschland- und Europafahnen, Friedrichstraße und der Fernsehturm. Dann stieg er aus und fuhr durch den warmen Sommerabend nach Hause.

In der Nacht kam das Gewitter. Unwetter und Stark-regen hatte der Wetterbericht vorausgesagt. Immer öfter erschienen auf der Wetterkarte rote Warndreiecke, die Gefahr ankündigten. Sturmböen zausten die Pflanzen auf dem Balkon und die Linden auf der Straße, Blitze zuckten über die Dächer, und der nächste Donner krachte, während der vorherige noch grollte.

Er wartete auf den noch grelleren Blitz, den noch laute-ren Donner, das Krachen der Äste, die im Sturm brachen. Sehnsucht nach der Apokalypse. Als nur noch gleichmäßig rauschender Regen zu hören war, ging er enttäuscht schla-fen.

BENEDICT WELLS

Hard Land

In diesem Sommer verliebte ich mich, und meine Mutter starb.

Das alles ist jetzt schon mehr als ein Jahr her, aber für mich wird es immer »dieser« Sommer bleiben. Komischerweise denke ich oft daran, wie ich damals hinter dem Haus stand und mit einem Schlauch den Garten besprengte. Es war der Anfang der Sommerferien, und von dem Berg an Langeweile, der vor mir aufragte, hatte ich noch nicht mal die Spitze abgetragen.

Ich starrte auf die Felder in der Ferne. Die Luft stand still, und je länger ich auf diese idyllische Landschaft blickte, desto unschärfer wurde sie an den Rändern. Bis ich dahinter wieder die Angst spürte, die ich aus meiner Kindheit kannte: Dass der Moment gleich kippen und etwas *Schlimmes* geschehen würde ... Aber wie immer betrog mich dieses Gefühl. Weil, danach passierte natürlich wieder gar nichts.

Bis mich meine Eltern ins Wohnzimmer riefen.

In diesen Ferien hatten sich ein paar Dinge fast über Nacht geändert, wie wenn man überrascht feststellt, dass man ein Stück gewachsen ist. Mich überkam öfter aus dem Nichts eine seltsame Wut, und ich stellte mir Fragen, die ich mir früher nie gestellt hatte. Zum Beispiel, wieso die meisten

Erwachsenen so scharf darauf waren, zu arbeiten und Kinder in die Welt zu setzen, wenn am Ende sowieso der Tod kam und alles wegfegte. Und ob meine Mom überhaupt glücklich mit meinem Vater sein konnte, so wie ihr Leben mit ihm verlaufen war.

Jedenfalls, die beiden saßen also auf der Wohnzimmercouch und verkündeten, dass sie *tolle Nachrichten* für mich hätten.

»Wir haben mit Tante Eileen gesprochen«, sagte Mom, »du kannst sie für ein paar Wochen besuchen. Jimmy und Doug würden sich freuen.«

Ich hatte Mühe, meine Atmung zu kontrollieren. Jimmy und Doug waren meine Cousins aus Kansas, sie wogen zusammen so viel wie ein Pferd und hatten mir schon einige Abreibungen verpasst. Ich konnte mir vorstellen, dass sie sich auf mich *freuten*. Bei meinem letzten Besuch hatte ich mich vor ihnen auf der Mülldeponie versteckt und den ganzen Tag Steine auf ein rostiges Schild geworfen.

»Das könnt ihr nicht machen … Im Ernst, niemals fahre ich da noch mal hin.«

Dad sagte streng wie immer: »Doch, das tut dir gut! Du bist die letzten Tage wieder nur in deinem Zimmer gehockt. Du musst mal raus und unter Leute.«

Und Mom sagte: »Schatz, ich weiß, dass die Situation mit mir … *schwierig* für dich ist. Aber gerade deshalb ist es gut, wenn du nicht so allein bist. Vielleicht findest du in Wichita ja auch ein paar Freunde.«

Das war's also, diese Freundesache war schon seit Monaten ihr großes Thema. Ich war fast sechzehn, und sie behandelten mich wie ein Kind.

»Stevie war mein Freund!« Ich starrte sie an. »Wenn er noch hier wäre, würden wir diese bescheuerte Unterhaltung gar nicht führen.«

Mom kam mit ihren Tippelschritten zu mir. Obwohl sie so zerbrechlich wirkte, presste sie mich an sich, und für einen Moment schimmerte etwas Ernsteres durch dieses Gespräch. Doch damals wollte ich es nicht sehen.

»Ich will nicht zu Tante Eileen«, sagte ich nur, mit dem traurigsten Blick, den ich draufhatte. Meine letzte Chance, aus der Nummer noch mal rauszukommen.

Aber nicht mit Mom. »Tut mir leid, Schatz, da musst du durch.«

Ich stellte mir mein Ferienprogramm in Kansas vor. Tagsüber: *Spaß und Spannung auf der Mülldeponie.* Abends: *Die besten Schwitzkastengriffe mit Jimmy und Doug.*

Na schön, es war also an der Zeit, meinen Eltern auf sachliche Weise klarzumachen, wieso ich dafür nicht infrage kam. Ich würde sie mit meinen überlegenen Argumenten überzeugen, und danach würden sie ein für alle Mal wissen, dass ich jetzt alt genug war und fortan mein eigenes Ding machte.

»Ihr könnt mich mal!«, rief ich und stapfte nach oben.

Am Nachmittag streckte ich den Kopf aus dem Zimmer und lauschte: Mom war wieder in ihren Buchladen gegangen. Wie immer, wenn sie nicht da war, hatte sich die Atmosphäre im Haus verändert. Ich spürte sofort: *Er* war noch da. Es gab zwei Sorten von Stille; die neutrale Sorte, und dann noch die Stille meines Vaters. Ein brütendes Schweigen, das ich selbst von hier oben hören konnte. Ich schlich mich runter. Dad hing antriebslos vor der Glotze im Wohnzimmer. Er schaute eine Wiederholung von *Ein Colt für alle Fälle* und hatte tatsächlich den Ton abgestellt. Wir waren uns nie sehr nahe gewesen, und in diesem Jahr redeten wir fast gar nicht mehr miteinander. Ich wusste nicht, ob wegen Moms Krankheit, weil er keinen Job fand oder weil er mit mir einfach nichts anfangen konnte. Ich wusste nur: Elf Wochen Ferien mit ihm zu Hause würde ich nicht durchstehen.

Bis zum Abend streifte ich allein durch den Ort. Da ich kein Geld hatte, ging ich ins Replay Arcade, eine Spielhölle in der Mall, und schaute, ob jemand den Rekord bei *Defender* geknackt hatte. Und fast hätte ich mich auch zum ersten Mal ins Larry's getraut – bis ich durch die Scheibe Chuck Bannister sah. Das Larry's war *die* Institution in Grady; das Diner, in das alle älteren Jugendlichen gingen. Es gab ein paar ungeschriebene Gesetze. Zum Beispiel, dass man mit fünfzehn dort nichts zu suchen hatte. Und dass man schon gar nicht reinging, wenn ein Psychopath wie Chuck Bannister drinnen saß, der es auf einen abgesehen hatte.

Stattdessen hockte ich mich auf einen Mauersims. Eine Weile betrachtete ich die vorbeifahrenden Autos, dann hatte ich plötzlich wieder die Bilder mit meiner Mom vor Augen. Damals dachte ich ständig daran, in den unmöglichsten Momenten. Es war wie ein dunkles Summen in meinem Kopf. Manchmal war es um mich herum laut genug, dass ich es nicht hörte. Aber weg war es nie.

Auf dem Nachhauseweg kam ich an dem einzigen Kino vorbei, das es in unserem Kaff gab: das Metropolis. Im benachbarten Hudsonville, das vor allem für sein riesiges

Gefängnis bekannt war, gab es ein Multiplex, das alle neuen Blockbuster zeigte. Unser Kino dagegen war ein uraltes Kabuff für Rentner, das Ende des Jahres dichtmachen sollte. Im Schaufenster hing schon seit Wochen ein Zettel aus:

METROPOLIS
Aushilfe gesucht!

Daneben ein Plakat mit irgendeinem französischen Schwarzweißfilm; kein Wunder, dass der Laden bald schließen musste.

Ich wollte gerade weiter, da hörte ich Stimmen aus dem Foyer und linste hinein: An der Kinokasse standen zwei Jungen und ein blondes Mädchen in Angestellten-Shirts, alle älter als ich. Das Mädchen war mir nicht ganz unbekannt. Beim Reden lehnte sie sich vor, als erzählte sie das Spannendste der Welt, dann lachte sie über eine Bemerkung der Jungen. Kurz darauf verschwanden alle drei in einem Saal. Ich schaute noch mal hoch zu dem weißen Schild mit den roten Lettern M-E-T-R-O-P-O-L-/-S (das »I« hing herunter, als wäre es gestolpert) und ging nach Hause.

Meine Eltern spielten in der Küche Scrabble. Wie immer schien Dad zu gewinnen. Ideenlos und systematisch versuchte er zu verhindern, dass Mom Punkte machte, während sie lieber schöne, aber nutzlose Worte wie »Verblendung« und »Schurwolle« legte. Auch sonst hätten sie nicht unterschiedlicher sein können: Mom klein und zierlich, mit Brille, bunter Bluse und selbstgeknüpften Bändern an den Handgelenken. Sie war süchtig nach Büchern, und wenn sie sich verabschiedete, empfahl sie fast immer noch einen Roman. Dad dagegen sah man den ehemaligen Sportler an. Ein leicht ergrauter, kräftiger Bär, wie meistens trug er Jeans und T-Shirt. Und außer der Zeitung las er kaum etwas.

Vor dem Abendessen sagten meine Eltern, dass wir in den nächsten Tagen noch mal »ohne Drama« über Kansas reden würden – dann gab es meine Lieblingspizza. Vermutlich glaubten sie, dass sie mich mit einem derart billigen Trick besänftigen konnten und, na ja, so war's auch. Trotzdem weiß ich noch, dass ich später nicht schlafen konnte. Ich lag im Bett und dachte: Vielleicht wären ein paar Freunde doch ganz gut. Und ich dachte: Wieso bin ich nur so verflucht still?

Meine Schwester Jean zum Beispiel: Die kam auf die Welt, war sofort selbstbewusst und traute sich alles, während ich mich wirklich vor *jedem Mist* fürchtete. Früher musste ich mit meinen Angststörungen sogar zur Schulpsychologin. Mal hatte ich die stickige Sporthalle nicht mehr betreten können, mal im Unterricht Panikattacken bekommen. Dann war es jedes Mal, als wäre mein Verstand eine Lagerhalle mit unzähligen Lichtern, und plötzlich fiel ein Licht nach dem anderen aus, bis ich in vollkommener Dunkelheit stand. Das fühlte sich immer an wie Sterben.

Ich schätze, damals war ich auch noch ein ziemlicher Freak. So hatten mich zumindest ein paar Mitschüler genannt. Doch im Laufe der Jahre war ich dann so harmlos geworden, dass sie mich nicht mal mehr für die Mathe-Einsen hassten. Seit Stevies Umzug im Herbst saß ich in der Cafeteria allein am Tisch. Selten hockte sich ein anderer Außenseiter dazu, aber nie für lange. Und manchmal kam mir der Verdacht, mein ganzes Leben war wie dieser Tisch.

Als ich nach Mitternacht noch wach war, ging ich in das Zimmer meiner Schwester. Jean war viel älter als ich und schon vor Jahren an die Westküste gezogen, und meine Eltern hatten alles unberührt gelassen, falls sie mal zu Besuch kam. Nur tat sie das fast nie. Eine Weile saß ich auf ihrem Bett und hörte mir ihre alten Musikkassetten an. Und da vermisste ich sie wirklich sehr, dabei hatten wir früher fast nie etwas zusammen gemacht. Aber vielleicht ja gerade deshalb.

Schließlich zog ich meine Jacke an und ging auf den Friedhof. Wobei das jetzt wieder klingt, als wäre ich gestört oder so. In Wahrheit wohnten wir einfach direkt daneben, in dem weißen Schindelholzhäuschen, in dem vor uns ein Förster mit seiner Frau gelebt hatte. Der Friedhof lag auf einem Hügel außerhalb der Stadt, und manchmal reagierten die Leute geschockt, wenn ich sagte, dass ich von meinem Fenster auf einen Haufen Gräber schauen konnte. Aber das Haus war billig, und wir waren nicht gerade reich. Und ich fand das mit dem Friedhof auch nie schlimm. Ganz im Ernst, ich mochte die Stille sogar. Damals war ich oft dort, wegen Mom und diesem dunklen Summton in meinem Kopf. Dann stellte ich mir vor, wie eines Tages die Beerdigung wäre und wie ich danach herkommen würde. Schon komisch: In meinem Zimmer war der Gedanke an den Tod oft nicht auszuhalten. Und ausgerechnet auf dem Friedhof beruhigte ich mich wieder.

Für eine Sommernacht war es kühl, der Himmel wuchtig

und voller Sterne. Doch der Anblick bedeutete mir nichts. Ich musste nur daran denken, wie Mom vor ein paar Jahren zweimal mit dem Fahrrad gestürzt war. Sie hatte es auf ihre Sehprobleme geschoben und sich eine neue Brille machen lassen, aber es wurde nicht besser. Und dann kamen noch der Schwindel und die Kopfschmerzen.

So hatte alles angefangen: mit zwei harmlosen Stürzen.

Ich schlenderte über den Friedhof und schaute auf den Grabsteinen nach etwas Besonderem: MARTHA F. SUDE-ROW, 24. APRIL 1876 – 1. MÄRZ 1979; hundertzwei Jahre! Am liebsten dachte ich mir kurze Lebensläufe für die Toten aus: CARL ROTHENSTEINER, 12. APRIL 1901 – 21. FEBRUAR 1973: Solider Handwerker, viele Krisen überstanden, nie darüber geklagt. Schlechter Pokerspieler, Missouri-Tigers-Fanatiker, wortkarg, manchmal im Kino geweint. Plötzlicher Herzinfarkttod, wenige Tage zuvor noch eine Aussprache mit seinem Sohn nach zwölf Jahren Streit …

Als ich gerade zum nächsten Grab kam, hörte ich den Kies knirschen.

Im Dunkeln blitzte ein blonder Haarschopf auf. Ich kniff die Augen zusammen und sah, dass es das Mädchen aus dem Kino war. Damals wusste ich nur, dass sie Christie oder Kirstie hieß und auf meine Highschool ging. Natürlich hatte ich sie schon öfter gesehen, sogar hier auf dem Friedhof, doch erst seit Kurzem nahm ich sie richtig wahr. Wie ein Wort, das man neu gelernt hatte und das prompt überall auftauchte.

Ich wagte nicht, mich zu bewegen. Sie bemerkte mich nicht und huschte geisterhaft zu einem Grab neben dem Eingang. Es zischte. Für einen Moment war ihr Profil vom

Feuer erhellt, dann sah man im Dunkeln nur noch das Glimmen, wenn sie zog.

Auf einmal fuhr sie herum – und blickte *direkt* zu mir.

Ich zuckte zusammen, als hätte mir jemand einen Eiswürfel ins T-Shirt gesteckt.

Sie schien nicht überrascht, dass ich da war. Sie rauchte nur und betrachtete mich eine Weile. Dann trat sie durch die Pforte und ging.

Der Nachtwind wehte vom Wald herüber. Noch immer stand ich im Dunkeln und sah ihr nach, die ganze Zeit, auch, als sie schon längst verschwunden war. Und mehr gibt's nicht zu sagen, bevor ich am nächsten Tag im Kino anfing und der schönste und schrecklichste Sommer meines Lebens begann.

Oblomow

In der Gorochowaja uliza, in einem der großen Häuser, dessen Bewohnerzahl für eine ganze Kreisstadt reichen würde, lag eines Morgens Ilja Iljitsch Oblomow in seiner Wohnung im Bett.

Es war ein Mann von zweiunddreißig, dreiunddreißig Jahren, mittelgroß und von angenehmem Äußeren, er hatte dunkelgraue Augen, seinen Gesichtszügen aber fehlte jede bestimmte geistige Kraft und auch jede Konzentration. Frei wie die Vögel spazierten die Gedanken über sein Gesicht, sie flatterten in den Augen, setzten sich auf die halbgeöffneten Lippen, versteckten sich in den Stirnfalten und verschwanden schließlich ganz, dann leuchtete das Gesicht in einem warmen, gleichbleibenden Licht der Sorglosigkeit. Vom Gesicht ging die Sorglosigkeit in die Posen des ganzen Körpers über und sogar in die Falten des Schlafrocks.

Bisweilen verfinsterte sich sein Blick, sei es durch einen Ausdruck von Müdigkeit, sei es aus Langeweile; doch weder Müdigkeit noch Langeweile konnten auch nur für einen Augenblick die Weichheit aus seinem Gesicht vertreiben, die das vorherrschende und wesentliche Merkmal nicht allein seines Gesichts, sondern der ganzen Seele war; die Seele aber leuchtete so offen und klar aus seinen Augen, dem Lächeln und jeder Bewegung seines Kopfes oder der

Hände. Selbst ein oberflächlicher, kühler Beobachter hätte, würde er Oblomow im Vorübergehen flüchtig gemustert haben, wohl gesagt: »Das muss ein gutmütiger Kerl sein, ein kindliches Gemüt!« Ein aufmerksamerer Mensch dagegen, mit größerem Einfühlungsvermögen, hätte ihm lange ins Gesicht geschaut und wäre wohl, in angenehme Gedanken versunken, lächelnd weitergegangen.

Ilja Iljitschs Gesichtsfarbe war weder rosig noch brünett, noch direkt blass, sie war ganz unbestimmt, zumindest schien es so, vielleicht, weil Oblomow für sein Alter ziemlich aufgedunsen war: es mochte am Mangel an Bewegung liegen, an dem von frischer Luft, vielleicht auch an allem beiden. Der matten, allzu weißen Farbe seines Halses, seiner kleinen rundlichen Hände und der weichen Schultern nach zu urteilen, schien sein Körper für einen Mann überhaupt recht verzärtelt zu sein.

Seine Bewegungen waren, selbst wenn er aufgeregt war, ebenfalls von zurückhaltender Weichheit und entbehrten nicht einer gewissen Grazie der Trägheit. Zog von der Seele her eine Sorgenwolke über sein Gesicht, so trübte sich sein Blick, die Stirn legte sich in Falten, und es begann ein Wechselspiel von Zweifeln, Kummer und Angst; selten jedoch gerann diese Unruhe zu einer bestimmten Idee und noch seltener nahm sie die Form eines Vorsatzes an. Die ganze Aufregung endete mit einem Seufzer und erstarb in Apathie oder Schläfrigkeit.

Wie gut Oblomows Hauskleid zu seinen sanften Gesichtszügen und dem verzärtelten Körper passte! Er trug einen Chalat aus persischem Stoff, einen echt orientalischen Chalat, ohne das geringste Zugeständnis an Europa, ohne

Troddeln, ohne Samt, ohne Taille, der so geräumig war, dass sich selbst Oblomow zweimal in ihn einwickeln konnte. Die Ärmel wurden einer unabänderlichen asiatischen Mode gemäß von den Fingern zu den Schultern weiter und weiter. Und obwohl dieser Chalat seine ursprüngliche Frische schon eingebüßt hatte und der anfängliche, natürliche Glanz stellenweise einem anderen, redlich erworbenen gewichen war, bewahrte er doch noch immer die Leuchtkraft der orientalischen Farben und die Haltbarkeit des Gewebes.

Der Chalat besaß in Oblomows Augen eine Fülle unschätzbarer Vorzüge: er war weich und anschmiegsam; der Körper spürte ihn gar nicht; wie ein fügsamer Sklave gehorchte er der geringsten Körperbewegung.

Zu Hause trug Oblomow nie ein Halstuch und auch keine Weste, denn er mochte es geräumig und ungezwungen. Seine Pantoffeln waren groß, weich und breit; wenn er, ohne hinzusehen, die Füße aus dem Bett auf den Boden streckte, schlüpfte er jedes Mal direkt in sie hinein.

Das Liegen war für Ilja Iljitsch keine Notwendigkeit wie für einen Kranken oder wie für jemanden, der schlafen möchte, es war auch keine Zufälligkeit, wie für einen, der erschöpft ist, und kein Genuss wie für einen Faulpelz: es war sein Normalzustand. Wenn er zu Hause war – und er war fast immer zu Hause –, lag er stets, und stets in dem einen Zimmer, in dem wir ihn angetroffen haben, das ihm als Schlafzimmer, Kabinett und Empfangssalon diente. Er hatte noch drei weitere Zimmer, doch selten warf er einen Blick hinein, höchstens morgens, und auch das nicht alle Tage, nämlich dann, wenn sein Diener das Kabinett fegte, was auch nicht alle Tage vorkam. In diesen Zimmern waren die Möbel mit Schonbezügen bedeckt und die Vorhänge herabgelassen.

Das Zimmer, in dem Ilja Iljitsch lag, schien auf den ersten Blick trefflich eingerichtet. Es standen dort ein Mahagoni-Bureau, zwei mit Seidenstoff bezogene Diwane und schöne Wandschirme mit aufgestickten Vögeln und Früchten, wie es sie in Wirklichkeit gar nicht gibt. Seidene Vorhänge gab es, Teppiche, einige Bilder, Bronzen, Porzellan und viel schönen Krimskrams.

Das erfahrene Auge eines Menschen mit gutem Geschmack aber würde nach einem einzigen flüchtigen Blick auf alles, was es hier gab, allein den Wunsch erkennen, irgendwie das *decorum* der unvermeidlichen Schicklichkeit zu wahren, einfach um ihr Genüge zu tun. Nur darum war es Oblomow natürlich gegangen, als er sein Kabinett eingerichtet hatte. Ein Feingeist hätte sich mit diesen schweren, plumpen Mahagonistühlen und den wackligen Etageren nicht zufriedengegeben. Bei einem der Diwane war die Rückenlehne eingesunken und das Furnierholz hatte sich stellenweise gelöst.

Dasselbe ließ sich vom Zustand der Bilder, Vasen und all des Krimskrams sagen.

Der Hausherr allerdings betrachtete die Einrichtung seines Kabinetts mit so kühlem, zerstreutem Blick, als wollte er mit den Augen fragen: »Wer hat das bloß alles hergeschleppt und aufgebaut?« Diese kühle Einstellung, die Oblomow seinem Eigentum gegenüber hegte, vielleicht auch die noch weitaus kühlere Einstellung, die sein Diener Sachar demselben Gegenstand entgegenbrachte, bewirkte, wenn man genauer hinsah, dass einen die im Kabinett herrschende Verwahrlosung und Nachlässigkeit in Erstaunen setzte.

An den Wänden, rings um die Bilder, hingen wie Girlanden staubbedeckte Spinnweben; die Spiegel wären wohl eher als Tafeln zu gebrauchen gewesen, auf deren Staub man sich allerlei Notizen hätte machen können, als dass sie dazu angetan waren, die Gegenstände wiederzugeben. Die Teppiche waren voller Flecken. Auf dem Diwan lag ein vergessenes Handtuch; kaum ein Morgen verging, ohne dass auf dem Tisch nicht noch der am Vorabend übrig gebliebene Teller vom Abendessen samt Salzfass und abgenagtem Knochen stand und Brotkrümel herumlagen.

Wäre dieser Teller nicht gewesen und die gegen das Bett gelehnte, eben zu Ende gerauchte Pfeife oder der Herr selbst, der im Bett lag, man hätte denken können, dass hier niemand wohnte, so verstaubt und verblichen war alles und überhaupt bar lebendiger Spuren einer menschlichen Gegenwart. Zwar lagen auf den Etageren zwei, drei aufgeschlagene Bücher und eine Zeitung herum, auf dem Bureau stand auch ein Tintenfass mit Federn; die aufgeschlagenen Buchseiten aber waren staubbedeckt und vergilbt; wie man sah, waren sie schon vor langer Zeit in Vergessenheit geraten; die Ausgabe der Zeitung stammte vom Vorjahr, und aus dem Tintenfass wäre, hätte man eine Feder hineingetaucht, unter Gesumme höchstens eine aufgestörte Fliege herausgeflogen.

Gegen seine Gewohnheit war Ilja Iljitsch sehr früh aufgewacht, ungefähr um acht Uhr. Etwas machte ihm sehr zu schaffen. Über sein Gesicht glitt ein Ausdruck, der zwischen Angst, Melancholie und Ärger schwankte. Es war unverkennbar, dass ihm ein innerer Kampf zusetzte, der Verstand aber noch nicht helfend auf den Plan getreten war.

Die Sache war die, dass Oblomow tags zuvor aus seinem Dorf, vom Dorfältesten, einen Brief unangenehmen Inhalts erhalten hatte. Man weiß ja, von welchen Unannehmlichkeiten die Dorfältesten schreiben können: von Missernten, Zahlungsrückständen, der Verringerung der Einkünfte und dergleichen mehr. Zwar hatte der Dorfälteste auch im vorigen und im vorvorigen Jahr haargenau solche Briefe an seinen Herrn geschrieben, doch auch dieser letzte wirkte wie jede unangenehme Überraschung nicht minder stark.

War das etwa nichts? er würde über Mittel nachdenken müssen, welche Maßnahmen zu ergreifen waren. Allerdings muss man Ilja Iljitschs Sorge um seine Angelegenheiten Gerechtigkeit widerfahren lassen. Kaum nämlich hatte er vor einigen Jahren vom Dorfältesten den ersten unangenehmen Brief bekommen, als er im Geiste schon einen Plan für verschiedene Veränderungen und Verbesserungen in der Verwaltung seines Gutes zu schmieden begann.

Dieser Plan sah vor, verschiedene wirtschaftliche, polizeiliche und andere Neuerungen einzuführen. Der Plan war aber bei weitem noch nicht zu Ende gedacht, die unangenehmen Briefe des Dorfältesten jedoch wiederholten sich jahrein, jahraus, drängten ihn zur Tat und störten folglich seine Ruhe. Oblomow sah ein, dass er vor der Fertigstellung des Planes etwas Entscheidendes unternehmen musste.

Kaum aufgewacht, fasste er sogleich den Entschluss, aufzustehen, sich zu waschen, Tee zu trinken, gründlich nachzudenken, sich etwas zu überlegen, es aufzuschreiben und überhaupt – der Angelegenheit so viel Aufmerksamkeit zu widmen, wie sie verdiente.

Ein halbes Stündchen blieb er noch liegen, quälte sich mit diesem Entschluss herum, entschied dann aber, dass auch nach dem Tee noch Zeit dafür sei, er den Tee aber, wie er das immer tat, auch im Bett trinken könne, umso mehr, als ihn ja auch nichts daran hinderte, im Liegen nachzudenken.

Gesagt, getan. Nach dem Tee machte er schon Anstalten, sich von seinem Lager aufzurichten und wäre beinahe aufgestanden; er warf einen Blick auf die Pantoffeln, streckte sogar schon ein Bein in ihre Richtung aus dem Bett, zog es aber sogleich wieder zurück.

Es schlug halb zehn, Ilja Iljitsch fuhr zusammen.

»Was ist nur los mit mir?« sagte er laut und unzufrieden, »das geht wirklich zu weit: auf ans Werk! Kaum lässt man sich gehen, schon …«

»Sachar!« schrie er.

Aus einem Raum, der nur durch einen kleinen Korridor von Ilja Iljitschs Kabinett abgeteilt war, ließ sich zuerst so etwas wie das Knurren eines Kettenhundes vernehmen und dann das Poltern von zu Boden springenden Füßen. Das war Sachar, der von seinem Platz auf dem Ofen heruntersprang, auf dem er gewöhnlich vor sich hin dösend die Zeit verbrachte. Ins Zimmer kam ein älterer Mann, er trug einen grauen Rock mit einem Riss unter der Achsel, aus dem ein Stück Hemd herausragte, und eine Weste, auch sie grau, mit Messingknöpfen, sein Schädel war kahl wie ein Knie, er hatte einen unermesslich breiten, leicht ergrauten dichten dunkelblonden Backenbart, von dem jede Hälfte für deren drei gereicht hätte.

Sachar scherte sich weder darum, sein ihm von Gott geschenktes Äußeres zu verändern, noch seinen Anzug, den er schon im Dorf getragen hatte. Die Kleider wurden nach jenem Schnitt genäht, den er aus dem Dorf mitgebracht hatte. Der graue Rock und die Weste gefielen ihm auch deshalb, weil er in dieser, halb an eine Uniform erinnernden Kleidung einen schwachen Abglanz jener Livree sah, die er einst getragen hatte, als er die selige Herrschaft in die Kirche oder zu Visiten begleitete; die Livree aber war in seiner Erinnerung die einzige Repräsentantin der Würde des Oblomowschen Hauses.

Sonst erinnerte weiter nichts an die alten Zeiten des großzügigen und friedlichen Alltags im Herrenhaus und der Abgeschiedenheit des Landlebens. Die alte Herrschaft war gestorben, die Familienporträts waren im Hause zurückgeblieben, wahrscheinlich lagen sie irgendwo auf dem Dachboden herum; die Überlieferungen vom althergebrachten Leben und vom Ansehen der Familie verblassten immer mehr und lebten nur noch in der Erinnerung einiger im Dorf zurückgebliebener Alter fort. Deshalb war Sachar der graue Rock so teuer: an ihm und an noch einigen Merkmalen, die sich in Gesicht und Eigenarten seines Herrn erhalten hatten und an seine Eltern erinnerten, und an seinen Launen, die Sachar zwar im stillen oder laut mit einem Knurren quittierte, dennoch innerlich als Kundgebungen des herrschaftlichen Willens und Herrenrechts achtete, erkannte er einen schwachen Abglanz der vergangenen Größe.

Ohne diese Launen hätte er seinen Herrn nicht als Autorität empfunden; ohne sie wäre seine Jugend nicht wieder-auferstanden, das Dorf, das sie vor langer Zeit verlassen hatten, und die Legenden über dieses alte Haus, und die einzigartige Chronik, die von alten Dienern, Kindermädchen und Ammen geführt und von Generation zu Generation weitergegeben wurde.

Das Oblomowsche Haus war einst reich und im ganzen Umkreis bekannt gewesen, dann aber verarmte es, Gott weiß warum, immer mehr, verkümmerte und ging schließlich unmerklich unter zwischen den Adelshäusern neueren Datums. Nur die grau gewordenen Diener des Hauses bewahrten noch immer das getreue Andenken an die Vergangenheit, hielten es in Ehren wie ein Heiligtum und gaben es weiter.

Das war der Grund, warum Sachar seinen grauen Rock so sehr liebte. Vielleicht hielt er auch so große Stücke auf seinen Backenbart, weil er in seiner Kindheit viele alte Diener mit dieser altväterlichen aristokratischen Zierde gesehen hatte.

Gedankenverloren, wie er war, bemerkte Ilja Iljitsch Sachar lange Zeit nicht. Sachar stand schweigend vor ihm. Schließlich räusperte er sich.

»Was willst du?« fragte Ilja Iljitsch.

»Sie haben doch gerufen?«

»Gerufen? Warum sollte ich gerufen haben – ich weiß es nicht mehr!« antwortete er und streckte sich. »Geh erst mal wieder zu dir, es wird mir schon einfallen.«

Sachar ging hinaus, Ilja Iljitsch aber blieb liegen und dachte weiter über den verfluchten Brief nach.

Eine Viertelstunde verging.

»Genug gelegen!« sagte er, »ich muss doch aufstehen …
Aber eigentlich könnte ich den Brief des Dorfältesten noch
einmal genau lesen, und danach stehe ich dann auf.«

»Sachar!«

Wieder der Sprung und lauteres Knurren. Sachar kam
herein, Oblomow aber war erneut in Gedanken versunken.
Sachar stand zwei Minuten lang übellaunig da, musterte
seinen Herrn von der Seite und ging schließlich zur Tür.

»Wohin willst du?« fragte Oblomow plötzlich.

»Sie sagen ja nichts, warum soll ich hier umsonst rum-
stehen?« sagte Sachar krächzend, in Ermangelung einer
anderen Stimme, die ihm, seinen Worten zufolge, während
einer Hetzjagd abhandengekommen war, als er einst den
alten gnädigen Herrn begleitet hatte und ihm angeblich ein
scharfer Wind in den Rachen gefahren sei.

Halb abgewandt stand er mitten im Zimmer und sah
Oblomow immer noch von der Seite an.

»Sind dir etwa die Füße verdorrt, dass du nicht stehen
bleiben kannst? Du siehst doch, dass ich beschäftigt bin –
also warte gefälligst! Hast drüben wohl noch nicht genug
rumgelümmelt? Such mir den Brief, den ich gestern vom
Dorfältesten bekommen habe. Wo hast du ihn hingetan?«

»Welchen Brief? Ich habe keinen Brief gesehen«, sagte
Sachar.

»Du hast ihn doch vom Briefträger in Empfang genommen: ganz schmutzig war er!«

»Wo haben Sie ihn bloß wieder hingelegt – woher soll
ich das wissen?« sagte Sachar und klopfte mit der Hand
auf den Papieren und verschiedenen Sachen herum, die auf
dem Tisch lagen.

»Nie weißt du etwas. Dort im Korb musst du nachgucken! Oder ist er hinter den Diwan gefallen? Die Rückenlehne vom Diwan ist auch noch nicht repariert; wieso rufst du nicht den Tischler, damit er sie repariert? Du hast sie schließlich kaputt gemacht. An rein gar nichts denkst du!«

»Ich habe sie nicht kaputt gemacht«, antwortete Sachar, »sie ist von selber kaputtgegangen; sie kann schließlich nicht ewig halten: irgendwann musste sie ja kaputtgehen.«

Ilja Iljitsch hielt es nicht für nötig, das Gegenteil zu beweisen.

»Hast du ihn endlich gefunden?« fragte er nur.

»Hier sind irgendwelche Briefe.«

»Die meine ich nicht.«

»Andere sind hier aber nicht«, sagte Sachar.

»Schon gut, du kannst gehen!« sagte Ilja Iljitsch ungeduldig. »Wenn ich aufgestanden bin, werde ich selber danach suchen.«

Sachar ging hinüber und war gerade dabei, sich mit den Händen auf dem Ofen abzustützen, um hinaufzuspringen, als wieder der hastige Schrei zu hören war: »Sachar, Sachar!«

»Grundgütiger Gott!« knurrte Sachar und machte sich abermals in Richtung Kabinett auf den Weg. »Was ist das nur für eine Qual? Wenn bloß der Tod bald käme!«

»Was wünschen Sie?« sagte er, indem er sich mit einer Hand an der Tür zum Kabinett festhielt und Oblomow zum Zeichen seines Unwillens so schräg von der Seite anblickte, dass er seinen Herrn nur mit halbem Auge sehen konnte, der Herr dagegen nur die eine Hälfte des enormen Backenbarts zu Gesicht bekam, von dem man immer meinte, jeden Augenblick würden zwei, drei Vögel herausfliegen.

»Das Taschentuch, schnell! Hättest auch selber drauf kommen können: siehst du denn nicht!« bemerkte Ilja Iljitsch streng.

Sachar fand diesen Befehl und den Vorwurf seines Herrn nicht besonders ärgerlich oder erstaunlich, er hielt offenbar das eine wie das andere für vollkommen natürlich.

»Weiß der Kuckuck, wo das Taschentuch ist!« knurrte er, während er im Zimmer umherging und jeden Stuhl abtastete, obwohl man auch so hätte sehen können, dass auf den Stühlen nichts lag. »Alles verlieren Sie!« bemerkte er und öffnete die Tür zum Salon, um nachzusehen, ob es nicht dort sei.

»Wo willst du hin? Hier musst du suchen! Seit vorgestern war ich nicht mehr drüben. So beeil dich doch!« sagte Ilja Iljitsch.

»Wo ist denn das Taschentuch? Hier ist kein Taschentuch!« sagte Sachar, breitete ratlos die Arme aus und spähte in sämtliche Ecken. »Aber da ist es ja«, krächzte er plötzlich böse, »unter Ihnen! Da guckt ja ein Zipfel raus. Sie liegen drauf und fragen nach dem Taschentuch!«

Und ohne eine Antwort abzuwarten, wollte Sachar hinausgehen. Oblomow war sein Ausrutscher ein wenig peinlich. Schnell fand er einen neuen Vorwand, Sachar die Schuld in die Schuhe zu schieben.

»Wie sauber es bei dir ist: ein Staub und ein Schmutz überall, du lieber Himmel! Hier und hier, schau doch bloß mal in die Ecken – nichts tust du!«

»Als ob ich nichts tun würde …«, sagte Sachar in beleidigtem Ton, »ich plage mich ab und schone weder Leib noch Leben! Den Staub wische ich weg, und ich fege auch fast jeden Tag ...«

Er zeigte auf die Mitte des Fußbodens und auf den Tisch, an dem Oblomow gewöhnlich zu Mittag aß.

»Bitteschön«, sagte er, »alles gefegt und aufgeräumt, wie für eine Hochzeit ... Was denn noch?«

»Und was ist das?« unterbrach ihn Ilja Iljitsch und zeigte auf die Wände und auf die Zimmerdecke. »Und das? Und das?« Er zeigte auch auf das Handtuch, das seit gestern herumlag, und auf den Tisch mit dem vergessenen Teller und einem Stück Brot.

»Gut, das räume ich meinetwegen weg«, sagte Sachar herablassend und nahm den Teller.

»Weiter nichts! Und der Staub an den Wänden und die Spinnweben? ...«, sagte Oblomow und zeigte auf die Wände.

»Das mache ich vor Ostern sauber: dann putze ich die Heiligenbilder und nehme die Spinnweben ab ...«

»Und die Bücher und die Bilder, wann werden die abgestaubt? ...«

»Die Bücher und die Bilder kommen vor Weihnachten dran: dann räume ich mit Anissja auch alle Schränke auf. Wann soll man denn überhaupt aufräumen? Sie sitzen ja dauernd zu Hause.«

»Manchmal gehe ich auch ins Theater oder mache Besuche: da könntest du doch ...«

»Wer wird denn nachts aufräumen!«

Oblomow sah ihn vorwurfsvoll an, schüttelte den Kopf und seufzte, Sachar aber sah gleichgültig zum Fenster hinaus und seufzte ebenfalls. Der Herr schien zu denken: »Du bist ja ein noch größerer Oblomow als ich, mein Lieber«, Sachar aber dachte wohl: »Dummes Zeug! das einzige, was du zustande bringst, ist, unverständliche und garstige Reden zu führen, der Staub und die Spinnweben aber, die gehen dich gar nichts an.«

»Begreifst du eigentlich«, sagte Ilja Iljitsch, »dass der Staub die Motten anzieht? Manchmal sehe ich sogar eine Wanze an der Wand!«

»Ich habe auch Flöhe!« entgegnete Sachar gleichgültig.

»Ist das etwa schön? Das ist doch ekelhaft!« bemerkte Oblomow.

Sachar lachte über das ganze Gesicht, so dass sein Lachen sogar die Brauen und den Backenbart erfasste, der davon zu beiden Seiten auseinanderging, und sich im ganzen Gesicht bis hinauf zur Stirn ein roter Fleck ausbreitete.

»Was kann ich dafür, dass es Wanzen gibt?« sagte er mit naivem Staunen. »Habe ich sie vielleicht erfunden?«

»Das kommt alles von der Unsauberkeit«, unterbrach ihn Oblomow. »Was soll das alberne Gerede!«

»Auch die Unsauberkeit habe ich nicht erfunden.«

»Bei dir drüben laufen nachts ja sogar Mäuse herum, ich kann sie hören.«

»Auch die Mäuse habe ich nicht erfunden. Von diesen Viechern, ob's nun Mäuse sind oder Katzen oder Wanzen, gibt's überall genug.«

»Und wie kommt es dann, dass es bei anderen Leuten weder Motten noch Wanzen gibt?« In Sachars Gesicht machte sich Ungläubigkeit breit, oder besser gesagt, eine ruhige Gewissheit, dass so etwas nicht möglich ist.

»Ich habe von allem viel«, sagte er eigensinnig, »hinter jeder einzelnen Wanze kann man schließlich nicht her sein, und in die Ritzen kriechst du ihnen auch nicht nach.«

Bei sich selber aber dachte er wohl: »Was soll das denn für ein Schlafen sein, ohne Wanzen?«

»Fege und räume den Dreck aus den Ecken, dann ist Ruhe«, belehrte ihn Oblomow.

»Da räumt man auf, morgen aber sind wieder welche da«, sagte Sachar.

»Sind sie nicht«, unterbrach ihn der Herr, »das kann nicht sein.«

»Sind sie wohl, ich weiß das«, beharrte der Diener.

»Wenn das so ist, dann musst du eben wieder fegen.«

»Wie? Jeden Tag alle Ecken kehren?« fragte Sachar. »Was soll das denn für ein Leben sein? Dann mag Gott lieber gleich meine Seele zu sich nehmen!«

»Und wieso ist es bei anderen sauber?« entgegnete Oblomow. »Guck dir den Klavierstimmer von gegenüber an: eine Augenweide ist das, und die haben bloß eine einzige Magd …«

»Woher soll der Kehricht bei den Deutschen auch kommen«, entgegnete Sachar plötzlich. »Sehen Sie sich doch nur an, wie die leben! Die nagen ja allesamt die ganze Woche über nur an Knochen. Der Rock geht vom Vater auf den Sohn über und vom Sohn wieder auf den Vater. Und was die Frau und die Töchter für kurze Kleider anhaben: dauernd ziehen sie die Beine ein wie die Gänse … Woher soll der Kehricht bei denen kommen? Da ist es nicht so wie bei uns, dass jahrelang haufenweise alte abgetragene Kleider in den Schränken liegen oder sich den Winter über eine ganze Ecke voll Brotrinde ansammelt … Bei denen liegt nicht mal die Rinde unnütz herum: die trocknen sie und essen sie dann zum Bier!«

Sachar spie sogar durch die Zähne, als er über dieses schäbige Leben räsonierte.

»Schluss mit dem Geschwätz!« entgegnete Ilja Iljitsch, »räum lieber auf.«

»Ich würde ja gern aufräumen, aber Sie lassen mich doch nicht«, sagte Sachar.

»Wieder die gleiche Leier! Immer bin ich's, der stört.«

»Natürlich Sie; Sie sitzen ja dauernd zu Hause: wie soll man aufräumen, wenn Sie da sind? Gehen Sie für einen Tag aus dem Haus, dann werde ich auch aufräumen.«

»Das hast du dir fein ausgedacht – aus dem Haus gehen! Mach lieber, dass du rauskommst.«

»Aber es stimmt doch!« beharrte Sachar. »Würden Sie zum Beispiel heute ausgehen, könnte ich mit Anissja alles aufräumen. Zu zweit würden wir das nicht mal schaffen: wir müssten noch Frauen anheuern, zum Scheuern.«

»Himmel! was für Einfälle du hast – Frauen! Raus mit dir«, sagte Ilja Iljitsch.

Er ärgerte sich schon, dass er Sachar in dieses Gespräch verwickelt hatte. Immer wieder vergaß er, dass er sich vor Sorgen nicht retten konnte, wenn er dieses heikle Thema anschnitt.

Zwar wollte Oblomow, dass alles sauber war, doch es sollte irgendwie unmerklich, wie von selbst geschehen; Sachar aber brach immer gleich einen Streit vom Zaun, wenn von ihm verlangt wurde, Staub zu wischen, die Böden zu scheuern und dergleichen. Dann führte er Beweise an, was für gewaltige Scherereien im Hause entstehen würden, denn er wusste nur zu gut, dass allein der Gedanke daran seinen Herrn in Angst und Schrecken versetzte.

Sachar ging hinaus, Oblomow aber gab sich seinen Gedanken hin. Einige Minuten darauf schlug es wieder zur halben Stunde.

»Was ist das nur?« sagte Ilja Iljitsch fast entsetzt. »Bald elf, und ich bin immer noch nicht aufgestanden und habe mich noch nicht gewaschen? Sachar, Sachar!«

»Ach du lieber Himmel! Was denn!« war aus dem Vorzimmer zu vernehmen und dann der übliche Sprung.

»Ist alles fertig zum Waschen?« fragte Oblomow.

»Schon lange!« antwortete Sachar, »wieso stehen Sie nicht auf?«

»Weshalb sagst du denn nicht, dass alles fertig ist? Ich wäre ja längst aufgestanden. Geh schon, ich komme gleich nach. Ich habe zu tun, muss allerhand schreiben.«

Sachar ging hinaus, kam aber einen Augenblick später mit einem vollgekritzelten, speckigen Heft und allerlei Papierfetzen zurück.

»Wenn Sie schreiben wollen, dann sehen Sie doch bitte auch gleich die Rechnungen durch: wir müssen Geld zahlen.«

»Was für Rechnungen? Was für Geld?« fragte Ilja Iljitsch unwillig.

»Vom Fleischer, vom Gemüsehändler, von der Wäscherin und vom Bäcker: alle wollen Geld.«

»Immer dieser Ärger mit dem Geld!« knurrte Ilja Iljitsch. »Wieso gibst du mir die Rechnungen nicht nach und nach, sondern alle auf einmal?«

»Sie haben mich doch jedes Mal fortgejagt, immer hieß es: morgen, morgen …«

»Hat es nicht auch jetzt bis morgen Zeit?«

»Nein! Die geben überhaupt keine Ruhe mehr: sie schreiben nichts mehr an. Heute ist der Erste.«

»Ach!« sagte Oblomow betrübt. »Noch eine Sorge mehr! Na, was lungerst du hier herum? Leg sie auf den Tisch. Ich stehe gleich auf, wasche mich, und dann sehe ich sie mir an«, sagte Ilja Iljitsch. »Ist denn nun alles zum Waschen fertig?«

»Ja!« sagte Sachar.

»Also dann …«

Und er begann sich unter Ächzen im Bett aufzurichten, um aufzustehen.

»Ich habe vergessen, Ihnen zu sagen«, begann Sachar, »vorhin, als Sie noch schliefen, hat der Verwalter den Hausknecht geschickt: er sagt, wir müssen auf jeden Fall ausziehen … die Wohnung wird gebraucht.«

»Na und, was ist dabei? Wenn sie gebraucht wird, dann ziehen wir natürlich aus. Wieso belästigst du mich dauernd? Schon zum dritten Mal kommst du damit.«

»Ich werde ja auch belästigt.«

»Sag, dass wir ausziehen.«

»Sie sagen: schon seit einem Monat haben Sie das versprochen, ausziehen aber tun Sie trotzdem nicht; wir, sagen sie, werden es bei der Polizei anzeigen.«

»Sollen sie es doch anzeigen!« sagte Oblomow resolut. »Wir werden schon von selber ausziehen, wenn es wärmer geworden ist, in drei Wochen vielleicht.«

»Was heißt in drei Wochen! Der Verwalter sagt, dass in

zwei Wochen die Arbeiter kommen: die wollen alles ein-reißen ... Ziehen Sie morgen aus, sagt er, oder übermor-gen ...«

»He-e-e! wie eilig er es hat! Das fehlte noch! Vielleicht sogar jetzt sofort? Wage ja nicht, mich noch einmal an die Wohnung zu erinnern. Ich habe es dir doch verboten; du aber fängst immer wieder damit an. Pass bloß auf!«

»Aber was soll ich denn machen«, entgegnete Sachar.

»Was du machen sollst? So will er sich also aus der Af-färe ziehen«, antwortete Ilja Iljitsch. »Mich fragt er! Was hab ich damit zu tun? Behellige mich nicht, mach's, wie du willst, entscheide nach deinem Belieben, bloß das Umzie-hen erspare mir. Er kann sich für seinen Herrn nicht mal anstrengen!«

»Aber, Batjuschka, Ilja Iljitsch, wie soll ich das denn entscheiden«, begann Sachar mit sanfter, heiserer Stimme. »Das Haus gehört mir doch nicht: was bleibt uns übrig, als aus dem fremden Haus auszuziehen, wenn sie uns raus-werfen? Wenn es mein Haus wäre, ja dann, mit dem aller-größten Vergnügen ...«

»Kann man sie denn nicht irgendwie überreden? Wir könnten sagen, dass wir schon lange hier wohnen und auch pünktlich zahlen.«

»Hab ich schon gesagt«, entgegnete Sachar.

»Na, und sie?«

»Was schon! Immer das Gleiche: Ziehen Sie aus, heißt es, wir müssen die Wohnung umbauen. Sie wollen aus der Wohnung vom Doktor und aus unserer eine große Woh-nung machen, zur Hochzeit des Sohns vom Hausbesitzer soll sie fertig sein.«

»Ach du lieber Himmel!« sagte Oblomow ärgerlich. »Es gibt doch tatsächlich Esel, die heiraten!«

Er drehte sich auf den Rücken.

»Sie sollten an den Hauswirt schreiben, gnädiger Herr«, sagte Sachar, »dann würde er Sie vielleicht in Ruhe lassen und anordnen, dass erst einmal die andere Wohnung eingerissen wird.«

Dabei zeigte Sachar mit der Hand irgendwo nach rechts.

»Also gut, sobald ich aufgestanden bin, werde ich ihm schreiben … Geh du jetzt hinüber zu dir, ich will nachdenken. Zu nichts bist du zu gebrauchen«, fügte er hinzu, »sogar um diesen Plunder muss ich mich selber kümmern.«

Sachar ging hinaus, Oblomow aber begann nachzudenken.

Doch er wusste nicht, worüber er nachdenken sollte; über den Brief vom Dorfältesten, über den Umzug in eine neue Wohnung, oder sollte er sich die Rechnungen vornehmen? Er versank in einer Flut von Alltagssorgen, blieb liegen und wälzte sich von einer Seite auf die andere. Nur hin und wieder waren abgerissene Ausrufe zu hören: »Ach, du lieber Himmel! Das Leben hält einen in Atem, überall packt es dich am Schlafittchen.«

Die Reise um mein Zimmer

I

Mein Herz empfindet eine unaussprechliche Befrie-
digung, wenn ich an die zahllosen Unglücklichen
denke, denen ich eine sichere Hilfsquelle gegen die Langeweile und einen Trost für die Leiden, die sie erdulden, biete.
Die Freude, welche man am Reisen in seinem Zimmer findet, ist gegen die blinde Missgunst der Menschen gefeit;
sie ist von Fortuna unabhängig. Vermag man wirklich so
unglücklich, so verlassen zu sein, um nicht einen Schlupf-
winkel zu haben, wohin man sich verkriechen und vor aller
Welt verstecken kann? Das sind alle Reisevorbereitungen.

Ich bin sicher, dass jeder vernünftige Mensch, was für
einen Charakter er auch haben und welches auch immer
sein Temperament sein mag, sich mein System zu eigen machen wird; sei er geizig oder verschwenderisch, reich oder
arm, jung oder alt, in der heißen Zone oder am Nordpol
geboren, er kann so wie ich reisen; kurz, es gibt in der unermesslichen Familie der Menschen, von denen es hier auf
Erden wimmelt, nicht einen – nein, nicht einen (ich meine
diejenigen, die Zimmer bewohnen), der, nachdem er dieses
Buch gelesen, seine Zustimmung der neuen Art zu reisen,
die ich in der Welt einführe, verweigern kann.

Ich könnte die Lobrede auf meine Reise damit beginnen, dass sie mich nichts gekostet hat; dieser Punkt verdient Beachtung. Er ist hier vor allem für weniger bemittelte Leute von Bedeutung; es gibt eine andere Gesellschaftsklasse, bei der ein glücklicher Erfolg aus demselben Grund, weil es nichts kostet, noch sicherer ist. – Bei welcher also? Wie! Sie wissen es nicht? Bei den reichen Leuten. Von welchem Vorteil ist im Übrigen nicht diese Art zu reisen für die Kranken! Sie werden die Unbilden des Wetters und der Jahreszeiten nicht zu fürchten brauchen. – Für die Hasenfüße, sie werden gegen Diebe gefeit sein; sie werden weder auf Abgründe noch auf Morastlöcher stoßen. Tausende von Menschen, die vor mir nicht gewagt, andere, die nicht gekonnt, schließlich andere, die zu reisen nicht beabsichtigt hatten, werden sich auf mein Beispiel hin dazu entschließen. Würde das schwerfälligste Geschöpf Bedenken tragen, sich mit mir auf den Weg zu machen, um sich ein Vergnügen zu verschaffen, das ihn weder Mühe noch Geld kosten wird? – Also, mutig vorwärts! – Begleiten Sie mich, Sie alle, die eine gekränkte Liebe, eine laue Freundschaft, fern von der Niederträchtigkeit und Falschheit der Menschen, an ihre Wohnung fesselt. Alle Unglücklichen, Kranken und Langweiler der Welt seien in meinem Gefolge! – Sämtliche Faulenzer mögen sich erheben! Und Sie, die Sie sich wegen irgendeiner Treulosigkeit mit düstren Abschieds- oder Einsamkeitsplänen tragen; Sie, die Sie in einem Schmollkämmerchen der Welt für immer entsagen; liebenswerte

Klausner eines Abends, kommen auch Sie: Glauben Sie mir, verscheuchen Sie diese finstren Gedanken; Sie verschwenden des Vergnügens wegen einen Augenblick, ohne deshalb einen für die Weisheit zu gewinnen: Haben Sie die Güte, mich auf meiner Reise zu begleiten; wir werden kleine Tagereisen zu Fuß machen und auf dem ganzen Weg die Touristen, die Rom und Paris besucht haben, belächeln – kein Hindernis kann sich uns entgegenstellen; und unserer Phantasie freien Lauf lassend, werden wir ihr auf Schritt und Tritt, wohin sie uns führen will, folgen.

III

Es gibt so viele wissbegierige Leute auf der Welt! – Ich bin überzeugt, dass man erfahren möchte, weshalb meine Reise um mein Zimmer zweiundvierzig statt dreiundvierzig Tage oder irgendeine andere Spanne Zeit gedauert hat; aber wie sollte ich das dem Leser erklären, da ich es ja selbst nicht weiß? Alles, was ich versichern kann, ist, wenn das Werk seiner Meinung nach zu lang ist, dass es nicht an mir gelegen hat, es kürzer zu fassen; abgesehen von aller Eitelkeit des Reisenden, würde ich mich mit einem Kapitel begnügt haben. Ich lebte freilich mit jedmöglicher Annehmlichkeit und Bequemlichkeit in meinem Zimmer; aber, ach, es stand nicht bei mir, es nach meinem Belieben zu verlassen; ich glaube sogar, dass ich ohne die Vermittlung gewisser einflussreicher Personen, die sich für mich verwendeten und für welche meine Dankbarkeit nicht erloschen ist, noch Zeit genug gehabt hätte, einen ganzen Folianten zu schreiben, so sehr waren mir die Gönner, welche mich in meinem Zimmer reisen ließen, gewogen!

Und doch, verständiger Leser, sehen Sie, wie unrecht diese Leute hatten, und verstehen wohl, wenn Sie es vermögen, die Logik, die ich Ihnen dartun will.

Ist etwas natürlicher und berechtigter, als sich mit jemand zu duellieren, der Ihnen aus Versehen auf den Fuß tritt oder der irgendein verletzendes Wort in einem Augenblick der Verärgerung, an der Ihre Unbesonnenheit schuld ist, fallenlässt oder der schließlich das Unglück hat, Ihrer Geliebten zu gefallen?

Man geht auf den Kampfplatz und versucht dort, wie es Nicole mit dem Bürger als Edelmann machte, Quart zu schlagen, wenn er Terz pariert; und auf dass die Rache sicher und vollständig sei, präsentiert man ihm seine entblößte Brust und riskiert, sich von seinem Feind, um sich an ihm zu rächen, töten zu lassen. – Man sieht, nichts ist folgerichtiger, und dennoch findet man Leute, die diese löbliche Sitte missbilligen! Aber ebenso folgerichtig wie alles Übrige ist, dass nämlich diese selben Leute, die sie missbilligen und wollen, dass man sie wie eine schwere Sünde betrachte, denjenigen, der sich weigerte, sie zu begehen, noch schlimmer behandeln würden. Mehr als ein Unglücklicher hat, um sich ihrer Ansicht zu fügen, seinen guten Ruf und seine Stellung verloren; so dass, wenn man das Pech hat, was man *eine Affäre* nennt zu haben, man gut daran täte, zu losen, um herauszubekommen, ob man sie den Gesetzen oder dem Herkommen nach beenden soll, und da sich die Gesetze und das Herkommen widersprechen, könnten die Richter gleichfalls ihr Urteil auswürfeln. –

Und wahrscheinlich muss man deshalb auch zu so einer Entscheidung seine Zuflucht nehmen, um zu erklären, warum und inwiefern meine Reise gerade zweiundvierzig Tage gedauert hat.

IV

Mein Zimmer liegt nach den Messungen von Padre Beccaria unter dem fünfundvierzigsten Breitengrad; seine Lage zeigt von Osten nach Westen; es bildet ein Rechteck, das ganz nah der Wand sechsunddreißig Schritt im Umfang hat. Meine Reise wird jedoch deren mehr enthalten; denn ich werde in ihm oft ohne Plan und ohne Ziel hin und her oder diagonal wandern. – Ich werde sogar im Zickzack gehen, und, wenn es erforderlich ist, in allen möglichen geometrischen Linien laufen. Ich mag die Leute nicht, die so sehr Herr ihrer Schritte und ihrer Gedanken sind, die sagen: »Heute werde ich drei Besuche machen, vier Briefe schreiben, diese begonnene Arbeit erledigen.« – Meine Seele ist den mannigfaltigsten Gedanken, Neigungen und Gefühlen derart zugänglich; sie nimmt alles, was sich bietet, so begierig auf! ... – Und weshalb sollte sie die Freuden, die auf dem beschwerlichen Lebensweg dünn gesät sind, verschmähen? Sie sind so selten, so spärlich, dass es töricht wäre, nicht haltzumachen, ja sogar einen Umweg zu nehmen, um all diejenigen, die uns erreichbar sind, zu genießen. Es gibt daher meiner Meinung nach nichts Verlockenderes, als ganz einfach irgendwohin, wie der Weidmann dem Wild nachjagt, der Spur seiner Gedanken zu folgen. Deshalb laufe ich auch, wenn ich in meinem Zimmer reise, selten in einer geraden Linie: Ich gehe von meinem Tisch auf ein Bild in einer Ecke zu; von da laufe ich in schräger Richtung, um zur Tür zu gelangen; aber obwohl ich beim Gehen wirklich willens bin, mich dorthin zu begeben, setze ich mich ohne weiteres, wenn ich unterwegs auf meinen Lehnstuhl stoße, sogleich hinein. – Ein Lehnstuhl ist ein herrliches Möbelstück; er ist vor allem für jeden beschaulichen Menschen von dem größten Nutzen. An den langen Winterabenden ist es mitunter wohltuend und immer klug, sich in ihm fern vom Lärm der zahlreichen Geselligkeiten behaglich auszustrecken. – Ein gutes Kaminfeuer, Bücher, Schreibfedern; welch Hilfsmittel gegen die Langeweile! Und was für ein Vergnügen, auch noch seine Bücher und seine Federn zu vergessen, um in seinem Feuer herumzustochern, während man irgendeiner angenehmen Betrachtung nachhängt oder einige Verse zusammenreimt, um seine Freunde zu ergötzen! Die Stunden gleiten dann über Sie hinweg und sinken, ohne Ihnen ihren trübseligen Lauf bewusst werden zu lassen, schweigend in die Ewigkeit.

V

Geht man von meinem Lehnstuhl weiter nordwärts, entdeckt man im Hintergrund meines Zimmers mein Bett, das den freundlichsten Ausblick bildet. Es steht äußerst günstig: Die ersten Strahlen der Sonne treiben ihr Spiel auf meinen Vorhängen. – An schönen Sommertagen sehe ich sie in dem Maße, wie die Sonne steigt, die weiße Wand entlang vorrücken: Die Ulmen vor meinem Fenster brechen sie auf tausenderlei Art und lassen sie auf meinem Bett schaukeln, dessen Rosenrot und Weiß durch ihren Widerschein nach allen Seiten eine bezaubernde Färbung verbreiten. – Ich höre das kunterbunte Gezwitscher der Schwalben, die das Dach des Hauses beschlagnahmt haben, und der anderen Vögel, die in den Ulmen nisten: Dann kommen mir unzählige heitere Gedanken in den Sinn; und im ganzen Universum hat niemand ein so angenehmes, so friedliches Erwachen wie ich.

Ich gestehe, dass ich diese stillen Augenblicke gern genieße und dass ich das Vergnügen, welches ich in der wohligen Wärme meines Bettes an meinen Betrachtungen finde, immer so lange wie möglich ausdehne. – Gibt es einen Schauplatz, der der Phantasie mehr Stoff liefert, der zärtlichere Träumereien hervorruft als das Möbelstück, in dem ich mich zuweilen gehenlasse? – Ehrbarer Leser, erschrecken Sie nicht; – aber könnte ich denn nicht von der Glückseligkeit eines Liebenden, der eine tugendhafte Gattin zum ersten Mal in seine Arme schließt, reden? Unaussprechliche Wonne, die niemals zu genießen mein Missgeschick mich verdammt! Vergisst eine Mutter, freudetrunken über die Geburt eines Sohnes, nicht ihre Schmerzen in einem Bett? Dort schwelgen wir in rosigen Träumen, Früchten der Einbildungskraft und der Zuversicht. – Kurzum, in diesem köstlichen Möbel vergaßen wir während einer Hälfte des Lebens die Kümmernisse der andern. Aber wie viel angenehme und trübsinnige Gedanken gehen mir zugleich durch den Kopf! Staunenswertes Gemisch von schrecklichen und herrlichen Bildern! Ein Bett sieht uns zur Welt kommen und sterben; es ist der veränderliche Schauplatz, wo das Menschengeschlecht abwechselnd interessante Dramen, lächerliche Possen und entsetzliche Tragödien spielt. – Es ist eine mit Blumen umrankte Wiege – es ist der Thron der Liebe – es ist eine Grabstatt.

VI

Dieses Kapitel ist schlechthin nur für die Metaphysiker bestimmt. Es will die größte Klarheit über die Natur des Menschen verschaffen: Es ist das Prisma, mit welchem man die Fähigkeiten des Menschen analysieren und zergliedern kann, indem man die sinnliche Macht von den hellen Strahlen des Verstandes trennt.

Es wäre mir unmöglich, zu erklären, wie und weshalb ich mir gleich zu Beginn meiner Reise die Finger verbrannte, ohne dem Leser mein System *über die Seele und das Tier* in aller Ausführlichkeit darzulegen. – Zudem hat diese metaphysische Entdeckung einen solchen Einfluss auf meine Gedanken und Handlungen, dass es, gäbe ich nicht im Anfang den Schlüssel dazu, ungemein schwierig sein würde, dieses Buch zu verstehen.

Ich habe durch mancherlei Beobachtungen wahrgenommen, dass der Mensch aus einer Seele und einem Tier besteht. – Diese beiden Wesen sind grundverschieden, aber derart eins ins andere oder eins aufs andere geschachtelt, dass die Seele eine gewisse Obergewalt über das Tier gewinnen muss, um imstande zu sein, ihren Unterschied auszumachen.

Ich habe von einem alten Lehrer gehört (soweit ich mich irgend erinnern kann), dass Platon die Materie *das andere* nannte. Das ist sehr gut; aber ich möchte diese Benennung recht eigentlich lieber dem Tier, das unserer Seele zugesellt ist, geben. Diese Substanz ist in der Tat *das andere,* und die uns auf eine so sonderbare Weise plagt. Man merkt wohl im Großen und Ganzen, dass der Mensch zwiespältig ist; aber das kommt, sagt man, daher, weil er aus Leib und Seele besteht; und man legt diesem Leib ich weiß nicht was alles zur Last, wenn auch sicherlich sehr zu Unrecht, da er ja weder fühlen noch denken kann. Dem Tier muss man die Schuld beimessen, diesem leicht empfänglichen, der Seele ganz entgegengesetzten Wesen, diesem wahren *Einzelgänger,* das seine eigene Existenz, seine Neigungen, Liebhabereien, seinen Willen hat, und das nur über anderen Tieren steht, weil es besser erzogen und mit vollkommeneren Organen ausgestattet ist.

Meine Herren und Damen, seien Sie meinetwegen stolz auf Ihren Verstand; aber seien Sie, zumal wenn Sie beisammen sind, sehr auf der Hut vor dem anderen!

Ich weiß nicht, wie viel Erfahrungen ich hinsichtlich der Verbindung dieser beiden ungleichartigen Wesen gesammelt habe. Zum Beispiel habe ich deutlich festgestellt, dass sich die Seele von dem Tier Gehorsam verschaffen kann und dass Letzteres hinwiederum betrüblicherweise die Seele sehr oft nötigt, gegen ihren Willen zu handeln. In der Regel hat die eine die gesetzgebende und das andere die ausübende Gewalt; aber diese zwei Gewalten stehen sich häufig entgegen. – Die große Kunst eines genialen Menschen ist, sein Tier gut zu erziehen zu wissen, damit es allein zu gehen vermag, während die Seele, von dieser lästigen Verbrüderung befreit, sich bis in den Himmel erheben kann.

Aber man muss das durch ein Beispiel erläutern. Wenn Sie ein Buch lesen, Monsieur, und Ihnen plötzlich etwas Angenehmes in den Sinn kommt, wendet sich Ihre Seele sogleich dem zu und vergisst das Buch, während Ihre Augen mechanisch den Worten und Zeilen folgen; Sie beenden die Seite, ohne sie zu begreifen und ohne sich zu erinnern, was Sie gelesen haben. – Das kommt daher, dass Ihre Seele zwar ihrem Gefährten gebot, ihr vorzulesen, ihn aber nicht von ihrer kurzen Abwesenheit unterrichtet hat; so dass *das andere* weiterlas, als Ihre Seele nicht mehr zuhörte.

VII

Das scheint Ihnen nicht einleuchtend? Hier ist ein anderes Beispiel:

Im vergangenen Sommer machte ich mich eines Tags auf den Weg, um zum Schloss zu gehen. Ich hatte den ganzen Morgen gemalt, und da meine Seele über die Malerei meditieren wollte, überließ sie es dem Tier, mich wohlbehalten zum Palazzo Reale zu bringen.

Was für eine herrliche Kunst ist doch die Malerei!, sinnierte meine Seele; glücklich derjenige, dem beim Anblick der Schöpfung das Herz aufgeht, der nicht genötigt ist, Bilder zu produzieren, um zu leben, der nicht bloß zum Zeitvertreib malt, sondern der, fasziniert von der Majestät einer schönen Gesichtsbildung und dem wunderbaren

Wechselspiel des Lichts, das sich in tausend Farbschattierungen über das menschliche Antlitz ergießt, sich in seinen Werken bemüht, die prachtvollen Naturerscheinungen in etwa wiederzugeben! Und glücklich der Maler, den auf einsamen Spaziergängen die Liebe zur Landschaft überwältigt, der auf der Leinwand das Gefühl der Schwermut, das ein düsteres Gehölz oder ein braches Feld in ihm erweckt, auszudrücken weiß! Seine Werke setzen die Natur um und reproduzieren sie; er malt neue Meere und finstre, der Sonne unsichtbare Höhlen: Auf sein Geheiß entstehen aus dem Nichts grüne Büsche, strahlt das Blau des Himmels in seinen Bildern wieder; er versteht sich auf die Kunst, die Lüfte in Aufruhr zu versetzen und die Stürme brausen zu lassen. Ein ander Mal stellt er dem entzückten Betrachter die lieblichen Gefilde des alten Siziliens vor Augen: Durch Rohrdickicht sieht man bestürzte Nymphen vor der Nachstellung eines Satyrs fliehen; Tempel von einer großartigen Architektur erheben ihre prächtige Front über den heiligen Hain, der sie umgibt: Die Phantasie verliert sich auf den stillen Wegen dieser traumhaften Gegend; bläuliche Fernen entschwinden im Firmament, und die ganze Landschaft, sich auf der ruhigen Wasserfläche eines Flusses spiegelnd, gewährt ein Schauspiel, das keine Sprache zu schildern vermag. – Während meine Seele diese Betrachtungen anstellte, lief *das andere* weiter, und Gott weiß, wohin es lief! – Statt, wie ihm befohlen, sich zum Schloss zu begeben, bog es so sehr nach links ab, dass es sich in dem Augenblick, als meine Seele es wieder einholte, eine halbe Meile vom Palazzo Reale vor dem Haus der Madame de Hautcastel befand.

Ich gebe dem Leser zu bedenken, was geschehen sein würde, wenn es ganz allein zu einer so schönen Dame hineingegangen wäre.

VIII

Wenn es nützlich und angenehm ist, gerade dann eine von der Materie losgelöste Seele zu haben, da man es für gut befindet, sie ganz allein reisen zu lassen, so hat diese Fähigkeit auch ihre Nachteile. Ihr verdanke ich zum Beispiel die Brandwunde, von der ich gesprochen habe. – Für gewöhnlich übertrage ich meinem Tier die Zubereitung meines Frühstücks; es röstet mein Brot und schneidet es in Scheiben. Es kocht ausgezeichneten Kaffee und trinkt ihn sogar sehr oft, ohne dass sich meine Seele darum kümmert, wofern Letztere sich nicht damit die Zeit vertreibt, es arbeiten zu sehen; aber das ist selten und sehr schwer zu bewerkstelligen: Denn man kann leicht, wenn man irgendeine mechanische Verrichtung tut, an etwas ganz anderes denken; aber es ist äußerst schwierig, sich gewissermaßen beim Handeln zuzuschauen; – oder, um mich meinem System gemäß deutlich auszudrücken, seine Seele anzuhalten, auf das Gebaren ihres Tiers zu achten und es, ohne sich daran zu beteiligen, arbeiten zu sehen. – Das ist das erstaunlichste metaphysische Kunststück, das der Mensch vollbringen kann.

Ich hatte meine Feuerzange auf die Holzglut gelegt, um mein Brot rösten zu lassen; und bald darauf, während meine Seele auf Reisen war, da rollt plötzlich ein glühender

Stubben auf die Steinplatte: – mein armes Tier griff zur Feuerzange, und ich verbrannte mir die Finger.

IX

Ich hoffe, meine Gedanken in den vorigen Kapiteln hinlänglich erläutert zu haben, um dem Leser Stoff zum Nachdenken zu liefern und ihn in den Stand zu setzen, in dieser glänzenden Laufbahn Entdeckungen zu machen: Er wird mit sich erst zufrieden sein können, wenn er es eines Tags dahin bringt, dass er seine Seele ganz allein reisen lassen kann; die Freuden, welche diese Fähigkeit ihm verschaffen wird, werden die Missverständnisse, die sich allenfalls daraus ergeben, zur Genüge aufwiegen. Gibt es einen köstlicheren Genuss, als auf diese Weise sein Leben zu erweitern, von Erde und Himmel in einem Besitz zu ergreifen und gewissermaßen sein Dasein zu verzweifachen? – Ist es nicht das ständige und nie zu stillende Verlangen des Menschen, seine Möglichkeit und seine Fähigkeiten zu mehren, sein zu wollen, wo er nicht ist, die Vergangenheit zurückzurufen und in der Zukunft zu leben? – Er will Armeen befehligen, in Akademien präsidieren; er will von schönen Frauen vergöttert werden; und wenn er all des teilhaftig ist, sehnt er sich nach dem Land und der Stille zurück und beneidet die Schäfer um ihre Hütte: Seine Pläne, seine Hoffnungen scheitern unaufhörlich an den unausbleiblichen Widerwärtigkeiten, denen die menschliche Natur ausgesetzt ist; er vermag das Glück nicht zu finden. Eine Viertelstunde, die er mit mir reist, wird ihm den Weg danach weisen.

Ei, weshalb überlässt er diese wertlosen Sorgen, diese ihn quälende Ehrsucht nicht *dem anderen*? – Komm, armes unglückliches Geschöpf! Versuch deine Ketten zu sprengen, und hoch vom Himmel herab, wohin ich dich führen will, mitten aus der paradiesischen Sphäre und dem Empyreum – siehst du dein Tier, in die Welt geschleudert, ganz allein dem Lebensglück und den Ehrenämtern nachjagen; siehst du, mit welcher Wichtigkeit es unter den Menschen einherschreitet: Die Menge macht untertänig Platz, und glaub mir, niemand wird merken, dass es ganz allein ist; das ist die geringste Sorge der Leute, in deren Mitte es lustwandelt, zu wissen, ob es eine Seele hat oder keine, ob es denkt oder nicht. – Tausend sentimentale Frauen werden es leidenschaftlich lieben, ohne davon Notiz zu nehmen; es kann sogar ohne den Beistand deiner Seele zu größtem Ansehen kommen und die höchste Lebensstellung erreichen. – Kurz, ich würde mich keineswegs wundern, wenn deine Seele, von unserer Reise aus dem Empyreum heimkehrend, sich in dem Tier eines Standesherrn befände.

X

Man soll nicht denken, dass ich, statt mein Wort, die Reise um mein Zimmer zu beschreiben, zu halten, abschweife, um mich aus der Verlegenheit zu ziehen: Man würde sich sehr täuschen, denn meine Reise geht wirklich weiter; und während meine Seele, in sich gekehrt, im vorigen Kapitel auf metaphysischen Nebenwegen umherstreifte – saß ich in meinem Armsessel, in den ich mich so zurückgelehnt hatte, dass sich seine beiden Vorderbeine zwei Zoll hoch vom Boden hoben; und mich dabei immer nach rechts und links wiegend und allmählich vorwärtskommend, war ich unmerklich ganz in die Nähe der Wand gelangt. – Auf diese Art und Weise reise ich, wenn ich nicht in Eile bin. – Da hatte sich meine Hand von selbst des Porträts der Madame de Hautcastel bemächtigt, und *das andere* vertrieb sich die Zeit damit, den Staub, der es bedeckte, zu beseitigen. – Diese Verrichtung bereitete ihm ein stilles Vergnügen, und dieses Vergnügen teilte sich meiner Seele mit, obschon sie in die unermesslichen Sphären des Himmels entrückt war; denn es ist gut, zu beobachten, dass stets, wenn der Geist so im Universum umherreist, er durch ein gewisses, mir unerklärliches geheimes Band mit den Sinnen verknüpft ist; so dass er, ohne sich in seinen Beschäftigungen stören zu lassen, an den verschwiegenen Freuden *des anderen* teilnehmen kann; wenn aber dieses Vergnügen einen bestimmten Punkt erreicht oder wenn sie von irgendeinem unerwarteten Anblick überrascht wird, nimmt die Seele mit Blitzesschnelle sogleich wieder ihren Platz ein.

Was mir, während ich das Bild säuberte, widerfuhr.

Je weiter das Tuch den Staub entfernte und blonde, mit Rosen bekränzte Locken sichtbar werden ließ, je mehr verspürte meine Seele von der Sonne aus, wohin sie sich begeben hatte, in ihrem Innern ein leichtes Beben und empfand das Wohlbehagen meines Herzens mit. Dieses Behagen wuchs und wurde lebhafter, als das Tuch mit einem Mal die helle Stirn dieses bezaubernden Gesichts enthüllte; meine Seele war im Begriff, den Weltenraum zu verlassen, um den Anblick zu genießen. Ja, hätte sie in den elysischen Gefilden geweilt, einem Konzert der Cherubim beigewohnt, wäre sie dort nicht eine halbe Sekunde länger geblieben, als ihr Gefährte, der sich für sein Werk immer mehr begeisterte, es sich einfallen ließ, einen feuchten Schwamm, den man ihm reichte, zu nehmen und mit ihm plötzlich über die Brauen und die Augen – über die Nase – über die Wangen – über diesen Mund zu fahren: – o Gott! pocht mein Herz: – über das Kinn, über den Busen: Das war die Sache eines Augenblicks; die ganze Gestalt schien aus dem Nichts zu wachsen und zum Vorschein zu kommen. – Meine Seele schoss wie eine Sternschnuppe vom Himmel nieder; sie fand *das andere* in einer wonnigen Verzückung, die sie noch mit ihrer Hilfe steigerte. Diese einzigartige und unvorhergesehene Gemütsverfassung ließ mich Zeit und Raum vergessen. – Ich lebte auf einen Augenblick in der Vergangenheit und verjüngte mich wider die Ordnung der Natur. – Ja, da ist sie, diese angebetete Frau, sie selbst, ich sehe sie lächeln; sie hebt an, mir zu sagen, dass sie mich liebt. – Welch ein Blick! Komm, dass ich dich in meine Arme schließe, mein Leben, mein zweites Ich! – Komm, teile meine Wonnetrunkenheit und meine Glückseligkeit! – Dieser Augenblick war kurz, aber bezaubernd: Die kühle Vernunft gewann bald wieder ihre Oberhand, und im Nu alterte ich um ein ganzes Jahr; – mein Herz wurde kalt, eiskalt, und ich befand mich auf gleicher Stufe mit der Masse Liebeleerer, die auf dem Erdball lasten.

XI

Man soll den Ereignissen nicht vorgreifen: Der Eifer, dem Leser mein System über die Seele und das Tier darzulegen, hat mich die Beschreibung meines Bettes früher, als ich es beabsichtigte, abschließen lassen; wenn ich sie beendet, werde ich meine Reise da, wo ich sie im vorhergehenden Kapitel unterbrochen habe, fortsetzen. – Nur bitte ich Sie, nicht zu vergessen, dass wir *die Hälfte meines Seins,* das Porträt der Madame de Hautcastel in Händen, vor der Wand, in nächster Nähe meines Schreibtischs zurückgelassen haben. Ich hatte, um von meinem Bett zu sprechen, verabsäumt, jedem, der es ermöglichen kann, zu einem rosen- und weißfarbenen Bett zu raten: In der Tat üben die Farben einen solchen Einfluss auf uns aus, dass sie uns je nach ihren Schattierungen heiter oder traurig stimmen. – Rosa und Weiß sind für die Freude und Glückseligkeit zwei wie geschaffene Farben. – Die Natur hat sie der Rose und ihr dadurch die Krone im Reich der Pflanzenwelt verliehen; und wenn der Himmel der Erde einen schönen Tag verheißen will, gibt er bei Sonnenaufgang den Wolken diese bezaubernde Tönung.

Einst stiegen wir mühsam einen steilen Pfad hinan: Die reizende Rosalie ging voraus; ihre Behändigkeit beflügelte ihre Schritte: Wir konnten ihr nicht folgen. – Plötzlich drehte sie sich, auf dem Scheitel einer Anhöhe angelangt, um wieder zu Atem zu kommen, zu uns und lächelte über unsere Langsamkeit. – Niemals wohl hatten die beiden Farben, deren Loblied ich singe, so triumphiert. – Ihre glühenden Wangen, ihre frischen, roten Lippen, ihre blitzenden Zähne, ihr Alabasterhals auf einem grünen Hintergrund nahmen unsere Sinne gefangen. Wir mussten stehenbleiben, um sie anzuschauen: Ich rede weder von ihren blauen Augen noch von dem Blick, den sie auf uns warf, weil ich vom Thema abschweifen würde und ich zudem immer nur möglichst wenig daran denke. Es genügt mir, das vorstellbar schönste Beispiel von der Überlegenheit dieser beiden Farben über alle andern und von ihrem Einfluss auf das Glücksbefinden der Menschen angeführt zu haben.

Ich werde heute nicht weiterschreiben. Welch Thema vermöchte ich zu behandeln, das nicht fad wäre? Welche Vorstellung wird nicht durch diese Erinnerung in den Schatten gestellt? – Ich weiß sogar nicht einmal, wann ich mich wieder an die Arbeit werde machen können. – Wenn ich sie fortsetze und der Leser deren Ende kennenzulernen wünscht, soll er sich an den Gedankenverteilerengel wenden und ihn bitten, nicht mehr das Bild dieser Anhöhe unter die Fülle der abgerissenen Gedanken, die er mir pausenlos eingibt, zu mengen.

Ohne diese Vorsichtsmaßnahme ist es um meine Reise geschehen.

Ferien zu Hause

Das wird nichts mehr

Der erste richtig heiße Tag des Jahres trieb mich direkt nach der Bandprobe an den Kiesteich. Rieke war bis Montag unterwegs, und ein ganzes Wochenende allein war in den letzten drei Jahren selten geworden.

Sie fand es *unvernünftig* oder *assi*, bereits tagsüber Alkohol zu trinken. Ich auch. Deshalb war es ja so wichtig. Wohldosiert eingesetzt kann unvernünftiges und asoziales Verhalten wie Gymnastik sein für die von Stadtgeräusch und Zwangsarbeit verspannte Seele.

Somit lag ich nun am Ricklinger Kiesteich, an unserem Geheimplatz, wo wir sonst zu zweit lagen, und lockerte meinen Geist: Das teichgekühlte Herrenhäuser perlte in der Mittagshitze besonders fein, als Großmeister der Freizeitplanung hatte ich ausreichend Joints vorgebaut und griffbereit rechterhand aufgefächert, Hasch und Gras im Wechsel, und selbst mein Discman machte heute keinerlei Zicken. Schon auf dem Weg hierher hatte er *Totally Crushed Out!* ohne Sprünge oder Gestotter abgespielt, jetzt lief das Album bereits zum zweiten Mal durch. Der zuckersüße, mehrstimmige Frauengesang, die harten Gitarren, dazu die Premium-Hitze, der einsetzende Rausch, alles war perfekt: Harald Juhnkes berühmter Glückszustand stülpte sich auf mein terminfreies Dasein – doch da bemerkte ich durch die geschlossenen Lider, dass die Welt ein wenig dunkler wurde. Zwischen der Sonne und mir braute sich etwas zusammen.

Ich schlug die Augen auf.

Es war Rieke.

Sie stand über mir, blickte auf mich herab, nahm mir das Licht. (Wenn Metaphern in die Wirklichkeit rübermachen, geht es in der Regel dem Ende zu. Beispielsweise, wenn ein Herz tatsächlich bricht: Dann stirbt man.)

Ich blinzelte hoch zur vertrauten Silhouette meiner viel zu großen Liebe. Wieso war sie schon zurück? Eigentlich war sie doch mit der Agentur in Frankfurt? Sie hatte keine Badesachen dabei, nur ihre ernste Miene, die sie mir ungeduldig hinhielt. Ich hätte den Song gerne noch zu Ende gehört, aber Rieke tauschte die ernste gegen ihre düstergenervte Miene, die eigentlich für Versagen an Jahres- und Geburtstagen reserviert war. Also nahm ich, wenn auch widerwillig, meinen Kopfhörer ab. Sie kam direkt zum Punkt: »Suffo – das wird nichts mehr.«

Am Morgen vor einer wichtigen Präsentation oder Verhandlung, wenn sie bereits agenturfein war, holte sie mich stets aus dem Bett und verfrachtete mich aufs Sofa der Wohnküche, um mir ihre Zeilen für den bevorstehenden Tag vorzuspielen, in mehreren Varianten und Intensitätsstufen. Jedes Wörtchen musste am richtigen Platz sitzen. Gestik, Mimik, Körpersprache und Stimmlage waren dabei ebenso wichtig wie das Gesagte. Sie überließ nichts dem

Zufall. Den Slogan *Suffo – das wird nichts mehr* musste sie also aus zahlreichen Varianten ausgewählt haben. Sie hatte das Schlussmachen mit mir, diesen Auftritt vor dem Ganzkörperspiegel geprobt. Hätte sie mich aufs Sofa gelegt, ich hätte ihr zu der Version in der Hocke, mit der Hand auf meinem Unterarm und der lieben Flüsterstimme geraten. Ein gehauchter Kuss auf die Wange zum Abschied, den ich noch lange durch den Tag bis in den Abend hineingetragen hätte – das wäre mein Abschiedstipp gewesen.

»Was wird nichts mehr?«, fragte ich. Ein Teil von mir behielt die Möglichkeit im Blick, dass sie damit das unweigerlich näher rückende Ende der Welt gemeint haben könnte.

»Ich sehe keine Zukunft. Für uns.«

»Du kannst in die Zukunft sehen?«

Rieke atmete tief ein, und ihre lange, spitze Nase zog es rasch und fremdgeleitet wie eine Kompassnadel zur Mitte des Teichs. Da war nur ein gelbes Gummiboot, aber sie legte die Stirn in Falten, als bestünde die Möglichkeit, dass sie die Person darin kennen könnte. Sie schob den Kopf leicht nach vorn, schirmte dabei die Augen ab und murmelte: »... ist das nicht ...? – Ach nee, doch nicht.« Ein jämmerliches Schauspiel, so könnte man meinen. Als Riekes Lebenspartner verfügte ich jedoch über Insiderwissen: Dieses Selbstablenkungsmanöver war eine ihrer Übungen aus dem *Anger-Management*-Seminar, das sie, um unsere Liebe zu retten, belegt hatte. Ich hatte keinen Kurs besucht, denn erstens war meine Neigung, in ernsten Situationen unangemessen flapsig und albern zu reagieren, eine meiner Unheilbarkeiten (Rieke: »Mein Vater hatte einen Herzinfarkt!« –

Ich: »Dein Vater hatte ein *Herz?!*«), und zweitens gab es keinen Kurs für *Witzlosigkeit und Humorvermeidung.*

Riekes Wut war abgedampft, sie konnte mich wieder ansehen, ohne schreien zu müssen. »Suffo. Wir wollen einfach grundverschiedene Dinge vom Leben. Eine von uns zweien wird immer unglücklich bleiben. Es ist besser für beide, wenn wir uns trennen.«

Jetzt erst brach mein Herz. Genau in der Mitte in zwei Hälften. Doch die kleinen Schelme, die ich jeden Morgen frühstückte, drückten es schnell wieder zusammen – für den Moment würde es halten.

»Wie, *trennen ...?* Jetzt gleich? Hier? Muss ... muss ich irgendwas machen?«

Riekes Nasenspitze zog es erneut zur Seemitte, doch das Boot war verschwunden, irgendwo am Ufer oder versunken oder, wie alles, nur ausgedacht gewesen. Also schloss sie die Augen, und ihre Kiefer begannen zu arbeiten wie bei einer wiederkäuenden, dummen Kuh. Dann erklärte sie langsam und tonlos, ohne die Augen zu öffnen: »Du musst nichts machen. ICH habe mich von DIR getrennt. Suffo. Ich war nicht in Frankfurt, ich habe meinen Umzug vorbereitet. Visko und die starken Männer haben heute Vormittag meine Sachen ausgeräumt. Den Kühlschrank kannst du behalten.«

»*Wixo* war bei uns in der Wohnung?«

Ex-Lover hatten bei uns keinen Zutritt, das war ein Gesetz. Und Rieke hatte mit ihrer Jugendliebe Visko Weill, den alle vernünftigen Menschen (ich) »Wixo« nannten, ihren Umzug nicht nur *heimlich geplant*, sondern auch mithilfe seiner starken Messebau-Männer *durchgeführt* und einen *wichtigen Kongress* in Frankfurt erfunden? Ich sah sie mit den größten Augen an, die ich hatte.

»Wo ziehst du denn hin?«

Sie zögerte. Dann reckte sie das Kinn in die Höhe und sah mich fest an: »Zu Visko.«

»Du ziehst zurück zu *Wixo*? Nach *Miesburg?!*«

»Nein. Visko hat jetzt eine 4-Zimmer-Eigentumswohnung in der List. Mit Dachterrasse.«

»Ach soooo, dann ist ja alles gut! Puuh, ich dachte schon *Miesburg* …«, ich pustete im Sinne Tex Averys aus und wischte mir den dazu gedachten Schweiß von der Stirn. »Aber Dachterrasse UND List, das klingt doch traumhaft! Hat die Wohnung auch einen Penis, den du mitnutzen kannst?«

»SUFFOOOO!«, schrie sie und fauchte ein »Genau darauf habe ich einfach keinen Bock mehr!« hinterher. Erstaunlicherweise flossen Tränen.

Wixo hatte so eine Bude für Werbemittel, Textilstickerei und Folierungen, einen Golden Retriever, der stank, eine demente Mutter, die er pflegte, und jetzt auch noch eine Eigentumswohnung in der List, mit einer Rieke darin. Was für ein Wichser. Ich hatte nicht mal eine Mutter.

»Aber, was ist mit … *zusammen alt werden und so?*«, versuchte ich mit Eichhörnchenstimme.

»Dazu müsste man erst mal erwachsen werden – und ich bin mir nicht sicher, ob du das vorhast.«

»Aber du hast drei Jahre Vorsprung!«

»Das hast du vor drei Jahren auch gesagt.«

Und damit ging sie.

»Schadieu!«, rief ich ihr hinterher, während sie extra einen Bogen machte, um sicherzugehen, dass sie mich links liegen ließ.

Als ich die Wohnung betrat, blieb ich im kahlen Flur stehen. Die weißen Silhouetten von Kommode und Spiegel grüßten von der Wand wie Geister der Vergangenheit. Auch das Telefon war verschwunden. Nur mein Anrufbeantworter stand noch auf dem Linoleumboden. Die rote Digitalanzeige leuchtete: Eine neue Nachricht. Ich hörte sie ab. Rieke.

»Hallo Suffo, ich habe eine Ansage mit meiner neuen Nummer aufgesprochen, bitte lass sie für ein paar Wochen auf dem AB, damit die Leute wissen, wie sie mich erreichen können.«

Ich hörte mir die neue Ansage an. Rieke mit ihrer Warteschleifenstimme: »Hallo, hier ist der Anschluss von Suff O'Cate und – ehemals – Rieke Lang. Genau, ich wohne hier nicht mehr, und ihr erreicht mich unter der Nummer null-fünf-elf, drei, zw…«

Ich drückte auf Stopp. Die Nummer durfte ich nicht kennen, sonst müsste ich meiner neurotischen Verpflichtung nachkommen, Telefonstreiche zu machen. Und das würde böse enden, womöglich sogar mit Wixos starken Männern.

Riekes Ansage ließ sich nur löschen, indem ich eine neue auf den AB sprach. Ich überlegte nicht und drückte auf den Aufnahmeknopf. Die besten Entscheidungen meines Lebens hatte ich ohne Nachzudenken gefällt, und auch die schlechtesten – eine todsichere Methode, die immer funktionierte.

»Hallo, hier ist Suffo, ich bin den ganzen Juli am Nord-pol, ein Nickerchen machen, und kann auch danach nicht zurückrufen, da Rieke das Telefon mitgenommen hat. Sie ist jetzt nämlich erwachsen, mit Dachterrasse. Wenn ihr sie erreichen wollt, dann kuckt in den Gelben Seiten unter ›Wixo‹. Und hinterlasst mir bitte keine Nachrichten.«

Riekes Zimmertür stand offen. Ich gab ihr einen sanften Tritt, damit sie zufiel, bevor mich die Leere dahinter an-springen konnte.

In der Wohnküche (die jetzt nur noch eine Küche war) setzte ich mich vor den offenen Kühlschrank (der jetzt mir gehörte), lehnte mich so gut es ging an und ließ die kühle Luft auf mich herabstürzen. Das Bier hatte sie mir auch gelassen, immerhin. Ich öffnete eins, hielt mir die Flasche an die Schläfe, links, rechts, dann trank ich einen langen Schluck … *Aaaah!*

Alkohol, was für eine sensationelle Erfindung.

Gut, dass es ihn gab. So konnte mir nichts passieren.

Wiederherstellung

Den Jahrhundertjuli verbrachte ich in der sparsam möb-lierten Wohnung, in einer Küche ohne Tisch und Töpfe, in einem Schlafzimmer ohne Bett, hinter verdunkelten, geschlossenen Fenstern, um Hitze, Geräusch und Leben auszusperren. Ich holte die Zweier-Luftmatratze aus dem Keller und pumpte sie auf. Den Anrufbeantworter vergrub ich unter einem Berg Decken, Winterjacken und Kissen, für die Entschärfung der Klingel musste ein Draht durchgezwackt werden, geil, das hatte ich noch nie gemacht. Dann war Ruhe.

Tage wurden verschlafen, Nächte zogen in großer Gleichförmigkeit vorbei, ohne Spuren zu hinterlassen. Die tiefe E-Saite meiner Akustikgitarre riss, während ich schlief. Von diesem Sommer sollte es keine Beweislieder geben. Ich deckte Achtspurrekorder, Gitarre, Drumcomputer und Keyboard mit weißen Laken ab und ging nur noch für Bier und Tiefkühlpizza vor die Tür.

Am letzten Tag des Julis, ich war gerade erst aufgestanden, rollte ich eine Kühlschrankladung Herrenhäuser durch die katastrophale Nachmittagshitze Hannovers. Auf der Bürgersteigkante vor meinem Haus sah ich Baltus im Schatten sitzen. Neben sich eine orange Plastiktüte. Als er meinen Einkaufswagen über den von Baumwurzeln aufgesprengten Asphalt rumpeln hörte, blickte er auf und grinste. Dann erhob sich mein kleiner, kugeliger Kindergartenfreund und breitete die Arme aus: »Suffo.«

Baltus streichelte mir mit beiden Händen die Nieren, höher kam er nicht. Wie schon so oft betrachtete ich dabei seinen kahlen, von Sommersprossen übersäten Schädel. Schon zu Schulzeiten hatte er da oben keinen ernstzunehmenden Haarwuchs mehr gehabt.

Wir klöterten mit dem Einkaufswagen direkt in den kleinen Hinterhof, der so was wie unser Garten war, da nur unsere Erdgeschosswohnung einen direkten Zugang hatte. *Meine* Erdgeschosswohnung. Baltus entrollte den Gartenschlauch und füllte den alten Waschtrog mit frischem Wasser, versenkte Biere, dann nahmen wir in den alten Liegestühlen Platz. Bier und Zigaretten zwischen uns in Greif-weite. Die Sonne stach im Sommer am Nachmittag eine knappe Stunde lang am Bunker vorbei in den Hinterhof. Baltus reichte mir ein Bier.

»Suffo«, sagte er erneut, wie es so seine Art war.

»Baltus«, antwortete ich.

Wir prosteten uns zu, tranken und schwiegen. Er stellte die Bierflasche auf seinem runden Bauch ab und steckte sich eine Filterlose an.

»So. Du hast den Juli verschlafen – soll vorkommen, ge-rade in den besten Familien. Aber jetzt musst du wieder unter die Leute. Oder wir gehen schön in die Eilenriede scheißen. Hauptsache vor die Tür. Hast du mal in den Spie-gel gekuckt?«

Ich klemmte mir die strähnigen, langen Haare hinter die Ohren, kratzte mein fusselbärtiges Kinn.

Seit Riekes Auszug hatte ich das Badezimmer nur einmal betreten.

Ich hauchte mir in die hohle Hand und schnupperte.

»Habe ich Mundgeruch?«

»Du stinkst wie ein unabgewischtes Arschloch und siehst aus wie ein Eimer Dünnschiss.«

(Baltus behauptete, unter *Koprolalie* zu leiden. Dabei handelt es sich laut Fremdwortlexikon um *die krankhafte, fortgesetzte Neigung, beim Sprechen obszöne Ausdrücke und Bilder der Verdauungsvorgänge zu verwenden.* Diese Neigung ließ sich bei ihm durchaus als fortgesetzt bezeich-nen – aber krankhaft? Er schien nicht darunter zu leiden.)
Ich steckte mir ebenfalls eine *Camel ohne* an und blies Rauch in den Himmel. Neben uns ragte der dunkle Block

Nazibeton steil in die Höhe, Mutter Sonne wanderte unaufhaltsam ihrem Verschwinden entgegen, so wie ich. Mit geschlossenen Augen trank ich einen langen Schluck, dann sah ich zu Baltus. Er beugte sich herüber und legte seine Hand auf meinen Unterarm.

»Komm«, flüsterte er. »Dusche, Rasur, Kämmung. Ich packe derweil Bierchen ein und rolle Tüten vor – und dann schön am Leibniztempel abdimmen bis zum scheiß Sonnenuntergang.«

»Ooh nööö«, verzog es mir das Gesicht. »Da sind doch die Trommelhippies. Lass uns lieber in den Großen Garten. Zum Schwanenteich.«

Baltus machte sein nachdenkliches Professorengesicht. »Hm … ein Schwanenteich ohne Schwäne, in einem Barockgarten – geht's nicht noch deprimierender? Vielleicht eine Kinderbeerdigung? So ein kleiner, weißer Sarg, wär das was? Hm?«

»Ich brauche keinen Sarg – das Kind in mir lebt noch.«

Baltus atmete geräuschvoll aus. »Sag mal, nerve ich dich? Willst du lieber alleine sein?«

Ich musste erstaunlicherweise nicht einen Moment überlegen.

»Nein. Ich möchte nicht alleine sein. Ich fürchte nur, dass alles Laute oder Bunte oder Nervige zu einem Realitätsschock führen könnte. Und Trommelhippies sind …«

»… laut, bunt und nervig«, murrte Baltus widerspenstig.

»Na also.«

Im Bad roch es noch immer nach Riekes Pflegeproduktserien. Ich zog mir das T-Shirt über die Nase, hielt die Luft an und öffnete den Putzmittelschrank. Im untersten Fach hinter dem *Rohrfrei* fand ich mein Parfum. Der Flacon, ein dicker Tropfen aus schwarzem Rauchglas, mit einem Paar ausladender, schwarzer Lippen als Verschluss, war von einer klebrigen Staubschicht überzogen. Ich wischte die Schmiere mit einem Waschlappen ab und polierte das Fläschchen, bis die goldenen Lettern des Namensgebers wieder glänzten: *Salvador Dalí – Dalí pour homme.*

Dalí selbst hatte den Flacon gestaltet und dem Parfümeur den Duft diktiert, kurz vor seinem Tod.

Meine Mutter schenkte es mir, als ich dreizehn Jahre alt war. Kurz vor ihrem Tod.

Seitdem habe ich es mir immer wieder nachgekauft. Bis ich Rieke traf. Sie konnte Salvador Dalí nicht riechen, weder seine Kunst noch das Parfum, das ich mir jetzt wie Tigerbalm unter die seit drei Jahren verstopfte Nase sprühte. Ich holte tief Luft und verteilte das Parfum großzügig, setzte Duftstöße direkt auf die Wände, ins Waschbecken, wie Odol in den Rachen und stieg in die Dusche.

Sauber, entlaust und glattrasiert, gekämmt, geföhnt und parfümiert zog ich das signalorangene Hemd vom Flohmarkt an, stieg ich in meinen blauen Nadelstreifenanzug aus dem Altkleider-Shop, schlüpfte ich in die gelb angesprühten Doc Martens. Die langen, wieder wehenden Haare trug ich offen, sie reichten mir bis zu den Ellbogen.

Als ich in den Garten trat, der mittlerweile im Schatten lag, quittierte Baltus meine optische wie olfaktorische Wiederherstellung mit einem zufriedenen Nicken. Er hatte meinen Army-Rucksack geschultert und hielt zwei Wegbiere bereit: Herri für mich, Lindner für ihn. Dann steckte er mir einen Joint zwischen die Lippen, gab mir Feuer, ich rauchte an, paffte einen Kringel in die Luft, wir brachen auf.

Laut, bunt und nervig

Im Georgengarten lagen überall Menschen herum, gerade so, als wäre er dafür da. Der zu allen Seiten offene, im Stil englischer Landschaftsgärten angelegte Park war voll, *viel zu voll*, so war ich gewohnt zu denken, aber die lustbarliche Entzündung in mir überstrahlte alles Denken und lenkte mich, zum Erstaunen von Baltus, wie an einer Schnur gezogen, fernab der vorgegebenen Pfade, in Luftlinie also, dem aus der Ferne herüberwehenden Getrommel entgegen. Mein Panzer aus *Dalí pour homme* umschwebte mich. Die Bilder, die der Duft nach Jahren der Verbannung in mir heraufbeschwor, waren warm, unscharf und kaum konkret. Flüchtig huschende Erinnerungen an bittersüße Gefühle, die man nur in jungen Jahren fühlen kann und über die sich nicht mit Sicherheit sagen lässt, ob sie ihre Süße erst in der Rückschau entwickelt haben. Die Trauer über das Alleingelassenwerden, die mich seit dem dunkelsten Tag meiner Kindheit überschattete, ließ die überfällige Trennung von Rieke wie ein Luxusproblem erscheinen. Eine Banalität, die im Vergleich zu dem ultimativen Verlust, den ich überlebt hatte, schrumpfte und schließlich verpuffte, bis da nur noch meine alte, wulstige Narbe war, die an guten Tagen glänzte, sodass ich sie wie eine Auszeichnung und mit dem Stolz eines Veteranen tragen konnte.

Am Fuße einer der sieben Säulen des Rundtempels, der mit etwas Fantasie auf einer Halbinsel stand, saßen sie. Die Trommelhippies. Ich musste ganz nah heran, schließlich würde gleich etwas Aufregendes geschehen – wieso wären wir sonst hier? Unweit der Trommler nahmen wir Platz, öffneten die nächsten Biere und rauchten den nächsten Joint.

Drei Männer waren dabei, den Park akustisch zu penetrieren. Die zwei jüngeren waren von jener weißen Sorte mit Wursthaaren, der eine trug seine Pracht offen, er hatte Fäden, Perlen und Federn in Rastafari-Farben hineingeflochten, der andere hatte seine Haarwurstsammlung trotz Hitze in einem Strickmützensack am Kopf hängen, wie ein aus dem Ruder gewuchertes Furunkel, bei dem man den Zeitpunkt verpasst hatte, als eine operative Entfernung noch möglich gewesen wäre. Der Dritte im Trommelbunde war zufällig in die Konstellation geraten, eine dunkel zerzauste Gestalt, vollbärtig, schrundig, langzeitbarfuß, mit Sohlen auf halbem Weg zum Hufe. Sein Haar war ebenfalls verfilzt, jedoch ohne Konzept oder Vorbild. Und so prügelte er auch auf die Djembe ein, die für spontane Mittrommler bereitstand: ohne Konzept oder Vorbild. Er wollte dazugehören – aber gleichzeitig von allen gehört werden. Denn er war wütend. Die Wurstmänner ließen sich nicht von seinem Trommelfellmassaker beirren, nickten ihm sogar aufmunternd im Takt zu, aber der arme Heimatlose stieß lieber Urschreie aus. Aus dem herumliegenden Sommervolk fing jetzt einer mit Muskeln und Haarschnitt an zu mosern, erhob sich schließlich, und als er dem Djembeprügler die Trommel entriss, stellten die zwei Weißwürste augenblicklich ihr Spiel ein.

Die eintretende Ruhe war himmlisch. Vögel lernten wieder zwitschern, ein Kinderlachen schwebte federgleich zu uns herüber.

»Ey … lass ihn doch bitte …«, nuschelte die Reggae-perlenwurst.

»Hier darf jeder so mittrommeln, wie er will«, nuschelte das Riesenfilzfurunkel.

»Das nervt aber. Der Assi macht einfach nur Lärm!«, sagte der sehr muskulöse Mann sehr deutlich.

Baltus versuchte noch, mich aufzuhalten, doch zu spät. Ich hatte mich bereits erhoben und war mit ein paar langen, aber ruhigen Schritten bei der kleinen Gruppe.

»Sei doch nicht so streng mit ihm«, sagte ich sanft zum Muskelmann. Er drehte sich zu mir.

»Jeder Mensch braucht von Zeit zu Zeit sein asoziales Momentum. Das hält frisch, glaub mir! Du solltest es mal ausprobieren.«

Mit den Händen in den Hosentaschen seiner locker geschnittenen Junkie-Stoffhose fixierte er mich einige wortlose Sekunden lang, ich lächelte pastoral, alle Vögel hielten ihre Schnäbel, ein Kind weinte. Und dann, ohne Schwung zu holen, rammte er mir seinen Vorderschädel auf den Nasenrücken.

»Du hast recht«, sagte der Muskelmann ruhig. »Danke für den Tipp!«

Ich tastete mein Gesicht ab.

Kein Blut, die Nase war noch da.

Keine Schmerzen.

Im Gegenteil: Die Schmerzen schienen im Verhältnis 1 zu 1 in Endorphine umgewandelt worden zu sein. Die Vöglein jubilierten, ein Kinderchor sang Fiderallala. So musste sich Heroin anfühlen.

»Danke, Muskelmann!«, sagte ich und meinte es.

Der Muskelmann lächelte, nahm die Hände aus den Taschen und legte sie vor der Brust aneinander. »*Namaste!*«, erwiderte er mit einer angedeuteten Verbeugung.

Das kleine Fest

Zu den Herrenhäuser Gärten gehört ein Berggarten, der Georgengarten, ein Schloss – und der Große Garten. Es ist eine prunkvolle Barockgartenanlage mit zahlreichen Statuen, Pavillons, einer fast 70 Meter hohen Fontäne, Wasser- und Heckenkunst aller Art, es gibt dort sogar einen von den Nationalsozialisten gepflanzten, achteckigen Irrgarten, ein Nazilabyrinth, in dem ich als Kind Ende der 70er-Jahre für mehrere Tage verloren ging. Meine Tante und meine Oma mussten laut lachen, als ich endlich den Ausgang wiederfand und meiner Mutter weinend in die Arme fiel.

Der Haupteingang des Großen Gartens lag nur zehn Fußminuten vom Tempel entfernt. Schweigend folgten wir dem geschwungenen Pfad durch den Park, ich glitt zwangsbeseelt von der Überdosis Endorphin dahin. Eine leer werdende Bank verordnete uns die nächste Pause. Neue Tüte, neue Biere, Prost. Wir konnten schon die Baumreihe sehen, die an der breiten Graft steht, welche den Barockgarten an drei Seiten umschließt. In Sommernächten war der Park ein beliebtes Ziel für unsere Rauchausflüge. Zumindest früher einmal gewesen. Nachts wurde das große Tor des Großen Gartens geschlossen, und man hatte ihn für sich allein. Da der Wassergraben viel zu breit zum Überspringen war, musste man kühn genug sein, um vorne im richtigen Moment, vorbei an den auf und abschreitenden Sicherheitskräften, über die Mauer zu klettern. Und selbst wenn man es ungesehen in den Innenbereich schaffte, musste man noch auf der Hut sein: Auch auf den Wegen patrouillierte von Zeit zu Zeit ein Gartenwachmann. Unter diesen Bedingungen zu kiffen machte bewiesenermaßen ganz besonders dicht. In den allermeisten Fällen sogar *so dicht wie noch nie*. Es war wie Zauberei. Wir nannten es *Kiffing in Action*.

»Fuck, du hast recht! Wir müssen mal wieder *Kiffing in Action* machen«, sagte Baltus, als er meine Gedanken las. Ich nickte wie ein Koala auf Euka.

Auffällig viele Leute strömten zum Haupteingang, der um die Ecke, außerhalb unserer Sicht lag.

»Ist das normal? Was ist hier los?«, fragte ich.

»Irgendein scheiß Feuerwerk bestimmt … ich kotze«, grunzte Baltus. Die Menschen zog es in immer dichteren Trauben zum Haupteingang. Dann tauchte hinter der Ecke ein Riesenhamster mit rosa Rüssel und metallisch schillerndem Federkleid auf. Er durchschritt die Menge, auf stokeligen Vogelbeinen, die Menschen um Menschenlänge überragend, diese wichen respektvoll zurück, während der Rüsselhamster sich bedrohlich im Kreis drehte und mit langsam schlagenden Flügeln die Menge taxierte.

»Baltus!«, rief ich und schlug ihm meinen Handrücken auf den nachschwabbelnden Brustkorb.

»Suffo!«, echote er in identischem Tonfall, inklusive gespiegelter Rückhand, nur dass es bei mir nicht schwabbelte, sondern knackte.

»Heute ist kleines Fest im Großen Garten!«

»Fickndiddi, auch das noch!«

»Lass uns hin!«

»Hast du den ARSCH offen?«

»Ich MUSS dahin!«

»Suffo, das is KLEINKUNST! Oder sollte man besser sagen: KEIN-KUNST? Wir waren da mal mit der Firma vor paa' Jahren, Uhren-Gerd is irgendwie aus Versehen an Karten gekommen … Alter, du machst dir keine Vorstellung: überall im Garten verteilt sind kleine Bühnen, und da gibt's dann Clownerie, Jonglage, Zauberei … aller möglicher Kein-Kunst-Kack halt, und dann immer nur zwanzig Minuten oder so, und die Honks machen ihr Programm fünfmal hintereinander, dann sollst du von Bühne zu Bühne laufen und dir die Scheiße in deine persönliche Reihenfolge quirlen. Totaaal stressig, weil du auf keinen Fall alles sehen kannst, und du hast so einen beschissenen Plan und verläufst dich, und auf den Wegen zwischen den Bühnen stokeln diese verkleideten Arschlöcher rum, wie dieses verfickte Federvieh da vorne, und ständig wirst du angepickt oder vor allen Leuten vom Kacke-Clown verarscht. Das ist laut, bunt und nervig in Reinform!«

»Meine Oma hat uns früher immer eingeladen, wenn Auntie Almost aus Irland im Sommer mit meinen Cousinen da war. Oma, alle sieben Enkelkinder, meine Mutter und ihre Schwestern – das war immer voll schön!«

»Ja. Weil du ein Kind warst. Ein dummes Scheißkind,

wie alle Kinder. Wenn du da jetzt reingehst, möchtest du spätestens bei der dritten Vorstellung den Holzklotschen-stepptänzer mit seinen Holzklotschen totsteppen, auf der Bühne, vor Zeugen. Suffo, vergiss es doch bitte, und bewahr dir deine Disney-Kindheitserinnerung. Das hältst du heute nur noch auf LSD aus, und …«, er wühlte in seiner Hosen-tasche herum, holte die Hand wieder raus und schüttelte den Kopf, »… ich habe leider keins dabei.«

Ich trank einen langen Schluck, um Anlauf zu nehmen. Dann erhob ich mich, stellte mein Bier ab und begann mit gesenktem Blick vor Baltus auf- und abzuschreiten.

Zeit für meinen Monolog.

»Baltus Hasenkampf. Allein der Begriff ›Kleinkunst‹ zeugt schon von deiner Klein-Geistigkeit – oder sollte man besser sagen: KEIN-GEISTIGKEIT? Denn was soll bitte *klein* daran sein, aus dem Stegreif Menschen jeglichen Bildungs-grads mit performativen Mitteln der Wirklichkeit entzie-hen zu können, auf dass diese für ein paar Momente die Beschissenheit der Welt vergessen und mit einem *Gefühl* hinter dem Brustbein in ihr mattes Leben zurückkehren? Und nur weil diese Artisten selten im Fernsehen und niemals im Staatstheater und unter keinen Umständen im Museum zu sehen sind, sondern auf Varietébühnen, auf Kulturfestivals und Straßenfesten ihrer ehrlichen Arbeit der kunstvollen Unterhaltung nachgehen, im Kontakt und auf Augenhöhe mit dem Publikum, und das, wohlgemerkt, zu einem Hungerlohn, was ihnen gleich ist, weil sie lieben, was sie tun – und deshalb, Professor Hasenkampf, soll ihre Kunst kleiner sein als ein Liter Farbe auf einer Fünf-Qua-dratmeter-Leinwand, die in einem wohltemperierten, weißen Raum mit hohen Decken hängt, in dem nur geflüstert werden darf? Ich bin auch Kleinkünstler, Baltus. Ich liebe, was ich tue, mich zieht es auf die Bühne, egal wie klein sie ist, ich will nichts anderes tun, als der Menschheit meine Lieder vorzusingen, und wenn es mir gelingt, dass ich ihnen durch das Mikrofon einen ungedachten Gedanken in den Kopf setze oder einen tausendfach heimlich gedachten Gedanken mit meinem Publikum teile, Baltus, dann ist das wie Magie, für sie ebenso wie für mich, wir ernähren uns gegenseitig. Für meine gelungensten Zeilen werde ich beim Singen mit einem stummen Wir-verstehen-uns-Nicken, einem beseelten Lächeln oder sogar einem verdrückten Tränchen beschenkt. Das sehe ich nur, weil sie ganz nah vor mir stehen. Madonna sieht das nicht.« Ich machte einen Ausfallschritt zur Bank, musste kurz nachtanken, dann ging es weiter. »Uns gab es schon immer. In sämtlichen Kulturen der Weltzeitgeschichte waren wir für unsere Mitmenschen da und haben die Welt schlauer gemacht und zum Lachen gebracht und haben Trost gespendet; als Minnesänger, als Narren, als Geschichtenerzähler. Und wir waren immer bereit, prekäre Lebensumstände dafür in Kauf zu nehmen.«

Ich ließ mich erschöpft neben Baltus auf die Bank plumpsen. Er hatte die Augen geschlossen und begann den Kopf hin und her zu wiegen. Sein Finale formte sich, nahm Gestalt an, und dann – riss er die Augen auf und hüpfte im Schlusssprung auf die Bank.

»Du trittst zwar auch für einen Hungerlohn auf, aber auf Augenhöhe mit deinem Publikum und in Jugendzentren, Suffo. In besetzten Häusern und auf Umsonst-und-draußen-Festivals – wenn's gut läuft, für Spritgeld. Du singst mit deiner Jesusmatte im goldenen Anzug vor einer handvoll besoffener Punks ›Alles mit Käse überbacken!‹ – DAS ist Kunst, mein Lieber! Ganz große Kunst. Das da drinnen sind jonglierende Spackos auf Stelzen, die ihre gefederten Ärsche für die Generation Theater-Abo hinhalten.«

Ich erhob mich. Baltus auf der Bank, ich davor, wir waren auf Augenhöhe. »Tut mir leid, Baltus. Ich muss da hin.«

Eintritt frei

Endlich hatte ich es durch die Menge zum Kassenhäuschen geschafft, Baltus wartete abseits des Getümmels im Schatten einer Mauer, schließlich hatte er kein Interesse daran, ins Visier von Fabelwesen zu geraten.

»Der heutige Abend ist seit sieben Monaten ausverkauft. Die Tickets mussten verlost werden, so groß war die Nachfrage!«, lachte die Soziologiestudentin hinter dem Kartenschalter die Frau vor mir aus. Verdammt. Ich wollte bereits wieder gehen, da antwortete eine erstklassige Stimme:

»Ach so, nein … ich bin von der Presse.«

Die Frau zur Stimme war vor etwa drei Monaten wasserstoffblond gewesen, der köterblond nachwachsende Haaransatz war fast halb so lang wie der weiße Teil ihrer Struwwelpetra-Haare. Sie steckte in Springerstiefeln, einem grünen Strick-Top, einer knielangen Jeans und hatte eine klobige Spielzeugkamera um den Hals hängen. Die Studentin hinter dem Schalter musterte den Fotoapparat und auch die dazugehörige Frau skeptisch. Wir alle waren etwa im gleichen Alter, Anfang bis Mitte zwanzig, also unter keinen Umständen erwachsen, und es kam mir vor, als würden wir »Theaterkasse« spielen. Die zwei waren richtig gut.

»Dürfte ich bitte einmal Ihren Presseausweis sehen?«

Die Studentin nahm das laminierte Kärtchen entgegen, musterte den Ausweis, und ließ ihren Zeigefinger über eine Liste wandern. Jetzt bemerkte mich die Fotografin, trat einen Schritt zurück und zeigte mit fragendem Gesicht auf ihre Kamera und dann auf mich, von Kopf bis Fuß und zurück. Ich verstand, richtete mein Haar, nahm Haltung an, nickte, sie kuckte durch den Sucher und drückte ab. Anschließend tat sie, als müsste sie den Film an einem dicken Rädchen weiterspulen, lächelte ein *Danke* herüber und wandte sich wieder der angehenden Soziologin zu.

»Ihr Name steht leider nicht auf der Liste«, hörte ich sie noch sagen, als ich das Kartenhäuschen verließ.

Ich fand Baltus in eine abgelegene Ecke gedrängt, umzingelt von drei Stelzenchimären. Alle stießen furchterregende Schreie aus und pickten flügelschlagend auf ihn ein. Baltus schlug und trat um sich, traf endlich ein Vogelbein und brachte die dazugehörige Nilpferd-Elfe zu Fall.

»Da bist du ja!«, stöhnte er genervt und stieg über den sich im Kies windenden Kleinkünstler. »Ausverkauft, oder?«

Ich nickte. Baltus riss der Elfe ein Bein aus und drohte den anderen beiden Mischwesen damit, woraufhin diese mit flatterndem Federkleid die Flucht ergriffen.

»Lass uns abhauen, bevor ich noch einen Clown erwürge!«

Wir schlenderten den breiten Graben entlang, weg vom Haupteingang. Als wir ans Ende des Großen Gartens gelangten, dort, wo die Graft rechtwinklig abbog, setzten wir uns ins Gras, tranken unser letztes Bier und rauchten auch die letzte Tüte, die Baltus vorgebaut hatte. Auf der anderen Seite, im Großen Garten, stand ein Pavillon aus grauem Stein, wie ein Miniaturtempel. Sehnsüchtig blickte ich hinüber. In der gesamten Anlage begann nun bald das Spektakel. Die Menschen würden über die illuminierten Wege von Vorführung zu Vorführung flanieren – und ich war nicht dabei. Wieso war ich nach dem Tod meiner Mutter nie wieder beim kleinen Fest im Großen Garten gewesen? Ich erhob mich und trat ans Ufer. Der Graben war bestimmt zwanzig Meter breit, seine Wasseroberfläche mit Seerosen, Entengrütze und einem Schmodderfilm überzogen. In der Nähe des Haupteingangs war das Wasser sauberer. Aber dort war zu viel los. Auf der Hinterseite hingegen …

»Baltus – lass mal hier abbiegen und das Wasser da hinten checken. Da sieht uns keiner. Vielleicht können wir rüberschwimmen, und sobald das Tor geöffnet wird, mischen wir uns lustwandelnd unters Volk!«

»Suffo! Jetzt ist aber mal gut mit dem Tatendurst. Für deinen ersten scheiß Ausflug in die verfickte Wirklichkeit haben wir genug Geschichten gesammelt.«

Ich schüttelte nur einmal kurz den Kopf. »Ich muss da rüber. Mit dir oder allein.«

»Na gut.« Er nickte. »Ich bin raus.«

Wir umarmten uns, ich küsste seine Glatze, Baltus trat einen Schritt zurück, hielt mich an den Oberarmen fest und sah zu mir hoch. »Mein Sohn. Ich bin stolz auf dich.« Ich salutierte, Baltus nahm die zwei leeren Bierflaschen an sich und verschwand in den Georgengarten.

Mit geschultertem Rucksack folgte ich dem Graben, in der Hoffnung auf klares Wasser. In der Mitte der hinteren Parkseite buckelte sich ein Rondell als kleine Halbinsel aus dem perfekten Rechteck größenwahnsinniger Gartenkunst, ich lief am Ufer des Wasserbogens entlang. Durch die Bäume am Ufer konnte ich bald den Klon des Minitempels aus der anderen Ecke erkennen. Hier war die Wasseroberfläche nahezu frei von Schmutz und Entengrütze. Ich schlüpfte aus den Schuhen, zog mich aus, faltete den Anzug zusammen und legte ihn in meinen Rucksack, darauf Hemd, Unterhose, Socken, Schuhe mit der Sohle nach oben. Den musste ich irgendwie trocken ans andere Ufer bringen. Ich sah mich noch einmal um – und erschrak.

Es gab drei Möglichkeiten:
1. Die Flucht ergreifen.
2. Zum Wasser eilen und rüberschwimmen.
3. Stehen bleiben, den Rucksack vor meinen Schritt halten. Eins, zwei oder drei?

Du musst dich entscheiden

Ich entschied mich für die vierte Möglichkeit: Ich stellte den Rucksack ab, richtete mein Haar, nahm Haltung an, nickte, sie kuckte durch den Sucher und drückte ab. Diesmal blitzte es. Ich erblindete.

»Super, vielen Dank!«, sagte die erstklassige Stimme aus

dem Kassenhäuschen und fragte: »Ist in deinem Rucksack noch Platz?«

Sie hatte den Garten auf der gegenüberliegenden Seite mit der gleichen Idee umrundet, denn nun begann sie, sich auszuziehen.

»Klar. Ich geh schon mal ans Wasser.«

Wenig später trat sie nackt neben mich und reichte mir den prallen Rucksack. Die Springerstiefel hatten nicht mehr reingepasst, die trug sie mit verknoteten Schnürsenkeln wie außerirdischen Kopfschmuck, links und rechts baumelte ihr ein Stiefel über die Ohren.

»Komm!«

Ohne zu zögern ging sie ins Wasser, sang »Uaaaaaah, Modddeerrrrr!«, und schmiss sich in die Fluten. Ich stippte den Zeh in den Graben. Das Wasser war viel zu kalt für den letzten Tag eines Jahrhundertjulis, doch die Fotografin schwamm zügig voraus und war bald am anderen Ufer angekommen, während ich noch langsam wasserte und meinen Oberkörper besprengte. Dann paddelte auch ich los. Mit dem Rucksack auf dem Kopf konnte ich nur einarmig rudern, sodass ich in Halbkreisen schwamm und nur langsam vorankam.

»Pass gut auf, meine Kamera mit deinen Bildern ist da auch drin«, lachte mir die nackte Fotografin vom Ufer entgegen, während sie sich das Wasser mit schnellen Wischbewegungen von den Armen streifte, wie Oma nach ihrem Wechselarmguss. Dann fuhr sie fort mit Bauch, Beinen, Po, und als ich tropfend und keuchend aus dem Wasser stieg, war sie trocken und trug Springerstiefel. Wir eilten zum Pavillon und zogen uns dort, jeder in einer Ecke, an. Dieser

Minitempel hatte keine Säulen, er war zu allen vier Seiten offen.

»Vielen Dank für den Kleidertransport!«, sagte sie.

»Gerne. Ich heiße übrigens Suffo.«

Sie hielt inne und sah mich scharf an. »Wie bitte?«

»Suffo.«

»Nicht wirklich.«

»Doch … wieso?«

»Ich auch.«

Sie hängte ihre Kamera um, steckte den Blitz wieder auf, lugte um die Ecke in den Park. Keine Wächter zu sehen, sie huschte zu mir herüber.

»Du heißt auch … *Suffo*?«, fragte ich blöd, sie hatte die Kamera schon wieder vor dem Gesicht und drückte ab. Ich war blind. Schon wieder.

Die erstklassige Stimme sagte: »Jetzt laber nich. Woher kennst du meinen Namen? Und wie heißt du wirklich?

»Eigentlich heiße ich *Suff O'Cate*. Suff – O – Apostroph – Cate. Irischer Name. Aber Musik mache ich als *Suffo,* und so nennen mich eigentlich alle.«

»Ach so … ich heiße *Sappho*. Wie die griechische Dichterin.«

»Du siehst gar nicht griechisch aus.«

»Du siehst auch nicht irisch aus.«

»Meine Urgroßeltern dafür umso mehr.«

»Bei mir nicht mal das. Im Gegenteil: Meine Mutter ist Holländerin. Sie hat, als sie mit mir schwanger war, Sapphos Liebesgedichte gelesen. Und die fand sie so toll wie mich. Deshalb heiße ich Sappho.«

»Und? Sind die Gedichte so toll wie du?«

Sappho sah mich an und holte Luft.

»Nun ist schon der Mond versunken / und auch die Plejaden. Mitte / der Nacht, und die Zeit des Wartens / vorüber. Alleine schlaf ich.«

»Amen«, keuchte ich mit gelöstem, linkem Knie und lehnte mich an die kühle Steinwand. Sappho beugte sich an mir vorbei und spähte vorsichtig um die Ecke in die Parkanlage. Trotz Graftdurchschwimmung roch sie fantastisch. Holzig, ölig, wie warmes Brot. Ich schaute mit ihr in den Großen Garten. Wann öffneten sie das Tor? Die Dämmerung hatte bereits eingesetzt, und überall leuchtete und funkelte es vielversprechend durch die Blätter. Ich setzte mich, zückte mein Basteltäschchen und begann, drei Blättchen zusammenzukleben. »Rauchst du mit?«, fragte ich.

»Oh, klar!«

Sie nahm neben mir Platz. »Was für Musik machst du denn?« Sappho holte den Haschbrocken aus meinem aufgeklappten Döschen und schnupperte daran.

»Ach … so Homerecording, mit Gitarre und Drumcomputer. Auf Deutsch. Hasch oder Gras?«

»Lieber Gras. Und nicht soviel Tabak, wenn's geht. Ich rauch eigentlich immer pur.«

Ich zupfte zwei Drittel der Tabakwurst wieder weg und bröselte umso mehr Gras drauf.

»Und du? Was ist das für eine Kamera?«, fragte ich.

Während ich zusammenrollte und anleckte, streckte sie den Arm mit der Kamera lang aus – mit der Linse in unsere Richtung. Es blitzte schon wieder, ich erblindete schon wieder.

»Eine chinesische Plastikkamera, Mittelformat. Für den

Massenmarkt entwickelt. Sogar die Linse ist aus Plastik. Das macht so schön matschige Bilder.«

»Und was fotografierst du so?«

»Für die Jahresausstellung arbeite ich an einer Reihe von Männerakten in freier Wildbahn.«

»Ooooh, eine Ausstellung? Sag unbedingt Bescheid, falls das Foto von mir mit dabei ist, ja? Ich kann mir nichts Schöneres vorstellen, als dabei zu stehen, wenn fremde Menschen mein matschiges Glied betrachten. Darf ich nackt kommen?«

»Unbedingt, du MUSST. Mit Bundirucksack. Den darfst du nicht vergessen.«

»Wieso?«

»Mein Vater ist ein hohes Tier bei der Bundeswehr. Mit etwas Glück bringt er ein paar seiner jungen Offiziere mit zur Eröffnung.«

»Um dich mit einem von ihnen zu verheiraten?«

»Na sicher. Er hat schon ganze Regimente an mir verschlissen. Alle schnitzen sich die Füße zurecht für die kunststudierende Tochter von General Lupus, immer ist Blut im Schuh.«

Ich entzündete den Spliff. Sappho sah mich an. »Und – bist du schon jemandem versprochen?«

Kopfschüttelnd atmete ich aus.

»Ich bin erst kürzlich getrennt worden. Meine Ex-Frau, eine perverse und reiche Adlige, hat mich aus ihrem Schloss geschmissen. Ich kam als Barde, wurde zum Gatten – und ging als Bettler. All die Liebeslieder für die Tonne. Waren ein paar echt schöne Songs dabei, schon schade. Doch jedes Mal, wenn ich einen singe, werde ich saurig.«

»Saurig?«

»Sauer und traurig zugleich.«

Sappho lachte. »Aaaaah, danke! Das kenne ich, und konnte es nie benennen. Meine koreanische Mitstudentin Yunai meinte zwar, das sei das Grundgefühl aller Koreaner – traurig, voller Groll, verzweifelt: *Han.* Aber das Wort macht nichts mit mir. *Saurig – das* bin ich!«

»Und wieso bist du saurig?«

»Ich hatte das Männer-Akt-Projekt ursprünglich mit meinem Freund begonnen. Ex-Freund. Der ärgerlicherweise extrem gut aussieht, vor allem nackt in freier Wildbahn. Aber ich musste alle Negative zerkratzen.«

»Oh Shit. Das tut mir leid.«

»Schon okay«, sagte sie leise. »Bin ja wieder auferstanden.«

Den Rest rauchten wir ohne Worte. Dann beugte ich mich noch mal um die Ecke. Das Lustwandeln war mittlerweile voll im Gange. »Sie haben geöffnet.«

Keiner von uns machte Anstalten aufzustehen. Sappho sah mich an.

»Ich würd' lieber noch einen Moment sitzen bleiben, Suffo.«

»Ich auch, Sappho.« Wir lächelten. »Wo studierst du eigentlich? Also, wo ist die Ausstellung mit den Pillermännern im Wald?«

»In Washington.«

»State?«

»D.C.«

»Und wann?«

»Anfang Februar.«

»Da hab ich noch nichts vor.«

»Super. Komm rum!«

»Wie lange bist du denn noch in Hannover?«

»Bis morgen früh um acht. Meine Freundin setzt mich auf dem Weg zur Arbeit an der Aral-Tanke ab, bei der Autobahnauffahrt.«

»Und dann trampst du nach Amerika?«

»Nee, Frankreich. Ich mach noch ein bisschen Urlaub, und will ne Freundin aus der Uni überraschen. Sie ist den Sommer über immer in Paris – und langweilt sich.«

»Langeweile in Paris? Wie geht das?«

»Als arabische Prinzessin. Ihr Vater ist Diplomat in Washington. Und sie geht total ein in ihrem Pariser Sommerpalast.«

»Klingt auf alle Fälle interessanter als Ferien zu Hause.«

»Wieso? Hast du nichts mehr vor diesen Sommer?«

»Nee ... ich hab ganz generell nichts vor. Hab zu viel hinter mir. Irgendwann ist auch mal gut.«

»Quatsch! Gerade dann. Komm mit, das wird lustig! Amira kennt keine normalen Menschen, die würde sich voll freuen!«

»Okay ... aber wo kriegen wir normale Menschen her?«

Wie auf ein telepathisch gegebenes Kommando schossen nun zwei Parkwächter von links und rechts durch die breiten Öffnungen in den Tempel und bauten sich vor uns auf. Zwillinge. Der rechte, wenige Minuten älter als sein Ebenbild, durfte in das Funkgerät sprechen, das er, wie es sich für einen Fantasy-Cop gehörte, links an der Brust trug, sodass er den Kopf dabei cool senken musste, ohne uns aus dem Bick zu lassen: »Hier PW1, Zentrale? Bitte kommen.«

»*Hier Zentrale,* PWI, *ich höre.*«

»PWIb und ich haben zwei Schwimmer abgefangen.«

»*Standort?*«

»Tempel Remy de la Fosse I.«

»*Leisten sie Widerstand?*«

»Leider nicht.«

»*Könnt ihr sie entkommen lassen, und dann beim Wiedereinfangen draufknüppeln?*«

»Sehr gerne.«

»*Danke für das nette Gespräch.*«

»Ebenso. Over.«

Sappho flüsterte: »Augen zukneifen«, und ich folgte ihrer Anweisung.

Das letzte Mal, als ich durch meine geschlossenen Lider eine Veränderung der Helligkeit wahrnahm, lag ich mit Harald Juhnke am Ricklinger Kiesteich; die Welt war hell und wurde dunkler. Jetzt war sie dunkel und wurde hell – weil Sappho auf den Auslöser drückte und die Securitymänner mit ihrem Blitz blendete. Dank ihrer Vorwarnung erblindete ich dieses Mal nicht. Ich sprang auf, sie krabbelte schlauerweise auf allen vieren zur nächsten Öffnung und flitzte davon. Auch ich rannte los. Der »Stehenbleiben!« brüllende Gartencop PWI trat mir von hinten in die Beine, ich fiel, und noch im Fallen spürte ich den Hieb: Sein Schlagstock aus Hartgummi krachte mir mit Wucht seitlich an die Rippen. Die Luft blieb mir weg, ich landete hart, sah noch, wie PWIb Sappho hinterherrannte, dann drückte der Alpha-Zwilling mein Gesicht in den Kies und legte mir Handschellen an.

Die Nacht verbrachte ich in den Katakomben unter dem Großen Garten.

Nach endlosen Stunden, die ich mit Auf-und-Abschreiten, Rufen und Fäuste-an-die-Tür-Hämmern verbrachte, fand ich auf einer steinernen Bank ein wenig quälenden Schlaf. Ich erwachte, weil ich dringend musste. Mit steifem Rücken stokelte ich zur Holztür meines Verlieses, wollte an der Klinke rütteln – und stellte fest, dass nicht mehr abgeschlossen war. Langsam stieg ich die steinerne Treppe nach oben und trat an die Luft. Es war angenehm frisch, in der Morgendämmerung sangen Vögel, keine Ahnung, welche, aber es klang angemessen. Die Gartenanlage lag barock und verlassen da. Ich ging zum Schwanenteich und pinkelte hinein. Sehr lange. Das tat gut. Der asoziale Akt wirkte Wunder: Im Nu war ich von meinen Rückenschmerzen und eingerosteten Gliedmaßen befreit.

Es war die Stunde der Bäckereien, die ganze Luft hing voll davon. Ich kaufte mir zwei Croissants und stülpte mir die geöffnete, warme Tüte wie eine Gasmaske über Mund und Nase. So gelangte ich unbeschadet nach Hause. Erst im Bad, wo mich Salvador Dalí empfing, nahm ich die Maske ab. Ich untersuchte meine Nase im Spiegel. Nichts. Aber der schlagstockförmige Bluterguss auf meinen Rippen – aua. Ob Sappho entkommen war? Auf der Uhr im Bad war es halb acht.

Bis zur Aral-Tanke an der Auffahrt Herrenhausen brauchte ich von hier keine Viertelstunde.

Zahnbürste, Deo, Dalí, T-Shirts, Shorts, Unterhosen, Socken, Mixtapes. Die Uhr tickte, aber mein Passat parkte passenderweise gleich gegenüber. Als alles verstaut war, ging ich noch einmal in die Wohnung, packte auch noch die Akustikgitarre und Ersatzsaiten ins Case.

Dann nahm ich noch schnell eine neue Ansage für den AB auf:

»Hey Baltus, ich bin für ein paar Tage am Südpol. Soll ich dir irgendwas mitbringen? Dann sprich bitte Folgendes aufs Band: *Eine lokale Brauereispezialtät, wie immer.*«

Mit der Gitarre in der einen und der Croissant-Tüte in der anderen Hand ging ich zum Auto. Als ich den Motor startete, war es sechzehn Minuten vor acht. Der Situation vollkommen angemessen, fuhr ich mit quietschenden Reifen los.

Ferien zu Hause … Das konnte ich immer noch machen.

Erst mal musste ich herausfinden, wo ich zu Hause war.

Nachweis

Der Verlag dankt folgenden Rechteinhaber:innen für die Genehmigung zum Abdruck:

Adichie, Chimamanda Ngozi (* 1977, Enugu)
Morgen ist weit weg. Aus: dies., *Heimsuchungen.* Copyright © S. Fischer Verlag GmbH, Frankfurt am Main 2012. Aus dem Englischen von Reinhild Böhnke.

Arjouni, Jakob (1964, Frankfurt am Main – 2013, Berlin)
Happy Birthday, Türke! Auszug aus dem gleichnamigen Roman. Copyright © 1987, Diogenes Verlag AG Zürich.

Bichsel, Peter (1935, Luzern – 2025, Zuchwil)
Im Hafen von Bern im Frühling. Auszug aus dem gleichnamigen Prosaband. Copyright © 2017, Peter Bichsel. Erschienen im Radius-Verlag, Stuttgart.

Brüns, Holger
Vierzehn Tage. Auszug aus der gleichnamigen Novelle. Copyright © 2019, Verbrecher Verlag GmbH, Berlin.

Fischer, Elena (* 1987, Mainz)
Die ödesten Sommerferien (Titel vom Herausgeber). Aus: dies., *Paradise Garden.* Copyright © 2023, Diogenes Verlag AG Zürich.

Gontscharow, Iwan (1812, Uljanowsk – 1891, St. Petersburg)
Oblomow. Auszug aus dem gleichnamigen Roman. Copyright

der deutschsprachigen Ausgabe © 2012, Carl Hanser Verlag GmbH & Co. KG, München. Abdruck mit freundlicher Genehmigung des Carl Hanser Verlags. Aus dem Russischen von Vera Bischitzky.

Karr, Alphonse (1808, Paris – 1890, Saint-Raphaël)
Reise um meinen Garten. Aus: ders., *Reise um meinen Garten. Ein Roman in Briefen.* Die Andere Bibliothek, Band 425, Berlin 2020. Copyright der deutschsprachigen Ausgabe © Aufbau Verlage GmbH & Co. KG, Berlin 2020. Aus dem Französischen von Caroline Vollmann.

Kästner, Erich (1899, Dresden – 1974, München)
Fahrten ins Blaue. Aus: ders., *Die kleine Freiheit. Chansons und Prosa. 1949–1952.* Erstveröffentlichung 1952. Copyright © Atrium Verlag AG, Zürich, 2014.

Krien, Daniela (* 1975, Neu Kaliß)
Sommertag. Aus: dies., *Muldental.* Copyright © 2020, Diogenes Verlag AG Zürich.

Kuckart, Judith (* 1959, Schwelm)
Die Blumengießerin. Aus: dies., *Die Autorenwitwe.* Copyright © 2003 DuMont Buchverlag, Köln.

de Maistre, Xavier (1763, Chambéry – 1852, St. Petersburg)
Reise um mein Zimmer. Leicht gekürzter Auszug aus dem gleichnamigen Roman. Gustav Kiepenheuer Verlag, Leipzig 1976. Copyright der deutschsprachigen Ausgabe © Aufbau Verlage GmbH & Co. KG, Berlin 1976, 2011. Aus dem Französischen von Eva Mayer.

Mrożek, Sławomir (1930, Borzęcin – 2013, Nizza)
Tiefer Schlaf. Aus: ders., *Der Perverse.* Copyright © 1995, Diogenes Verlag AG Zürich. Aus dem Polnischen von Christa Vogel.

Roth, Joseph (1894, Brody – 1939, Paris)
Stationschef Fallmerayer. Aus: ders., *Der Leviathan und andere*

Meistererzählungen. Erschienen 2010 in der Diogenes Verlag AG Zürich.

Schnitzler, Arthur (1862, Wien – 1931, Wien)
Das Himmelbett. Aus: ders., *Komödiantinnen. Erzählungen 1893–1898.* Erschienen 1990 im Fischer Taschenbuch Verlag, Frankfurt am Main.

Stuertz, Sebastian (* 1974, Neustadt am Rübenberge)
Ferien zu Hause. Originalbeitrag für diese Anthologie. Copyright © 2025 by Sebastian Stuertz. Das darin zitierte Gedicht von Sappho ist entnommen aus: *Sappho, Lieder. Griechisch und deutsch,* herausgegeben von Max Treu. Copyright © 1991, Artemis & Winkler Verlag, München und Zürich.

Wells, Benedict (* 1984, München)
Hard Land. Auszug aus dem gleichnamigen Roman. Copyright © 2021, Diogenes Verlag AG Zürich.